Retelling Violent Death
by Edward K. Rynearson

犯罪・災害被害遺族への心理的援助
※ 暴力死についての修復的語り直し

E・K・ライナソン =著　藤野京子 =訳

金剛出版

RETELLING VIOLENT DEATH

edited by Edward Rynearson

Copyright © 2001 Taylor & Francis
Japanese translation published by arrangement with
Paterson Marsh Ltd through the English Agency (Japan) Ltd.

目　　次

プロローグ：暴力死についての語り直し …………………7

第Ⅰ部　一貫性のある語り直し

第1章　私自身の語り直し …………………………………23
　　　　再現の物語 ……………………………………………24
　　　　ジュリーの自然死についての私の空想 ……………26
　　　　ジュリーの死についての公的な話 …………………27
　　　　ジュリーの死の謎 ……………………………………29
　　　　語り直しにおける自分自身の変化 …………………31
　　　　ジュリーの死と生を再び結び付けること …………32
　　　　私の語り直しの目的と道筋 …………………………34

第2章　リジリアンスのある語り直し ……………………36
　　　　私のリジリアンスの喪失と復活 ……………………36
　　　　リジリアンスのある語り直しに役立つ社会資源 …39
　　　　基盤となるものとしてのリジリアンス ……………43

第3章　一貫性のない語り直しから一貫性のある語り直しへ ……45
　　　　殺すこととケアすることとの一貫性のなさ ………46
　　　　暴力死に必然的に付随するもの：3Ｖ ………………48
　　　　結び付きと語り直し …………………………………50
　　　　激しい心的苦痛の一貫性のなさ ……………………52
　　　　回避ととりつかれとの矛盾 …………………………55
　　　　リジリアンスと記憶についての生物学 ……………58
　　　　リジリアンスの一貫性 ………………………………61

第4章　修復的語り直しの例 ………………………………64
　　　　想像上の語り直し：状況設定 ………………………64

　　　　回避の語り直し……………………………………………………67
　　　　とりつかれの語り直し……………………………………………75
　　　　要　約………………………………………………………………88

第5章　子どものための修復的語り直し ………………………91
　　　　想像することでの適応……………………………………………92
　　　　不適応的な反応……………………………………………………94
　　　　子どもや青年に対する介入………………………………………96
　　　　有効性についての実証的エビデンス……………………………99
　　　　親や保護者に対するガイダンス…………………………………100

第Ⅱ部　臨床的介入

第6章　修復的語り直しのモデル ………………………………106
　　　　セラピーに不可欠な要素…………………………………………107
　　　　第一にリジリアンスを……………………………………………108
　　　　リジリアンスを強化するための方略：3P ……………………110
　　　　治療のための評価…………………………………………………114
　　　　治療の目標…………………………………………………………120

第7章　修復的語り直しに特化した介入 ………………………135
　　　　修復的語り直しのための集団介入：犯罪被害者遺族サポートグループと
　　　　　修復的語り直しグループ………………………………………136
　　　　修復的語り直しのための個別介入………………………………143
　　　　特化した介入の拡大………………………………………………146
　　　　有効性についての実証的エビデンス……………………………146
　　　　介入についてのガイダンス………………………………………148

第8章　暴力死に関する先行文献についての語り直し …………151
　　　　歴史的起源と発展：フロイトとジャネ…………………………152
　　　　暴力死についての初期の研究：ココナッツグローブ火災……154
　　　　戦争と大虐殺：フランクル，クリスタル，リフトン…………161
　　　　DSM Ⅰ～Ⅳと精神力動論についての低価値化…………………166
　　　　暴力死についての最近の研究……………………………………168

心的外傷を伴う死別：心的外傷と死別の融合 …………………173
　　　要　約 ……………………………………………………………174
第9章　臨床実践の未来像 ……………………………………………176
　　　一次予防：銃，車，物質乱用，貧困 …………………………177
　　　二次予防：対象者の特定と介入 ………………………………181
　　　三次予防：サポートグループ，被害者補償，加害者の改善更生 ……183
　　　地域密着型のサービス，訓練，臨床医自身の修復 …………187
　　　例示による要約：ココナッツグローブ火災の再来 …………189
　　　生存者の修復的語り直し ………………………………………192
　　　終わりらしからぬ終わり ………………………………………194
　　　言葉という人工的に作られたもの ……………………………197

エピローグ：舟を漕ぎながら ……………………………………205

付　　録 …………………………………………………………207
文　　献 …………………………………………………………215
訳者あとがき ……………………………………………………219
索　　引 …………………………………………………………222

プロローグ
暴力死についての語り直し

　自殺，殺人，事故による暴力死[訳注1]とは，単なる死をはるかに超えたものである。こうした死は，外的な行為によってもたらされた死である。病気や老衰のような内的で人が関与せず，見ることができない死と違って，暴力死には，人を死に追いやる人間行為という劇的な出来事が含まれているのであり，それは，自身ないし他者によってもたらされる死なのである。
　暴力死は，滅多に遭遇するものではないが，それが起きた場合には，物語として通常語り直される。人々の間で起きた一連の劇的な出来事を描写したり理解したりするのは，物語を通じてなのである。われわれは子どもの頃から，人々の行動をもとにした物語を聞いたり語ったりしてきているので，われわれの心は，人間の行動を語るものとしての物語の構造なり機能なりに慣れている。しかし，家族の暴力死の後には，その死の物語にとりつかれてしまうかもしれない。家族の暴力死について強迫的に語ることは，彼らが生きていたことについての語り直しをしばしば覆い隠してしまう。すなわち，彼らの死に方が，彼らがいかに生きたかよりも，優先されてしまうのである。この死の物語は，恐ろしい結末で終わるしかないので，これを何度も繰り返すことは耐えられない。
　暴力死は，まず語り直され続ける物語として表現されるので，本書では，読者を修復的語り直し[訳注2]に導くようナラティブ[訳注3]の枠組みを提示している。

訳注1）暴力死の原語は，violent deathである。それは，自然死でない死を総括した概念であり，殺人，事故死，自殺が含まれる。原著者は，殺人，事故死，自殺などには，相違よりも共通点が多いと捉えており，このことから，暴力死として一括して論じるに至っている。

修復的語り直しとは，語り手を，ぞっとさせられた目撃者というよりは参加者として含めるものであり，さらに，その故人の生きていた時の記憶と結び付けることで，暴力死の物語をナラティブに組み立て直すことなのである。

物語としての暴力死

　私は精神科医としての訓練を受けていた時，初めて，ベトナム戦争中の暴力死の物語の鮮明さなり執拗さなりを知った。新たに除隊した兵士が何人も，彼らが目の当たりにしてきた暴力死についての物語を，自身のために語り直すのを止められないことを私は目にしたのである。

　当時，私はそうしたことに対して，まったく準備できていなかった。彼らの経験を理解するのに私を導く訓練なり書物なりがなかった。私は，語り直すことがいくらかの「助け」になるであろうと推測して，これらの物語を私と分かち合おうと勇気づけ，たいていそれをした。

　われわれは，彼らの感情を明らかにしようとした。当時の精神医学で最も大切とされていたのは，心的外傷を引き起こす物語に対する二次的反応としての抑圧された感情，すなわち，哀悼，怒り，罪悪感を解放するよう勇気づけることであった。それらの物語は，仲間，敵，一般市民の暴力死を含んでいたが，私はそれらを，よその地で起きた自分にとっては馴染みのない体験として，聴いていた。これらの体験が恐ろしいものであること，そして，彼らが兵士であった間には許されなかった怒り，恥，罪悪感を表出することが，これらの若者たちを安堵させるということは，明らかであった。私は，臨床医として，その物語における彼らの役割を理解するよりも，むしろ暴力死のこれらの物語に対

　訳注2）修復的語り直しの原語は，restorative retelling である。原著者は，暴力死を経験した者は，その経験をする以前と同様の状態に戻ることはなく，できるのは，それを乗り越えたり打ち勝ったりすることであると主張している。その意味を明確にするために，回復ではなく修復の訳語を当てることとした。

　訳注3）自己体験に基づいて作られた物語のことであるが，根底には，われわれが自己体験として捉えているものは，実は心理的，社会的に構成されたものだとする構成主義の発想がある。すなわち，その体験の捉え方は，人との相互作用によって変わりうるのであって，それによって，その内容も再構成されうるものとみなされている。

して苦しんでいる反応から，兵士を解放しようとした。

　暴力死についてのそれらの物語は，長期にわたって私に衝撃を与えた。そうした物語を聴いた後しばらくの間，私はぼーっとしてしまった。30年経った現在，本書を書くに当たってこうした話が思い起こされるが，未だにはっきり覚えている。それらの鮮明さは，混沌とした中で一貫性を求める初期の方法としての物語の力を私に教えてくれた。物語の構造は，こうした兵士や私に暴力死という劇的な出来事に言葉を与えるものとして，時間，場所，筋書に対する方向性を与えるものであった。

　これらの物語が，家族の自然死に直面した患者からよく聞かれる死の物語とは非常に異なることを私は知った。自然死の場合，その物語なりそれに伴う感情は，彼らの死の物語よりも，その故人自身や故人と語り手との生前の交流に，焦点が当てられていた。

　当時，私は，私自身の人生にそのような物語がないことを幸せに感じ，安堵していた。私は，語り手ではなく聴き手であることを嬉しく思っていた。しかし，その5年後，私は突然，暴力死についての自分自身の物語を語り直すことになってしまった。私の妻，ジュリーが，その年に自殺したのである。彼女の暴力死が，私を共感的な聴き手から語り手へと変えたのである。

　このことを私が語るのは，稀である。27年を経た現在，彼女の死の物語は私の記憶から薄れてきており，もはや彼女についての私の思い出の中心的なものとはなっていないが，とは言え，いつになっても拭い去られはしないであろう。彼女の暴力死は，私から彼女の生を引き離した暗くて不本意なものなのである。

　本書において，私はジュリーの死に言及しているが，それは，暴力死の物語がどのように現れ，どのように組み立て直されていくかを示すためであり，同時に，私の洞察についての私個人の基盤になったものを明らかにするためである。これがジュリーや私についての「見世物」的な物語でないことは，強調しておきたい。それは，彼女の死についてなのであり，私自身の人生の中で，彼女の死についての物語を前進させるための努力なのである。それは，十分に語り直されるということはない。

　始めるのは難しい。語り直すには，エネルギーがいる。その物語は私のもの

であるが，彼女の臨終に，私は立ち会っていなかった。彼女の最期の瞬間についての私の語り直しは，私の想像上のものであり，そのことが，私の物語を超現実的にさせている。その物語がどのような結末になるのかを知っており，そのような結末を私は望んでいないので，それを語り直すことには，痛みも伴うのである。

私自身の物語

「自分が自殺してしまうかもしれないと恐れている」とジュリーが最初に私に告げた時，私は彼女が自殺しないであろうと確信していた。私は彼女を抱きしめ，彼女が良くなるであろうと2人で再確認した。彼女が死ぬことは想像もつかなかった。われわれの生活は，とてもはつらつとして輝かしいものであり，2人の幼子を熱愛していた。そこには，死が入り込む余地などなかった。

われわれは助けを求めることに躊躇しなかった。その週にわれわれは精神科医に面談したが，精神科医は楽観視していた。ジュリーはこれまでうつ病になったことがなかったので，薬物療法と心理療法の組み合わせで良くなるであろうと，その精神科医は予測した。1カ月もしないうちに，彼女の抑うつ症状はなくなり，死んでしまうのではないかとの不安も去っていった。2～3カ月後には心理療法の頻度はかなり少なくなったが，1年間薬物療法は続いた。

彼女の最初のうつ病は，すぐに消えていった。私はシアトルに精神科医の実習先を創設することに，彼女も彼女自身のモンテッソリー式の学校を開設することに取り組んでおり，われわれ2人は，幼稚園児2人を育てるのにも一生懸命であった。シアトルに近い島に自宅を購入し，私はフェリーで毎日通勤していたが，その家に死の影が入り込む余地などなかった。

1年後，われわれはもう1人子どもを作ることに決めた。しかし，彼女の妊娠数カ月後，うつ病が再発してしまった。彼女の精神科医は，薬物療法と心理療法を再開した。私は彼女を安心させようとしたが，もはや，彼女が良くならなかったら何が起こるであろうか，たとえ彼女が良くなったとしても再発しないと信じることができるであろうか，などの心配を拭い去ることができなかった。彼女も怯えており，3人目の子どもと彼女が始めた新しい学校のことをや

るだけのエネルギーが自分にはないかもしれないと心配していた。

　出産後数日のうちに，彼女は弱っていった。彼女は，子どもたち，仕事上のパートナー，私を失ってしまうかもしれないといった恐れから，抑うつ症状がひどくなっていった。われわれは彼女を支えようとした。私は子どもたちと一日の大半を過ごしたし，彼女の仕事上のパートナーはアシスタントを雇い，彼女の精神科医は彼女の産後うつに対してかなり頻繁に診察を行った。

　私は，彼女が回復しないかもしれないという自分の恐れをうまく処理できなかった。われわれは，彼女をいかに安全に守ることができるかを考えるために，彼女の精神科医に面談した。ジュリーは自殺しないと約束した。彼女は，自分が自殺することが，子どもたちや私にとってどれほどぞっとするものであるかを分かっていた。私は，彼女に入院してはどうかと提案したが，彼女は，もしわれわれと離れてしまうならばもっと悪くなるであろうと確信していた。

　2週間後，われわれの新生児が突然脳出血で死去し，彼女はすっかり抑うつ状態になってしまった。彼女は，抑うつ症状のために自責の念を強め，その死について自分を責めていた。私は，われわれの新生児の死が，彼女の自殺を後押ししてしまうのではないかと恐れた。私には，われわれの新生児の死に対する悲嘆と，妻が死んでしまうのではないかといった予期的な悲嘆とを分離することができなかった。

　私は，仕事を休めるようにやりくりをした。われわれは，数週間後に控えたクリスマスに備えて，お互いのために，そして子どもたちのために，愉快に楽観的に振る舞おうとした。

　私が最後にジュリーを見たのは，彼女が，彼女の精神科医の診察を受けるためにシアトルに向かう途中であった。彼女は，フェリーに間に合うよう，ガレージから青いボルボのワゴンをバックさせながら，窓から顔を覗かせ，笑みを浮かべながら「子どもたちへの買い物を済ませてしまおうと思うので，戻るのは4時半以降になると思うわ」と言った。

　5時になっても彼女が戻らなかったので，私は，胸騒ぎを感じながら，近所に子どもを預けて，フェリーの発着所に車を飛ばした。彼女の車は，発着所の積荷置き場にあった。私は息を呑んだ。彼女の車の隣に駐車しようとした際，私は，あっと思った。華やかに包装されたクリスマスプレゼントが，その窓を

覆っていた。フロントシートに置かれた彼女のハンドバックの上に，遺書があった。遺書には，「死にたくないけれど，回復するだろうとは思えず，これ以上われわれを傷つけることに自分は耐えられない」と書いてあった。その遺書は，クリスマス用の買い物リストすべてに印が付けてある紙の裏に書かれていた。

　私は彼女の車の中に座って，彼女がしたに違いないこと，すなわち，岸から数マイル離れたところで，乗客用のタラップを降りて行き，動いているフェリーから海に飛び込んだことを想像した。

　警察が私のためにフェリーの船長に無線連絡してくれた時には，既に，彼女の捜索が始まっていた。顔を下にして浮かんだ女性の死体のようなものを見た者がいたが，彼らが船に戻った時には，それはどこかに消えてしまっていた。彼女の遺体が見つかることはなかった。

私的物語としての暴力死

　私はその物語を語ると，未だに気持ちが萎えてしまう。鍵のかかっていないフロントドアを開けて彼女の遺書を見た瞬間，ジュリーが自殺したことに気付かされた。私ができたことといえば，車の計器盤を叩いて，「まさか，まさか」と叫ぶことだけであった。

　彼女の死についての私の物語は，嘆き悲しんで抗議することから始まった。最初の頃，彼女の死という事実を認められなかった。

　最初は警察に，続いて家族や友人に，私が彼女の死の物語を語り直した時，私は，起きてしまったことから自分が引き離されているように感じた。その後，彼女の死についての私の想像を語り直させられたように私は感じるようになったが，おそらくそれが最初の「現実感」，すなわち，起こったことに実在性を与えることになったのであろう。私は一人の時，繰り返しその物語を自分に語った。彼女の死後1カ月間，昼夜を問わず毎日，彼女の死という劇的な出来事の再現が，私の心にひとりでに繰り返され続けた。

　時が経ち，語り直しがなされるにつれ，私は徐々に，無感覚になってしまった目撃者ではなくなっていき，彼女の死の物語にもっと関与できるようになっ

ていった。私の心は，彼女の死という事実を，部分的に受け入れるようになっていった。もはやその物語は「現実」であり，私の語り直しは，その死という劇的な出来事における私自身の想像上の役割を含むようになっていった。彼女の死の場面に私自身を立ち会わせてみることで，私は違った観点から，その物語を語り直し始めた。私は，次のようにジュリーに語りかける私の声を聞いた。

「きみ自身や私のためにも，そんなことしたらダメだよ」
「どうして？　そんなことしないときみは約束したじゃないか」
「私が，きみをとどまらせ，守るべきだった」
「私には，きみにさよならという機会がなかった」

　これらの想像上の言葉のそれぞれの中での私は，自己主張的，怒った，後悔した，そして最終的にはいたわる存在であった。それはあたかも，私の心が，ジュリーの死に際して，彼女と会話する試みに私を参加させてくれたかのようであった。自分に声を与えたことによって，その死の物語の中で，彼女と一緒に私までもが壊れてしまわずに済んだのであろう。
　これらの想像上の会話は，私が死から彼女を助けようとしたり，彼女の死に対して怒ろうとしたり，彼女の死に対して私自身を責めようとしたり，彼女の死に際に彼女を抱きしめて慰めようとしたりする一連の物語の前兆であった。これらの私的な想像上の物語は，彼女の暴力死という劇的な出来事を包みこんだり和らげたりするナラティブに編み込まれていった。それらは関連しあっていたので，彼女が消えてしまった彼女の死の「ブラックホール」に私も入ってしまうことから救ってくれる声なり役割なりを，私は同時に持っていたのである。
　この私的なナラティブは，ジュリーの暴力死から私を引き離す感覚を与えたが，それは明らかに想像上のものであった。その物語を私的なものとしておく限り，それらは私が作るものであった。その物語には，私が彼女のことを思い起こす際に私の想像が語るすべてを含めることができた。
　客観的な測定なり分類なりは，現実についての科学を提供するであろうが，ジュリーの死についての私の叙述は，私の想像についての科学を試みたもので

あった。これらの物語における私の想像上の役割は，私自身の想像上の時空において，私を彼女の死と共存させることを可能にした。

公的物語としての暴力死

　私は，ジュリーの死を私的なものに留めておくことができなかった。ジュリーの遺書を持って警察に行った時点で，彼女の物語は，もはや私のものではなくなった。暴力死は，あらゆる犯罪の中で最も深刻なものであり，警察や一般人は，それを公開するよう求めてくる。「誰が，何を，いつ，どこで，なぜ」といった説明的な話が求められることになる。

　そのような公的な話の中に，私の役割はない。警察は，彼女の遺書を彼らの捜査の証拠とし，数時間のうちにメディアは，彼女の失踪についての物語を放送したり記事にしたりした。公的機関のうち検死官と警察が，まず，ちょうどよい頃合に，筋の通ったジュリーの死についての物語を語り直した。彼らの語り直しは，彼女の死について追跡されたり測定されたりした時空内での具体的な事実の分析に基づいていた。

　彼らも，私が望んだのと同様，彼女の死が理にかなったものであるとの前提で始めてはいたが，それを期待することはできなかった。私は，彼らのジュリーについての死の物語がファイルに綴られ忘れられてしまってからも，ジュリーの死が，私が語り直していく私自身の人生の物語の一部になるであろうことを知っていた。警察なりメディアなりが語った詳細の一部は，私の私的なナラティブに編み込まれるようになっていったが，それらは，私の語り直しにおいて重要な役割を占めるものではなかった。

　彼女の死が犯罪ではなく自殺であるとされた段階で，メディア，警察，裁判所は，もはやそれを語り直す義務がなくなった。彼女の死の数カ月後，私の手元に警察署長から捜査が終結したことを知らせる手紙が届いた段階で，私は，その物語の所有者に再び戻ることができた。警察署長は，その物語を私に返す印として，彼女の遺書を同封していた。その時点で，彼女の死は，私，そして，彼女を愛していたわれわれのものとなった。

暴力死が必要とする修復的語り直し

　暴力死について語り直し続けることは，その故人を愛していた人にとって，生来的なものである。私にとって，ジュリーの暴力死を語り直すことは，私的な空想として始まり，その後，公にされたもっともらしい細かな説明を含むことを余儀なくされ，最終的には，私自身の人生を前進させる記憶として私のもとに戻ってきた。

　ジュリーの生についての私の記憶には，彼女の死という不協和音のようなものが存在している。私は，彼女が死んでいった方法について思い起こす度に，終えることのできない生の物語に取り残される結果となる。私は，暴力死に意味なり価値なりを見つけられないので，その物語を，意味があったり価値が含まれていたりする結末で語ることは，決してできないであろう。

　彼女の物語の結末を変えることはできない。望むことができる最善のこととは，私がそれを語ることで私自身を変えることである。彼女の死の物語において私自身のために役割を見つける必要があるとの認識は，私自身を回復させる鍵となってきた。その洞察によって，私の観点は，無力な目撃者から，以前の私，すなわち，彼女を救うために私ができたことすべてを行った夫であり友人でもあった私を含むように，変わったのである。この洞察は，起きてしまったことを魔法のように消したり取り除いたりする類の変化ではない。ジュリーの死の恐ろしさや一貫性のなさは，一掃されるものではない。私はいつもそれを感じるであろう。しかし，私が彼女の人生の中でどういう人であったのかを思い起こすことは，われわれが一緒に暮らしたという私の記憶につながり，それが私を，意味や価値のある時空に戻すのである。この「彼女の死」から「われわれの生」に私自身の立場を変えることこそが，私の語り直しに修復的な方向性を与えるものなのである。

本書の目的

　本書の目的は，暴力死についての意味のない空虚感を伴いながらも，いかに

自身のバランスをとっていくのかを明らかにすることにあり，明確な答えを約束することはできない。愛する者の暴力死に対して自らの立場を変えていくこととは，深い淵に渡された綱の上を歩くように精力を注ぐ曲芸的な行為であり，すなわち，恐れを乗り越えて，将来に伸びている綱の端に向かって小幅ながらも断固たる歩みを進めていくことである。暴力死が思い起こされる度に，バランスをとり直すことが繰り返されることであろう。ジュリーのことを私が覚えている限り，その暗い空虚感が漂う中で，バランスを保とうとする自分に気付くことになろう。

　死に関する多くの本では，あまりに単純化してしまっており，愛する者の死に自分を再統合することは別の段階に続く過程であり，最終的には新たな賢明な認識に到達する，と明快に断言してしまっている。しかし，死についての暗い現実を回復についての明るい空想で置き換えることは，非常に表面的な解決方法であると，私には思われる。私には，ジュリーの死後，私自身を回復に導いた不連続の段階を思い起こすことができない。回復などはない。私がジュリーの死を覚えている限り，私自身を回復させることはできない。2段階，すなわち，「以前の私」と「今の私」といったジュリーの死で変わった2段階しかないのである。

　回復の代わりに，私が最大限望めるのは，私がいかに変わってきたのかを受け入れることである。ジュリーは，私の人生の中心に位置する人であったので，彼女の暴力死は，私自身の人生の一部として，引き続き存在している。彼女の死を私自身が「追体験」しようとして，私自身の人生を続けているというパラドックスに，私は置かれているのである。

　本書は，「回復」あるいは「答え」を示唆するよりも，暴力死についての想像的な物語に一貫性を求めようとして無駄に探し回ることから「能動的に解放される方法」を示唆するものである。このパラドックスを克服する方法とは，それが不合理であると理解することである。私の現存する探求心旺盛な心は，暴力死に対して合理的で意味のある答えを探そうとするのであるが，暴力死とは，不合理で意味がないものなのである。

　「どうしてそれが起こりえたのか？」

「それが起きないように，私はどうできたのか？」
「この死に，私はどうしたら報復できるだろう？」
「また起きないようにするには，どう予防できるか？」

　この種の質問が続くこと，そして，その「答え」を見つけるための物語として暴力死について語り直すことは，無意味で疲弊してしまうものである。本書では，質問なり語り直しによるこうした疲弊からいかに自由になるか，そして最終的には，いかに修復的語り直しを始めたり続けたりするのかについて，説明することとしたい。

本書の構成

　本書は，ジュリーの死の直後の私の一貫性のなさを読者に紹介することから始まる。彼女の死で窮地に陥った私は，私自身のリジリアンス[訳注4]なり自律性なりが戻ってくるまで，その語り直しの中に，私を含めることができなかった。私の私的な語り直しは，私を始めとする遺族が，いかに自発的に修復的語り直しを始めることができるかを，読者に例示するものである。
　一貫性のある語り直しは，その強烈な困惑に対する理由なり説明なりを探すことを避けている。そこには何も見つからない。それが，本書が理論書であるよりも実践書であるゆえんである。暴力死についてわれわれが熟考できるようになるのは，その暴力死の混沌さなり困惑なりから，自分が距離を保てるようになってからなので，本書の前半では，修復的語り直しの発達や実際の概略を示している。そして，本書の後半では，自身で自発的に修復することができない人々に対する介入案を提示している。本書は，全体的には，当初の経験主義的な一貫性のない状態から一貫性がある見地へと進展していくが，最終的な説明なり理論なりの提示はない。
　本書の第Ⅰ部「一貫性のある語り直し」では，ジュリーの死についての私の

訳注4）ダメージを受けた状態から，その状況に耐え，適応し，元の精神的に健康な状態に戻ろうと自身を修復する力のことである。復元力，回復力，弾力性，立ち直りなどと訳される場合もある。

物語が，いかにして一貫性のある語り直しに自ずとなっていったかについての概略を示している。第1章及び第2章では，私のリジリアンスの内的及び外的供給源について説明しており，暴力死の後，安全感が自ずと戻ってきたことを示している。

語り直すことは，人が心理的な一貫性の状態を取り戻す上で，非常に本質的なものであるので，第3章では，一貫性のある語り直しに関連するナラティブ，社会状況，生物学，心理学で明らかにされていることについて，記載する。一貫性を目指したこれらの取り組みを明らかにすることが大切なのは，自身を修復できない遺族にとって，それらが非常な効果をもたらすからである。

第4章は，非常な心的苦痛が残存し，臨床家の援助を要する遺族の物語を提示している。これらの物語では，彼らの語り直しに，臨床医としての私も参加している。精神科医として，そして，暴力死の遺族を治療する専門クリニックの医長として，私は遺族と多くの語り直しを分かち合ってきた。1984年以来，われわれは千を超える遺族を治療し，他の場所や施設でも使われている介入方法を開発してきた。また，この章では，私自身の語り直しで例示された実際の精神力動についても，読者に紹介することとする。

第5章では，暴力死を経験した子どもや青年に見られる語り直しの特徴について，別途配慮すべきことに言及しており，この章で，本書の前半が終わることになる。より客観的なことに焦点を絞った第Ⅱ部に進む前に，暴力死に対処する彼らの想像上の創造的な方法を理解することは，大切である。

本書の第Ⅱ部「臨床的介入」は，自分で修復的語り直しを始めることができない人々への援助の枠組みを提示するものである。本書は，臨床家のみならず一般の読者のためにも書かれたものなので，本書のこの箇所では，介入について専門用語を使わずに，平易にその枠組みの概略を示している。

第6章では，介入が，首尾一貫しており修復的であることを確実にするための，構造なり手続きなりの案を提示している。まずは，安全性とリジリアンスを定着させることが不可欠であり，その後，語り直しによって，それらを強化する方略についての概略が続くことになる。介入対象者を特定するために初期段階で行うことが勧められるスクリーニング手続きや，修復的語り直しの障害物（リスク要因）が，提示されている。介入の目標が明瞭に打ち立てられ，そ

の目標に到達させるよう導く手続きが紹介されることになる。

　第7章は，愛する人の暴力死によって，非常な心的苦痛を感じている遺族のために計画された集団ないし個別介入について，詳述している。この章は，これらの介入の有効性についての実証的エビデンスをレビューしており，さらに，介入に関してよく出される実用的な質問への答えを提示して，終わっている。

　第8章は，暴力死に関わる創造的な研究者の洞察を，選択的に集めたものである。それは，1世紀前のフロイトやジャネに始まっており，彼らの研究がココナッツグローブ火災という暴力死で応用されたことについて触れ，さらに，戦争や集団殺戮に対する洞察を扱い，今日の研究者たちの研究で，終わっている。本書を終えるに当たり，この章は，これらの理論的洞察が，修復的語り直しのモデルに関連しており，さらに，それを豊かにさせるものであったことを示している。

　第9章は，暴力死が，複雑に絡み合った心理社会的な決定因なり影響なりを伴った公衆衛生の問題であることを示唆している。この文脈から分かるように，そのすべての物語の中では，暴力死はごく小さな出来事である。その語り直しでは，暴力についての社会的先行物（貧困，ネグレクト，物質乱用）について言及しており，暴力のリスクを高める子どもの実際の遺棄に加えて，金銭や自己中心性に対する重視が，われわれの社会で暴力を助長していることについて示唆する。その後，介入としての予防的な地域密着型プログラムについて触れ，それがココナッツグローブ火災の生存者に当てはめられた場合について考察している。

　結びの部分（「終わりらしからぬ終わり」）においては，死，特に暴力死に適応するに際して，広く普及し理想的な目標とされている「終わりにすること」について，その不幸な言外の意味を強調している。修復的な態度（曖昧性への耐性や新しいものへの警戒心）や前言語的な統一感のあるイメージが，暴力死の意味のなさなり恐ろしさなりを埋め合わせるのであると，私は示唆している。

　付録には，体系的なアセスメント，併存障害のスクリーニングのための尺度，集団介入についての計画表を記している。

第Ⅰ部
一貫性のある語り直し

第1章

私自身の語り直し

　ジュリーが自殺したことを5歳の息子と4歳の娘に初めて告げるのは，本当に辛かった。つい最近ベビーシッターがいなくなったと思ったら，今度は母親だ。彼らにどのように母親の死を告げればよいか，私は迷った。幼い子どもは，親の死をしばしば自分のせいだと思ってしまう。わが子がそんな思いをしたらと思うと，怖かった。わが子が，罪の意識を抱いたり悲しんだり混乱したりすれば，私はとても耐えられなかったであろう。しかしだからと言って，彼らに母親の死について知らせないわけにもいかない。私は，「言葉」よりも互いに助け合う「態度」，つまりどんなことが起こったにせよ，われわれは大丈夫であり，ごまかすことなく正直である必要があるといった態度，を大切にしようと決めた。

　私は涙を流しながら，できるだけはっきりと何が起こったのかを彼らに告げた。彼らが私と一緒に泣き始めた時，われわれは互いに抱き合い，そして，私は，われわれは大丈夫だと言って，彼らを安心させた。私は，ジュリーがわれわれを愛しており，彼女の死をわれわれに悲しんでほしいと思っており，さらに，彼女はわれわれと一緒にいたいと望んでいるのだから，われわれは彼女のことを話題にできるし，決して彼女のことを忘れることはできない，と語ったのを覚えている。

　そして，私は，彼らを寝かせるために，われわれが好きなベッドタイムストーリー『お月様，お休みなさい』を読んでやった。

　子どもたちが眠ってから，私は，親戚や友人に電話を掛け始めた。私は，ジュリーの死について繰り返し語った。語る度に，私は彼女の死を乗り越えるであろうという自身の強さと楽観性に安心できた。彼女の死を乗り越えるであろ

う話をする度に，私は安堵感を覚え，それはあたかも，死の亡霊が彼女の死とともに去っていったかのようであった。

再現の物語

　こうした私の安心感は，束の間であった。彼女の死後数日のうちに，再び死の亡霊が戻ってきた。彼女が自殺したことが意識されると，恐怖や絶望が押し寄せ，どうにか私が乗り越えるであろうとの物語はどこかに行ってしまったかのようだった。ジュリーの自殺を意識する度に，彼女の最期の瞬間が想像された。一旦その光景が浮かび始めると，それを中途で止めることはできなかった。スポットライトに当てられた以下のような光景が，次々と浮かんでくる感じであった。

　　彼女は乗客用のタラップを降りて行き，一人で座っている。
　　彼女は遺書を書き終えたところで，誰にも邪魔されたくないと思っている。
　　岸から離れたところで，彼女はこの世を去る準備をしている。
　　彼女は，甲板を歩いて行き，駐車中の車の間を通り抜けて，船尾に向かっていく。
　　茶色のウールのコートをまとい，航跡の中に飛び込む。

　私は，こうした筋書きに重ね合わせて，彼女が何を考えたり感じたりしていたのかを想像していたのであろう。こうした想像からは，際限のない疑問が浮かんだ。彼女が死んでしまったことは明らかであるものの，彼女の最期の思いなり気持ちなりについての私の想像は，尽きることがないように思われた。

　　彼女が船尾に立った時，彼女はどんな思いをしたであろうか？
　　飛び込む前に，彼女は子どもたちや私にさよならと言ったであろうか？
　　彼女は溺死することを望んでいたであろうか？
　　飛び込んだ後，彼女の心には何が浮かんだであろうか？
　　彼女は冷たさや息苦しさに恐れを抱いたりはしなかったであろうか？
　　途中で間違えたと気付いて，彼女は助けてと叫んだであろうか？
　　死の直前，彼女の心には何が浮かんだであろうか？

意識を失うにつれ，彼女は穏やかな気持ちになり，物質界を超越した境地に達したであろうか？
　彼女は死後の世界を知りたいと望んだり，それを探していたりしたのであろうか？

　こうした次々にあふれ出てくる想像を理解してもらえるとは思わなかったので，人には黙っていた。しかし，その想像のために，日中は仕事に集中できず，夜もよく眠れなかった。ジュリーが航路に消えたのを自分が目撃して，泣いて恐れおののいている夢を見ては，目を覚ましたりしていた。こうした高まった気持ちを静め，再び眠りに戻るには，ずいぶんと時間がかかった。私の心を休ませてくれるような時空はないように思われた。
　しかし，ジュリーの死から長い年月を経た今日，彼女の死後のこの再現の空想が，私の物語を作る基盤になったと認識している。ある体験についての対話—それが，他者とのものであれ，自分自身の想像とのものであれ—は，まず見たり聞いたりすることから始まるのである。ジュリーの暴力死を巡って私が最初に作っていた物語の想像的要素は，私に何が起きたかを「見たり」「聞いたり」させていたわけである。通常であれば，私は，自分自身と私の想像との間に一線があることを認識でき，この違いが，現実に起きた事象と自分が想像しているものを同時に体験させることを可能にしている。しかし，ジュリーの自殺という特異な状況において，私は，自分自身と自分の想像上の物語を区別できなかった。私は，彼女の死の再現を，あたかも想像ではないかのように，見たり聞いたりしていた。自分を失ってしまっており，自分がその想像上の物語を作っているといった感覚をなくしてしまっていたのである。
　彼女の死後数週間，その再現の物語は，不意に強烈に私に迫ってくる感じであり，私は，それにあたかもとりつかれてしまったかのようであった。最初，暴力死についての私の想像上の物語には，それ自身のエネルギーがあり，それがドラマを作り出していくかのように思われた。物語はどんどん展開していくのに，その中に自分の果たす役割を見つけられなかったので，この「とりつかれ」の状態は，無力感を味わうものであった。当初私にできたのは，その物語をただ聞いたり見たりするだけであった。その物語は，私の声を必要としては

いたものの，それはあたかも神からの授かり物のようであって，私の統制の及ばないところから生まれてくるような感じであった。

ジュリーの自然死についての私の空想

最初に，私が自分の声をも含めてジュリーの死の物語を語るようになったのは，彼女がもし自然死であったならばどのように違っていただろうか，と想像した時であった。

「癌で死んでいたならば，どうであったろう？」

こうした物語であれば，最初から最後まで，私の役割があったであろう。医者から彼女の死が近いことを告げられた際，私は同伴していただろうし，彼女を助けようと積極的に関わったであろう。癌が進行してしまった段階では，子どもたちとも一緒に，彼女の死についての覚悟を決めたであろう。そして，彼女の最期を看取ったであろう。彼女は，独りぼっちではなかったであろう。私が彼女を支え，彼女一人を苦しませることがないようにしたであろう。その後，彼女にさよならを言って，立ち去ることができたであろう。立ち去るに当たって，自分にできるすべてのことをしてきたとの思いから，彼女を守る義務から解放されたと思うことができたであろう。

彼女が自然死であったならば，われわれが一緒に作り上げていった物語の結末は，意味あるものとなっていたであろう。彼女の死を迎えるに当たって一緒に取り組めたことから，彼女が逝った後，その死を受け入れたに違いない。彼女の人生に対する肯定的な終わり方は，ある意味で，私自身の人生の物語を前進させたかもしれない。ジュリーの自然死に関わったことで，私自身の死に対する準備も進められたかもしれない。

彼女の自殺に関する想像上の物語には，彼女の死に際して，私のための時空も終わりもまったくなく，このことが私を苦しめた。一方，彼女の自然死の場合の想像上の物語には，積極的な介護者としての私の役割があり，その物語を心の中で自身に聞かせることは，私をほっとした気持ちにさせた。

彼女をケアできなかったという現実が，私をジレンマに陥れてしまったよう

であった。彼女の死はあまりに唐突だったので，彼女の死に当たって，私は彼女を守ったりケアしたりする義務を果たす機会を得られなかったのである。

　その後，私の語り直しには，彼女の守護者，さらには救世主としての自分についてのテーマが，含まれるようになっていった。これらのシナリオには，もし私が彼女の死に居合わせていたならば行っていたに違いない献身的なケアが含まれていた。私は，彼女を救えなかった自分を責めた。私は，夫や精神科医としての自分の失敗を取り消すため，彼女のうつ病を見事に治療したという物語を，自分に繰り返し語っていた。飛び込んだ彼女を引き上げた救世主になって，このような形で私を置き去りにしたりしないと約束してくれたのに，と彼女を怒るといった語り直しも現れてきた。こうした物語は，再現の中に，自責の念や怒りといったテーマを加えることになった。この彼女の死についての自責の念や怒りのドラマは，ついには，想像上の再現と同程度にまで苦しみを伴うようになり，とりつかれるようになっていった。それらは，再現に対する第二のとりつかれとなり，その再現の中で，私は彼女の暴力死を魔法で打ち消そうとしていた。

　私は，自分の心や子どもたちのいる私の家庭に，ある種の秩序を再構築しようと躍起になり，それ以上のことに対するエネルギーなり感受性なりはなくなっていた。ジュリーの死後1カ月のうちには，多くのことがあった。友人や親族がわれわれを訪ねてきて話を聴いて助けてくれようとしたが，これは，ジュリーを愛してくれた人たちと一緒に語り直す最初の好機であった。彼らがしてくれたことは，ショックをあらわにしながら何が起きたのかを話す私に耳を傾け，私に罪はなかったと言ってくれたことであった。それ以上にできることは，彼らには何もなかった。

ジュリーの死についての公的な話

　彼女が姿を消した後，早速，彼女の自殺が報道されたことを記憶している。私は，どんな記事も望んでいなかった。自殺は暴力死であるが，社会に背いた犯罪ではない。にもかかわらず，なぜ人々に知らせる必要があるのだろうか？しかし，私は，それが報道されたことに驚きはしなかった。

1974年12月6日
　12月4日，ベインブリッジ島の警察当局は，ジュリー・ライナソンさんの失踪を発表。シアトル発のフェリーから飛び込んだ模様である。遺体を見たという乗客はいるが，発見されてはいない。港湾警備隊がその地区を捜索したが，彼女に関わるものは何も発見されなかった。

　記者がその記事を公にするのに，私の承認を得る必要がないことは分かっていたものの，彼らが公表前に私に連絡してこなかったことに対して，私は怒った。私は，編集長に苦情の電話を掛けた。彼は配慮が行き届かなかった点に謝罪はしたものの，彼女の死は「公的記録に関すること」であり，新聞はそれを報道する権利がある，と私に告げた。私と新聞社との狭間で，彼女の死の話は宙吊りにされたかのようであった。私は，彼に「とっとと引き下がれ」と言いたかった。もしそう言っていたならば，争いはエスカレートしていったであろう。私は非常に怒っていたので，何も言わないのが安全であると知っていた。そして，この緊張感の漂う沈黙を彼は察したようで，「この件については申し訳ありませんでした。今後，あなたに連絡する前に，この件について公表することはいたしません」と，まさに私が欲していた言葉を口にした。
　私は，彼女の死の物語の中に自身の役割を見つけることができずにいたのだが，この編集長の言葉の中には，彼女の死の物語における，私の役割があったのである。
　編集長が再び電話をしてこなかったことで，私はほっとした。私が報道することを了承するであろう話を彼は見つけることができなかったのであろう。ジュリーの死を私が語り直すのに役立つような新聞記事など，ありはしない。どんな記者の取材よりも，彼女の死や自殺の動機について知っていたのは，この私であり，私はそれを私的なものにしておきたかった。彼らの記事は，彼女の死についての最低限の記述があるほんの短いものであった。不正確，憶測交じり，感情を逆なでする記事は，何も中身がなかった。しかし，その分，彼らが私の語り直しを邪魔することもなかった。彼らの報道は決して気に入らなかったが，もっとましな形で公表するよう私から彼らに要請したりもしなかった。私以外に，その記事を覚えている人はいないであろうと思っている。

ジュリーの死の謎

　ジュリーの自殺の半年後，私は，彼女の精神科の担当医と面談することにした。その頃までには，彼女の死についての私の想像上の物語は，変化していた。再現，自責の念，怒りへのとりつかれは，収まってきており，彼女がなぜ自殺を決めたのかという謎を解こうとしていた。彼女の死を解くことが，私の私的な物語の中心になっていた。メディアや警察から取り沙汰されなくなってからしばらく経っており，私は，彼女の死について自分で調査して，事実を明らかにしようとしていた。私は，彼女の精神科医と一緒に，何か答えにたどり着くのではないかと期待していた。最終的に，彼が，ジュリーと言葉を交わした最後の人となったのである。おそらく彼女は，彼に何らかの手がかりを残していたであろう。

　彼の診療室は，私が前回訪れた時から，私の隣の椅子が空席であることを除けば，まったく変わっていなかった。彼は，こわばった笑みを浮かべながら，ためらいがちに挨拶の握手を求めてきた。私は，子どもたちや私はうまくやっているけれども，彼女が自殺を決意したことについて疑問を持ったままである，と彼に話した。彼女をとどまらせる方法はなかったのであろうか？

　彼は天井を見つめてちょっと間をおいてから，私を見ることなく，彼女の死の決意についての臨床的事実とその精神力動について，語り始めた。精神科医どうしで語る臨床事例のように，ジュリーについて精神医学的分析結果が語られたことに，私は押しつぶされてしまったように感じ，気力が萎えてしまった。われわれは，私が求めていたものからどんどん遠ざかっていく感じであった。

　私は自分に，なぜと問いかけた。彼の説明が，どうして私の助けにならなかったのであろう？　私の質問に応えようとして，彼はまじめに，しかも筋の通った詳細を語ってくれた。私は困惑しながらも，これ以上分析したところで，われわれが答えにたどり着くことはないと気付いた。なぜ彼は，彼女の死について彼自身がどれほど残念に感じているかを私に伝えられなかったのであろう？　私が感じていたように彼が感じられなかったにせよ，彼自身の心の痛みの幾分かでも分かち合えたならば，彼女についてのわれわれの思い出を喚起す

るような，もっと相通じるものを感じられたであろう。

　彼は私の方を向いて，他に質問があるかを尋ねた。私は十分に聴いた。さらに質問すれば，さらに長い語りが続くであろう。私は立ち上がり，われわれは笑みを浮かべながら握手を交わした。彼は幾分強めに握手し，子どもたちや私がうまくやっていると聞けてよかった，他に尋ねることがあれば電話してほしい，と言った。

　私は，彼の診療室を出て，駐車場を横切り，青いボルボのワゴンに向かった。その車は，ジュリーが最後にこの診療室に乗りつけた車だった。その車に乗り込んだ時，私は，彼女が死を決意したのと同じ時空にいるように感じた。私が自分のためにしようとしていることは何なのか？　彼女が尋ねるのに耐えられなかった質問を私が追い求めて答えることによって，彼女を蘇らそうとしているのか？　私の調査が生み出したジレンマに，私は陥った。私は，彼女の死を取り消すことで，彼女を生きたままにしようとしていたのである。その瞬間，私は，彼女を救おうと試みるのを自分が止めない限り，自分を修復できないと気付いた。

　彼女の死は，結局，彼女自身のものであり，私のものではなく，だからこそ，彼女は，彼女自身の死について私を責めなかったのであろう。

　私は，その誤った義務感をその駐車場に残して車で家路に向かいながら，彼女の記憶に生気を注ぎ始めた。彼女の人生を語り直すことは，彼女の死に際して何もできなかったという辛い経験から，私を解放し，私自身を修復させていった。ジュリーの死に私が過剰なまでに一体化してしまっていたとの気付きは，衝撃的なものであったが，それは，彼女の死についての私の病的なまでの繰り返しの語りから，解放した。そして，私は，彼女と一緒に生きていた時や場所を思い出す物語や，それと一緒に私が人生を送ることができるという物語を語れるようになった。

　ジュリーの精神科医を責めることはできない。彼は非常に配慮の行き届いたとても優れた臨床家であり，私が尋ねたことにも応じてくれた。しかし，われわれはともに，まるで彼女の死が解釈されうる問題であるかのごとく，彼女の自殺に答えを探そうと，思い違いをしていたのである。当時の精神科医としての臨床訓練は，彼女の暴力死が矛盾をはらんでいると認めるようにわれわれを

準備させてくれるようなものではなかった。その精神科医との面談を通じて，私は，暴力死に当惑した遺族同様，まず生とつなぎ直される必要がある，と認識した。暴力死の遺族を助けることとは，その故人を生きている存在に戻すことによって始まる。私には，彼女の精神科医が，ジュリーの死に方よりも彼女の生の方がはるかに意味を持っていた価値ある人間として，われわれの彼女についての思い出をかき立ててくれる必要があったのである。

語り直しにおける自分自身の変化

　外部に答えを探そうとしていた時，私は彼女の死が私の中で永遠に続くものであること，そして，その現実の中で私自身について再定義しなければならないことを避けようとしていた。私にとって，このことを認めるのは辛かった。当初，私は以前の自分，すなわち，自分が安全で統制できると感じていた頃の自分を呼び戻そうと，躍起になっていた。子どもたちにとって不幸なことであったろうが，家庭が不変であるようにとの強要が始まった。幼子を亡くした多くの親に見られるように，私はかつての方法で家族を維持しようとした。おそらく子どもたちは，私が気付くことができた以上に，この愚行に気付いていたであろう。

　ある夜，われわれ3人は夕食を食べながら，疲労感や空虚感を抱いていた。どうして私が怒ったのかはよく思い出せないが，おそらく私の料理についてであったと思う。代わり映えのしない食事は楽しくなく，子どもたちはおそらくその食事のことで不満をもらしたのであろう。ともかく，私は我を忘れて，「何だって？　黙って，さっさと食え！」と叫んだ。子どもたちは急に泣き始め，食卓を走り去って行った。怒りが収まるにつれ，ジュリーがいなくなった今，こうした状況において，私がどれほど無力かに気付き始めた。私は涙を流し，その後，子どもたちに謝ることができる心境にまで落ち着きを取り戻していった。戻ってきた息子は，私の涙を見て，膝の上に這い上がり抱きついてきた。そして，それが私の問題を解いてくれたのである。私は，私の子どもたちと同じ位，優しさに飢えていた。娘は部屋の隅から覗き見していたが，私のむせび泣きを聞いて近寄ってきて，「いいのよ。いいのよ。」と涙を拭ってくれた。そ

して，彼女は，私に物語を読んで聞かせようとしてくれた。彼女はまだ本を読めなかったにもかかわらず，『お月様，お休みなさい』の物語を私にしてくれたことをよく覚えている。彼女はページをめくっては，私の胸に寄りかかってきた。私は，リラックスした時のような穏やかさを感じた。そして，しばらくの間，私の面倒を彼らに見てもらった。

　その夜の出来事をきっかけに，もはやわれわれ3人に合わなくなってしまった役割のままでいるのを止めなければいけないと，私は気付いた。私ができるのは良い父親になることであって，母親になることはできなかった。ジュリーが死んだ時点で，彼女が担っていた役割を家庭に取り戻すことはできなくなった。私はジュリーになれないし，かつての自分に戻ることもできなかった。

　私は，かつての自分を追い続けるのを止める必要もあった。今の私やこれからの私が確固たるものではないと気付き始めた。私にとってジュリーが自殺した経験は，私の未来や私自身に対する見方に影響を及ぼしている。彼女の死は，私の人生や私に対して曖昧さやアイロニーを投げかけている。もはや私は，絶対なり究極なりといったものが存在しうるとは思っていない。

ジュリーの死と生を再び結び付けること

　ジュリーが死んでから初めの数カ月のうちに私が語ったり語り直したりしたことは，ジュリーの死を忘れさせていった。まだ彼女が生きているという記憶に残る話をいくつか聞いたが，私はすぐさま，それを無視した。それらの話は，私の心を動かしはしたものの，あまりに非現実的だったので，その話から修復的メッセージをつかみとることはできなかった。

　まず，彼女の死後数日経った頃，クリーニング屋がそれを始めた。ドアホンが鳴ったので玄関を開けてみると，酔っ払って真っ赤な顔，涙ぐんだ目をしたクリーニング屋がいた。彼は，片手にジュリーの洋服を持ち，もう一方の手に未開封のバーボンのボトルを持っていた。彼は黙って私にそのバーボンを手渡したが，着る人がいなくなってしまった服を届けることで呼び起こされる私の痛みを和らげるためであることは，明らかであった。

　「先生，奥さんが自殺したって話，聞きましたよ。確かに，彼女は抑うつ状

態だったでしょうよ。でも，われわれはみんな，あんな状態になることがありますよ。彼女は，あなたや子どもさんのためにも，自殺したりなどしませんよ。私には，彼女がまだ生きているって気がするんです。彼女は元気になるために，どこかに行っているんですよ。だから，そのうち帰ってきますよ。」

彼が彼女のその洋服を私の肩に掛けてくれた時，私は，彼の皮ジャンの匂いとバーボンくさい息を感じた。彼は宅配用トラックを運転して去っていった。以来，彼には会っていない。彼からもらったバーボンは飲み終わったが，彼の話を終結させることはできなかった。彼女の遺体は発見されていなかったので，彼の酩酊状態での推測がありえないわけではなかった……。

その同じ週に，4歳の娘が，ジュリーはわれわれと「ゲームをしている」と言ってきた。彼女は隠れるためにどこかに行ってしまったが，われわれと一緒にいないことに寂しくなって，間もなく戻ってきてわれわれを驚かせてくれるだろう，とのことだった。その物語が彼女に意味すること，すなわち，ジュリーを生き返らせ彼女の死を否定しようとしていることを，私は分かっていた。だから，数週間，娘がこの話をするのを私は聴いていた。私は，娘に，その話が違うとは決して言わなかった。代わりに，たとえ母親に何があったとしてもわれわれは大丈夫だと言って，娘を安心させた。やがて娘はそれを語らなくなっていったが，私は彼女の話を忘れられなかった。

ジュリーの死後1カ月近く経った頃，私が担当している統合失調症患者の一人が，ジュリーをシアトルで見かけたと言ってきた。彼は，2人の看護師が病院のカフェテリアで彼女の自殺について話しているのを耳にし，非常に困惑したようであった。そして，その日に，彼は病院前の道を横切るジュリーを見た。彼はジュリーに会ったことがなかったが，彼は彼女がまだ生きていると疑わなかった。彼は，私への同情と私が死ぬかもしれないという恐怖が入り混じった気持ちになったのであろうが，彼女がまだ生きていると語ってくれたことは，私にも彼にも心の慰めになった。その後，彼がこの話をすることはなかったが，私は彼に会う度に，この物語が思い起こされる。

こうした神秘的な思考が，娘の未成熟性，クリーニング屋の酩酊状態，患者の統合失調症の症状から生み出されたものであると，私は知っている。内科医兼精神科医として，私の思考は客観的である必要がある。死を否定する必要は

ない。ジュリーは死んで，それが物語の終わりである。死が生じた時点で，もはや語るものは何も残されていない。

それではなぜ，私の心はそれらの物語を語り直し続けたのか？

それは，私の娘，クリーニング屋，患者がそれぞれ，私に修復的メッセージを語っていたからである。彼らの話を「神秘的なもの」として論理的かつ厳密に論破していき，彼らの話の中の超越した部分を除いていった。すると，どの話も，私を彼女の死から引き離し，生きていた頃の彼女の記憶に向かわせたのである。彼らの話の中にあったメッセージなり魔法なりは，彼女についての私の生き生きとした記憶の中に意味なり一貫性なりを見つけることで，私が彼女の死に打ち勝つことができる，というものであった。私がジュリーのことを思い起こしさえすれば，彼女はいつでも私と一緒にいるのである。

私の語り直しの目的と道筋

彼女の死についての私の物語の内容を変えていくに当たって，私は，繰り返し語ることが，目的のある道筋になっていったと信じている。当初は，彼女の最期の身体的心理的な行動のみについてであったが，次第に，彼女を救ったり癒したりするといった想像上の行為や対応を含むようになり，最終的には，私は彼女が生きていたことを覚えているのだからということで，彼女の死から私を引き離すようになっていった。この語り直しの中で私の役割は，彼女の死に自分も吸い込まれてしまったりとりつかれてしまったりという段階から，彼女の死に自らが関与したり参加したりといった段階を経て，最終的には，彼女の死と生の記憶を結び付けるという主体的な立場へと，変化していった。

時が経つにつれ，私の語り直しの内容は，彼女の死の真相を分析することへの興味から，自分の人生における彼女の死の意味を見つけることに移っていった。彼女が自身に行った暴力死の中に，私のためになる真実なり意味なりを見つけることはできないであろうが，私が語り直す彼女の死についての物語には，真実なり意味なりが結晶化されていたり織り交ぜられていたりする。その語りの中で私自身を変えることによって，私は真実なり意味なりを創造しているのであり，それこそが，語り直すことの神秘的な効果なのである。

語り直すことの目的なり力なりとは，私的な真実や意味を結び合わせながら物語を作り直していくことにある。時が経つにつれて，秘密にされなければいけない話ではなくなっていく。思い起こしたり語り直したりする度に，私は私自身を変化させては修復させていくことができるので，ジュリーの死という闇の部分にも，光を当てられるようになっている。

第2章

リジリアンスのある語り直し

　ジュリーが死んだ当初，私はほとんど考えることも感じることもできなかった。

　私の心は，萎縮してしまっていた。それは，まるで身体の一部，例えば手，が熱湯の中に突っ込まれたような感じであった。とてつもない強い刺激にさらされた結果，私は心を閉ざすことで，自身を守ろうとしていた。ひどく火傷した手が何も感じないように，何もできず，何も感じられなかった。

　ジュリーの死を自覚できるようになるまで，私は，隔離されて音のない意識の中で生きているようであった。その後，私の思考や感情は，彼女の死についての空想に耽るようになっていった。「彼女の死を回避すること」と「彼女の死に没頭すること」といった極端な両極を行き来しているかのようであった。

　この劇的な出来事に心が圧倒されずに済むようなある種の境界が作られた段階で，私は初めて，暴力死について筋の通った物語を語り直すようになっていった。

私のリジリアンスの喪失と復活

　心とは，元来，一定の限度内で経験を処理するようになっている。ジュリーの死は，受け入れたり処理したりするには，あまりに事が大きすぎた。彼女の死を知った当初，私は，脳内のあらゆる神経細胞が一斉に刺激され，爆破されてしまったように感じた。私の心を次々に襲ってくるあまりの痛みから守るために，私の心には，制限なり境界なりが必要であった。

　私が定義する**リジリアンス**とは，「耐えられる範囲内で経験を維持する能力」

である。リジリアンスは，内在しており感知できにくい精神力動的な心の反射である。その反射は十分には自覚できないものなので，リジリアンスを認識して定義することは難しい。私は，リジリアンスがないのに無理に自分の心を働かせようとして，初めて，このリジリアンスの存在に感謝するに至った。走ったりカーブで減速したりする際，反射神経が私のバランスや動きを調整してくれるのと同様，リジリアンスは，私の心がうまく機能するよう反射的な選択によって，経験を選別したり形作ったりしてくれているのである。

「回避は，不健康である」などと説得されてはならない。リジリアンスは最初，ジュリーの死がもたらした混沌から，私を一時的に回避させてくれた。あまりに直接的な経験や圧倒するような心的外傷の直後，回避は不可欠なのである。彼女の死を知って私の心がばらばらになってしまったように感じた時，私にできたのは，「違う，違う，違う！」と叫ぶことだけであった。回避が，私にとっての唯一の選択肢であった。

少し経ってからは，彼女の死を認識することを積極的に避けることがなくなっていった。リジリアンスが，何かを感じながらも平静さを保たせたり，考えていることと私自身とを区別させたりして，死を認識しても安定していられるようにさせた。私自身の死も，空想できるようになっていった。リジリアンスは，まず防御壁を，続いて過剰反応から私を守ってくれる超越性をもたらした。それはあたかも，私のリジリアンスが「ちょっと待って―起きたことから，感じたり考えたりするのは止めよう。掘り下げたりせず，まずは，上辺を漂いながら，とにかく生き延びよう。自分でどうにかできるようになるまでは，ただ浮かびながら流れていよう。抵抗したりもがいたりすることで，自分を見失わないようにしよう」と言っているかのようであった。

「浮かんで流れる」というこのリジリアンスのイメージは，私が12〜13歳の頃，初めて海で泳いだ経験に基づいたものである。波に慣れていなかった私は，向かいくる波が私を運んでくれることに高揚感を抱いた。そして，その経験を繰り返すうちに，一番高くなったところで波に乗れると，波が私をビーチに運んでくれると分かっていった。しかし，当時，私は引き波について何も知らなかった。そこで，私をさらって，泳いでいた他の人たちをも超えていった強い波がやってきた時，その波からどうにか逃れようと，もがいてしまったと記憶

している。岸に向かおうと泳いでも一向に岸に近づけず，私は疲れ果てるだけでなく，パニックにもなりかけた。ありがたいことに，引き波が弱まった―引き波とは，いつもそうなるのではあるが―ので，私は疲労困憊しながらも，どうにか岸に向かって泳ぎ始めた。救助員が助けに来てくれて，その救助員が私を岸に連れ戻してくれた。

　ビーチに腰を下ろしてから，その救助員は，私がサーフィンを再び始める前に教えておきたいことがあると言った。

　「海で泳ぐのならば，どのように泳ぐのかよりも，どのように浮かぶかを覚えておくことが重要だ」

　彼は，泳ぎを覚える前に，いかに水の中にいられるかを習得することが大切であると，私に気付かせてくれた。顔を水面から出して仰向けになって浮くことで，私はどんな流れに対しても，浮かんで流れることができたであろう。

　この教えは，どんな種類の強い流れに対しても，役立つものであった。圧倒されるような力に太刀打ちするには，まず「浮かんで流れる」こと，すなわち，コントロールを取り戻すまでは自分を安全に浮かばせておくこと，から始めるということである。これは，助からない状態で降伏するのとは，まったく違う。そうではなく，自身を保護するエネルギーで，押し流されることを選んでいるのである。

　リジリアンスは，ジュリーの死についてあれこれ考えるよりも，ただその死についての認識の表面で浮かんで流れることでどうにか乗り切ることを，私に教えてくれた。リジリアンスが「保持」されたおかげで，私は，彼女の死という現実と私の空想，すなわち，彼女のひどい死に方と私の勝手な空想から，自分を引き離すことができた。

　リジリアンスが早く戻ってきたことが，私の語り直しの基盤となった。

　彼女が逝った夜，私は子どもたちに，そしてその後，友人や親戚に，自分は大丈夫であるし乗り切れると確信していると伝えて，彼らを安心させようとしていた。私は，彼女の死という空虚感から自分自身を紛らわすために，この安心感を与える話を繰り返す必要があった。われわれが互いに乗り切れるという安心感をもたらす話の中には，われわれに対するリジリアンスの声が存在しているのである（Pennebaker, 1990）。

親友の一人が，私の自信なり楽観性については立派だと思うが，それを繰り返し聴くのに疲れた，と言ってきた。彼は，そう言うことで，私が自認している以上のものがこの物語に含まれていると，私に示唆した。私が言語化していない無力感のことで，われわれは苦笑したが，彼は私にそれを語るよう無理強いはしなかった。彼は良い友だちであり，そのことについて議論しようとはせず，それどころか「十分に」話を聴くつもりであると言ってくれ，実際に，そうしてくれた。

　ジュリーが亡くなった最初の月，私の心には，ひどく火傷してしまった手のように，癒えるための時間が必要であった。幸運にも，私のリジリアンスは，持ちこたえることができ，利用可能であった。時の経過とともに復活する以外に，リジリアンスがどのように戻ってくるのかのメカニズムは分からないものの，リジリアンスが復活した当初，それはかなりわざとらしい生き延びることについての物語を私に話させていた。リジリアンスが私の心に徐々にしっかりと根を下ろすにつれ，私は，彼女の死には何もなく，その死に方に価値がないとの物語を語り直せるようになっていった。

　初めの数週間に襲ってきた侵入ととりつかれは，安定性を保つためにどれほどリジリアンスが欠くことのできないものであるかを示している。私の心がジュリーの死についての事実と空想に打ち勝つことができるとの確信を思い起こすことこそが，すべての土台になった。語り直しや心の修復は，それを基にした。つまり，暴力死から一人で立ち直れない場合とは，彼らがリジリアンスを維持できていないからなのである。

リジリアンスのある語り直しに役立つ社会資源

　私のリジリアンスは自分の中から生じたが，それは，私の家族なり地域社会なりによって，育まれたり強化されたりする必要があった。幸運にも，私にはその供給源がいくつかあった。

　初め，私はリジリアンスがあるように振る舞うことで，自分のリジリアンスを見つけた。私は，子どもたちがさらに心的外傷を負うことがないようリジリアンスを提供しようと決意したが，このリジリアンスに対する私の必要性が，

リジリアンスを生じさせた。暴力死に出遭った遺族の多く，中でも親は，遺族が一緒になってその死を生き抜くことができると誓う話を互いに繰り返し語ることを通じて，自身のリジリアンスを伴った語り直しを始めるのである。子どもたちと私との間で，落ち着いた気持ちであることや信用し合っていることを確かめ合うのに，辛い時もあった。どれほど懸命にお互いに気を配ろうとも，どうしようもない気持ちを否定できない時期もあった。しかも，個人的な失敗からこうした気持ちに襲われるのではなく，むしろ，その暴力死をわれわれが語り直すに当たって避けては通れないものとして，私はそれを受け入れなければならなかった。

　私はよく，われわれの間でジュリーの思い出を生き続けさせようとして，彼女のことを話題にした。彼女が妻や母親としてどれほどたくましく有能であったかを思い出しては，私は自分の中にリジリアンスを見つけた。最初の数カ月間，子どもたちは，私の回想を聞いてはいたものの，自分たちから彼女のことを話すことはなかった。私が子どもたちの安全や安定性を心配していたのと同様に，彼らも私の安全と安定性を心配していた様子である。われわれ3人にとって，かつての家族のことよりも，これからの家族の話をする方が，恐れを感じずに済んだ。彼女は子どもたちにとって愛情深く思いやりのある母親であったのに，その子どもたちを見捨てたということについての子どもたちの戸惑いを，私は分かち合った。われわれを残して去ろうというジュリーの決意によって，われわれは，切り離されてしまった。彼女がわれわれの家族の物語を終わらせたような方法は，われわれの解決にはなりえなかった。

　子どもたちと一緒にリジリアンスの伴った行動をした私の経験によれば，リジリアンスは，言葉よりも行動によって，一層伝わるようである。彼女の死がわれわれに強いた物語の中には，われわれは存在しておらず，安心感をもたらすなりその意味を認めるなりの言葉で，彼女の死の物語を語り直すことはできなかった。しかしその代わりに，なだめたり抱きしめたり近くにいることを確認するようなリジリアンスの伴った非言語的行動や習慣的反応の中に，われわれは，安心感を見つけることができた。私が仕事の時は子どもたちと別々であったが，夜と週末はいつも一緒に過ごした。私は家で子どもたちと一緒にいたかったので，子どもたちの友だちを家に招いた。週末，わが家は社交場になり，

笑いが絶えなかった。われわれは3人ともに，こうした明るさに勇気づけられた。しかしその一方で，彼らが帰って，再びわれわれだけになった時，私はほっとした。われわれ3人だけでいることは，われわれの一体感を明白なものにした。われわれはしっかりと結び付いており，今後もその関係が不変であろうと認識した時，リジリアンスがやってきた。

私の仕事

　私が精神科医としての仕事に戻ったのは，自己犠牲的精神からではない。むしろ，仕事がないと一層喪失感を意識してしまい，仕事に戻ることを待てなかった。私は，患者や同僚のために復帰する義務があるとも感じていたし，安定化させたり満足させたりする医者としての私の役割を取り戻したいという，かなり強い欲求も感じていた。家にいると，ジュリーがいないことを一層強く感じてしまった。仕事をすることは，人前で自分のリジリアンスを保ち続けさせることにつながったばかりでなく，気分転換にもなった。初めの数カ月間，私は，自分の内面を見つめさせるような孤独の時間を好まなかった。独りぼっちの状況が嫌であった。

　職場は，ジュリーの死について語り直す場所ではなかった。患者に私の方からジュリーのことを打ち明けることはなかった。長期間私の治療を受けている患者の中には，何人か彼女の死に気付いた者がおり，彼らが直接質問してきた際には，率直に答えた。しかし，彼らは気詰まりな様子で聞いていた。また，私の同僚は，私が乗り越えようとしていることに気遣って，彼らの方から尋ねることはほとんどなかったし，私の方から話すこともほとんどなかった。

　仕事に戻ったことは，私に馴染みのある目的なり意義なりを提供してくれ，そこで他者を治療する中で，自分のリジリアンスを見つけることができた。私は淡々と仕事に取り組んだが，精神科医としての私の活動は，ジュリーの死に私が暗黙のうちに没頭してしまわないよう，私の生活に，秩序なり予測可能性なりをもたらした。仕事は，私を日々の生活と結び付け，そうすることが，リジリアンスをもたらした。

精神性への信念

　私は，自分が強い精神性あるいは宗教的な信念を持っていないことを，残念に思う時がある。人類は，死後の秩序に関する概念を，何千年もの間，保ってきた。こうした信念を持つ者どうしでこの信念を分かち合うことは，死が生の観点から理解され得るという慰めとなる安心感をもたらすであろう。死後にも人生があるという考えや輪廻説によれば，ジュリーが消えてしまったわけではないことになり，私が死ねば彼女と再会できるといった期待が持てたかもしれない。

　ジュリーと私は，死について話し合ったことがあったが，彼女は，死後も終わるわけではないという精神性への信念を強く持っていた。彼女は，死後も何らかの形で存在し続けると信じており，そう思うことで彼女自身を安堵させていた。彼女が，死についてこのような希望的態度を持っていたと知っていたことは，彼女の最期についての私の空想をそれほど痛ましいものでなくすることができた。しかし，このような彼女の信念の中に，私自身のリジリアンスを見つけることはできなかった。

　このような宗教的あるいは精神性への概念があれば，私に，ジュリーの死に対する心構えをさせたかもしれない。とは言え，このような概念を私が持っていたとしても，彼女の暴力死に対しては，私を心構えさせられなかったであろう。なるほど，聖書や賛美歌や説教の中には，暴力死における道理なり意義なりに触れているものもないわけではないが，そこに，精神性への信念や宗教はない。消防士や警察官や兵士がその職務に当たって暴力死を遂げた時，彼らの死の物語は，語られない。彼らの死は，われわれを守った彼らの勇敢さや犠牲を繰り返し称えることで，包み隠されるのである。彼らの暴力死は，危険に立ち向かい名誉ある死を遂げたという無私の精神による選択を象徴した死に，転換されるのである。

　この名誉は，自己犠牲という勇敢な選択から生じる。しかし，暴力死それ自体が，意味のある，あるいは勇気ある選択に転換されることはないのである。殺人や事故による死は，当事者の選択というよりも犯罪であるし，ジュリーの自殺は，子どもたちや私にとって受け入れられないものなので，われわれに対する犯罪とも言えるのである。

ジュリーの告別式は，彼女の人生が賞賛に値したことを知らしめるよう，執り行われた。彼女の死に言及することは，避けた。私はジュリーへの愛情のほとばしりを感じる一方，彼女の死がわれわれに対してしたことについては，感情を麻痺させ無視していたことを覚えている。それは，彼女の死に関するわれわれの空想を呼び起こすのを助けたりはしてくれなかったであろう。われわれは，彼女と一緒に生活を分かち合った物語を語り直し始めることで，お互いにリジリアンスを保てるよう寄り添っていく必要があった。彼女の人生を思い起こすことは，われわれにリジリアンスをもたらした。

基盤となるものとしてのリジリアンス

　ジュリーの自殺の後，私が最初に取り組んだ難題は，彼女の死に関する私の空想に，精神的に耐えることであった。回避と侵入に悩まされる中，自分の周囲や自分自身に関するこれまでの認識は，どこかに行ってしまったので，まず優先して行うことは，私の心が，制限なり一貫性なりを見つけることができるのに十分なリジリアンスを取り戻すことであった。

　初めの頃のリジリアンスの供給源は，私が繰り返し語った自分と子どもたちのために生き延びるという物語を，行動化することにあった。この初期の頃の物語には，この破壊的な空想を埋め合わせるために，無理に私に語り直させていると感じさせるような理想主義的な空想が含まれていた。

　また，私は，他者—初めは家族，後に私の患者—に対してリジリアンスであることの中に，自分のリジリアンスを見つけた。加えて，私には，自分が困惑した時に，自分自身を安心させるイメージや場所として思い起こすことができる自らに言い聞かせる言葉—浮かんで流れる—もあった。安全と超越性についての私的なイメージが，強力な非言語的安定剤になっている。しかし，私は，こうした自分について，ジュリーが死ぬまでは，ほとんど何も認識していなかった。

　リジリアンスは，生きることへと方向付けるものである。私は，まずは生き続けることで，暴力死から生き延びていった。私の家族や友人や仕事が，私にリジリアンスをもたらし，私を生かしてくれた。私の心が生きようと思うよう

になって，やっと自分一人でリジリアンスを保てるようになっていった。

　リジリアンスが戻ってきたおかげで，私は，ジュリーの死を抱えながら生きていくことに対して，平静さなり確信なりを取り戻していった。リジリアンスが戻ってこなければ，自分の生活を取り戻して積極的に過ごすことはできなかったであろう。もし私の心が，第Ⅲ度の火傷を負った手のように，生来のリジリアンスを取り戻すことができなかったならば，私は無感覚のままであり，最後には，何もできなくなってしまっていたであろう。ジュリーの死によって壊されてしまった状態に活気を取り戻すべく，私の心があれこれと取り組むなどして自分で修復していくことはなく，私は，死んだような状態のままであっただろう。

第3章

一貫性のない語り直しから一貫性のある語り直しへ

　私の語り直しは，当初，ジュリーの死に没頭したり自分の境界線を失ってしまったりするものであったが，次第に，リジリアンスを備えた，生きることについての再定義なり自分の再度の取り組みなりといった，目的のある方向へと向かうようになっていった。ナラティブの焦点が，彼女の死の一貫性のなさから私自身が生きることに結び付くことへと移動することで，改変された話が語り直されるようになっていった。

　愛する人の暴力死に苦しんだ友人や遺族の大半は，自然回復的に，一貫性のある修復的語り直しにたどり着く。私と同じように，彼らは数週間もしくは数カ月間かは，その死にとりつかれるが，その後，彼らのリジリアンスなり家族や仕事や地域社会のサポートなりのおかげで，その悲劇に，自分たちを適応させていくようになるのである。

　しかし，遺族の中には，このナラティブの焦点を移動させられない者もいる。彼らは，暴力死を繰り返し語るのを止めることができない。私自身，同じ物語を繰り返し語って麻痺した状態に陥った経験があるので，この移動させられないことが，理解できる。再現やとりつかれの彼らの物語の中に，特徴的なものはない。それは，同じ程度の鮮明さなり筋なりがあるが，改変させられないのである。何カ月も何年も，この病的な繰り返しの語りにとりつかれたり「ひっかかったり」したままでいることは，その語り手の人生を，吸い込んでしまうことになる。

殺すこととケアすることとの一貫性のなさ

　死の物語の構造には，元々不安定さがあり，それが，語り直しを複雑にしている。その構造は，「殺すこと」と「ケアすること」を同時に含むことができない。暴力死という行為は，ケアがもたらす物語を崩壊させてしまうのである。

　この不安定な性質ゆえ，暴力死の物語の構造は，直線的で静的であるよりも，球状であり動的である。暴力死と保護的なケアという相矛盾したものを含んだ脚本の中心的イメージとは，その双方が入れ替わり立ち代わり登場するといったものである。これらの二つの想像上の筋書きの意図なり方向性はまったく違うので，同じ語りの中で結合させることはできない。

　最初は，死のイメージの再現が中心であり，自責の念や報復や過保護の物語は，その死のイメージにしっかりと結び付いた副次的なテーマである。これらは，暴力死に直接関連した相補的な脚本である。

　その後，再現は，再会なり復活という空想によってしっかりと結び付いたその死者が生きているイメージで，埋め合わされる。これらは，暴力死による分離なり直接性によって不可能になってしまったケアの関係を主とすることに直接関連した，相補的な脚本である。

　さらにその後には，何らかの引き金があれば以前同様，想像上での出来事やそれに派生する物語の展開が繰り返され葛藤状態に戻ってしまうこともあろうが，徐々に，ぼんやりして中心的なものでなくなっていく。

　どのような死に関しても，人は再現のテーマを語るであろう。もし2人の人が会って，片方の人がもう片方の人に，お互いが知っている人の死について語り始めるとするならば，その話は，その人がどのようにして死んでいったのかから始まる。その死の話において，その人はまだ生きており，その話は，避けられない死に対して抵抗するか受け入れるかの行動を描写することになる。

　自然死についての語りの構造は，時なり多くの人の注意なりを含めて，死について直線的に再生するものとなる。自然死の物語は，その死が少なくとも苦しみや絶望感に終わりをもたらすことから，悲しくはあるものの諦めて受け入れる方向へと進んでいくので，修復的な方向性が元々存在しているのである。

自然死の場合，再現の物語は，多くの人と一緒に作ることができる複雑な筋書を含んでいる。逝こうとする家族成員の周りに彼らは集まり，その死を避けようとしたり，あるいはその死に対する準備をしたりする。そして，ついに自然死が到来すると，理想的には，一人で逝かないよう家族成員それぞれが慰めたり見守ったりするなど，最後の役割を果たす機会がある。

しかし，暴力死の物語の構造においては，殺害にスポットライトが当てられる。この暴力死という恐ろしい行為において，その殺害を防いだり介入したりすることは，誰もできない。自然死と異なり，暴力死はお互いに受け入れられたり和らげられたりできないため，その暴力死の物語には，再建的な可能性が含まれていない。暴力死においては，故人と遺族はその突然の行動によってお互いに切り離され，一緒に集まって死を避けようとしたりそれへの準備をさせてくれたりはしない。一緒に死の物語を作っていく機会がないだけでなく，その家族成員の死に立ち会う機会すらない。暴力死が起こった時，遺族は，想像するのを自分で止められず，その想像上の死の行動をただ受動的に目撃する以上の役割がないのである。

暴力死の物語には，再建の方向や可能性がなく，その暴力死がもたらした心的外傷のために，ケアや保護といった生きることを肯定した物語とは切り離されることになるので，この暴力死の物語を変えていくことはできないのである。この話は，執拗に繰り返されることはあるものの，死という劇的な出来事を超越するという観点を伴って，活気づけられたり語り直されたりすることはない。死の結末となるこのナラティブのジレンマ，すなわち死を結末とする物語を語り直すことは，基本的に，語り直しを複雑にする。これは，無意味な崩壊やニヒリズムの物語を繰り返すことに対して，助けを差し伸べたりはしない。そこには，それを語り直す誰もが避けることのできない潜在的な破壊が，存在しているのである。

遺族は，彼ら自身の人生の物語に，この暴力死の物語を結び付けるという最終的なジレンマに取り残されることになる。暴力死は，故人の人生の物語を悲劇的で受け入れ難い結末にするばかりでなく，語り手が生き続けている人生の物語の中で，その生命力とアイデンティティにおいて混沌として受け入れ難い結末として，引き継がれることになる（Frank, 1995; Harvey, 2000; Neimeyer

& Levitt, 2000)。この分かち合ってきた物語においては，語り手の人生も終わってしまうので，この破壊された人生の物語の語り直しには，一貫性が存在しえない。愛する人が暴力死を遂げると，その故人のこれまでの記憶とこれからとを一緒に育んでいくといった関係はなくなり，その状態のまま深く根付いてしまう。心に深く埋め込まれた暴力死から，生きることについての物語を再構成することは，矛盾している。暴力死の話は短いドラマで始まるが，この始まりに終わりはない。愛する人の暴力死の後に生き続けることとは，その死の記憶に取り囲まれることはあっても，消すことはできないので，その人生の物語は，安定性を損なうことになるのである。

暴力死に必然的に付随するもの：3Ｖ

暴力死はいずれも，劇的な事件として起こる。暴力死には，その劇的な事件に見られる以下の3側面の特徴がある。

暴力（Violence）：その死は危害を与える行為である。
違反（Violation）：その死は逸脱した行為である。
意志（Volition）：その死は意図的（自殺または殺人），あるいは，無責任な過失による行為（事故死の多くは人間の過ちによる）である。

これら3Ｖ（暴力，違反，意志）が，その死を忌まわしいものに変える人間の行為の要素となっている。この種の死は，受け入れることができない。誰かが殺されているのである。その遺族や地域は，その死についてばかりでなく，このような死がまた起こりうるのではないかということも含めて，怖がり，激怒する。その死とは，誰かの過ちであり，避けられるべきだったのである。

この暴力死の3Ｖに対抗する物語には，自ずと，報復，応報，罰が付随する。暴力死という行為は，その遺族と地域社会双方のために，復讐されなければならない。遺族にとっては，かけがえのない人の生の尊厳が暴力死によって失われるのであって，その故人の名誉や尊敬を回復するために，それに報いるような方法で仕返しをしなければならない。また，地域社会にとっては，その地域

の秩序なり平和なりが脅威にさらされることなので，その行為に対して責任がある人が捜し出され，拘束され，罰されなければならない。つまり，この3Ｖが，この死に必ず伴うものに対抗した脚本を作るために，儀式的にその死を語り直すことを必要とするのである。この儀式は，家族にとっては道徳的秩序，地域社会にとっては法秩序の回復を修復することにも通じている。

社会に付随するもの

　何千年もの間，人類は，利己的であったり崇高であったりとさまざまな目的のために，自身や他者を殺してきた。われわれは，他の生物種以上に，われわれ自身を殺す能力を持っており，おそらくわれわれに生来備わったその能力ゆえ，暴力死に対して，このような激しさをもって反応するのであろう。

　文字を持たない時代，すなわち，成文法や刑事司法機関ができる前，遺族は復讐や応報を考え実行するために，一堂に会した。「目には目を，歯には歯を」は，殺人犯に殺された人と同じ方法で死ぬよう強制したり，加害者の家族に「賠償金」と呼ばれる目に見える形で支払わせたりという仕返しの行為をさせた。この復讐や応報の儀式は，粗野な形で道徳性や秩序を回復させたであろうが，非常に破壊的であったに違いない。12世紀の英国では，暴力死が「王に対する犯罪」となったが，おそらくそれゆえであろう。王室は，こうした遺族の行為が引き起こす社会的，経済的騒動に耐えられなかったのであろう。

　この時代以降，西洋社会における遺族は，この相補的な行為を果たすという重要な役割を失っていった。代わりに，警察や裁判所などの諸機関が，規則や手続きについて，非常に複雑な体系を作っていった。そして，こうした機関の外にいる人は，何が起こっているのかを容易に理解できなくなっている。

　これらの法律は，復讐や応報を，個人の権利や正義の理念を尊重する客観的な捜査と裁判に変え，その直接性ゆえに伴う反撃のドラマを奪っていった。もちろん今日でも，法システムの抜け道を見つけた個人なり遺族なりによって，復讐が行われることはある。しかし，それには，彼ら自身が殺人罪で告発されるという大きなリスクが伴っている。

　暴力死が法的に犯罪と扱われるかどうかは，検死官や警察に委ねられている。故意の殺人と自動車による殺人は犯罪とみなされ，州で処理されることになる。

一方，事故死や自殺の場合はそうでないので，遺族は，彼ら自身で物語を語り直すよう残されることになる。

警察と裁判所は，遺族よりも法に従っているのである。

個人に付随するもの

遺族は，警察や裁判所とは別に，自分で捜査したり審理したりする。遺族は，暴力死の３Vについて，あれこれ考える。遺族は，警察や裁判所とは無関係に，あるいはそれを超えて，激しく揺り動かされる想像上の取調べなり判断なりにとりつかれるかもしれない。それは，再現の物語と同じ位強力である場合もあり，しかも，法で認められた方針に従う義務は，ないのである。

犯罪であろうとなかろうと，遺族には，その暴力死に関して，どのようにして，なぜ起こったのかを問う必要がある。この私的な捜査なり審理なりは，私的な結論を導く一方で，それにとりつかれてしまう可能性もある。これは，語り手を「守れなかったことへの罪悪感」から自罰としての**自責の念**といった終身刑を科すかもしれないし，残された家族の安全性を守るために**保護者**として「あちこち動き回る」ように自分をさせるかもしれないし，誰かを見つけて罰する**報復**という「試練」を科すかもしれない。

不幸にも，こうした取調べなり審理なりにとりつかれた際，語り手の権利の保護や正義の保証はない。その過程は内的で閉ざされたものなので，語り手自身に対する弁護は，なされないのである。遺族はとりつかれた際，自分の調査なり審理なりを不当であると考えることはできない。不幸なことに，彼らは，自分を有罪化するのを避けるための黙秘権—自己告発に対するミランダ権利—について，告げられたりはしないのである。

結び付きと語り直し

非常に強く反応する家族には，家族成員間に養育という強い結び付きが存在しており，その結び付きゆえ，そのそれぞれが互いに関心を寄せたり守ったりし続けるのである。こうした結び付きは，ネグレクトにはなく，怒りや虐待によっては，壊されたりすることもあろう。家族内で非常にネグレクトしたり暴

力を振るったりした人が暴力死に見舞われた場合，その人の死は，悲嘆よりも安堵をもたらすかもしれない。心を通わせるような結び付きがない状態であれば，暴力死が，その何もない状態から新たに何かを創り出すことはできない。互いへの信頼感なり関心なりがないひどく機能不全に陥った家庭では，３Ｖに付随した反応を呼び起こすだけの結び付きの記憶が，蓄積されていない。こうした自己保身のために家族との結び付きがなくなっている状況下では，その家族の死は，関心なり保護なりに値するとはみなされない。

　このような家族の極端な断絶状況は稀であるが，このことは，語り直しに心を通わせるような結び付きが必要であることを示している。心を通わせるような結び付きがなければ，死や生の話を語り直す際の機動力も存在しないのである。われわれの多くは，日々起きている暴力死にさらされてはいるものの，そうした死に対して，自分は関係がないと受け止めている。メディアは，暴力死について次々に報道するが，それでわれわれの警戒心が高まるわけではない。暴力死といった劇的な事件は，われわれの関心を引きはするが，その事件は，われわれが私的に気遣ったり思いやったりして接してはいない，よその人のことなのである。その人とは，われわれの私的な時空の一部に存在する人ではないのである。その死の惨状には心を奪われるかもしれないが，その死の３Ｖが，われわれの想像上の再現やとりつかれをかき立てることは，ほとんどない。

　３Ｖが付随するのは，暴力死を遂げてしまった人と心を通わせた記憶を有して結び付いている場合である。心を通わせる結び付きが語り直しの基盤になっているので，遺族の中で最も親が，再現やとりつかれに悩まされやすいということは，驚くことではない。親，特に母親は，わが子の暴力死に対して，その子どもの年齢のいかんにかかわらず，長期にわたって苦しむ（Rosenblatt, 2000）。親には，子どもを危害から守るという究極の役割がある。そこで，わが子が殺された時，親は，過度に恥を感じてしまうのである。わが子の代わりに自分が死ねばよかったとの思いも含めて，自らを責めている親の気持ちを切り替えさせるのは難しい。親には，親としての責務があるため，子ども，きょうだい，配偶者などの他の家族成員に比べて，暴力死に対する反応が，より大きいのである。そしてこのことが，暴力死の後に最も頻繁にサポートや処遇を求める家族成員が母親や父親であることをも，おそらく説明できるであろう。

激しい心的苦痛の一貫性のなさ

　情緒的に強く結び付いた人の死は暴力死を含め，外界に対する間接的な脅威となる。暴力死について心的苦痛を抱えている人が，自身も暴力死の危機にあるということは，めったにない。にもかかわらず，殺された人の脆弱性についての永続的な記憶によって，心的苦痛が引き起こされるのである。愛する人の暴力死がもたらした心的苦痛は，恐怖が弱まるにつれて軽減していく精神的・身体的反応である。しかし，暴力死という外的な出来事は，ケアによる結び付きのために，殺害に関する内面化された記憶に変わることになる。殺害の記憶とケアする義務とが結び付いている限り，暴力死に対する心的苦痛反応は，続くのである。

　暴力死に対しては，互いに絡み合っているものの，はっきりと区別できる二つの心的苦痛反応がある。すなわち，死はその人の不可逆的な喪失に対しての**別離**苦痛をもたらし，暴力死はその人の亡くなり方に対してさらに**心的外傷**苦痛をもたらすのである。

　表1は，別離と心的外傷という心的苦痛反応が，特有の思考，感情，行動に大まかに分類されることを示している。

　それぞれの心的苦痛反応は，特有の心理的な目的も持っている。別離苦痛は，生きている存在との心理的，物理的結び付きを再構築することが，目的である。一方，心的外傷苦痛は，死の存在をやり直したり回避したりすることが，目的である。これらはいずれも，死や暴力死による影響を乗り越えようとする初期の試みなのである。

　別離苦痛と心的外傷苦痛は，同時に存在するものであるが，その思考，感情，行動は，互いに調和するものではない。別離苦痛は，その故人の生きた姿との再会を喜ぶ方向に導こうとするのに対して，心的外傷苦痛は，その故人の死を想像上で目撃することを恐れて避けようとする。すなわち，別離苦痛と心的外傷苦痛は，その死の記憶に関して，相反する筋書きを展開しようとするのである。一方の反応は故人の記憶を引き寄せ，もう一方の反応は故人の記憶を追い払おうとするのである。

第3章 一貫性のない語り直しから一貫性のある語り直しへ 53

表1

	心的外傷苦痛	別離苦痛
思考	再現	再会
感情	恐怖	切望
行動	回避	探索

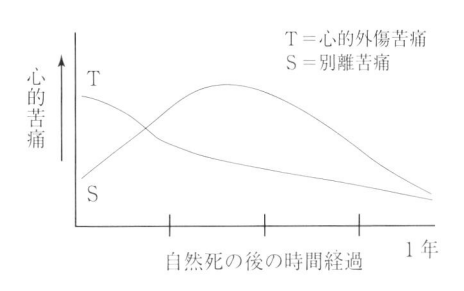

図1 自然死の後の心的外傷苦痛と別離苦痛

　これらの心的苦痛の筋書きは相反するものなので、それらを同時に考えることは難しい。そこで、死の直後には、心的外傷苦痛が優先される。心的外傷苦痛に伴う無感覚、回避、再現の空想が主となり、別離苦痛に伴う切望、探索、再会の空想は消えることになる。おそらく心的外傷苦痛は、生き延びるという、より基本的な目的に影響を及ぼすため、より力を持つのであろう。われわれの中枢神経系は、何千年もかけて、近づいてくる死を避けることができるような仕組みになってきている。死に接近しようとする傾向と回避しようとする傾向の双方があるものの、暴力死が近づいてきた際には、まずそれを避けるという本能がある。そこで、われわれの中枢神経系は、故人との感情的結び付きについての複雑な処理を行う前に、まず、暴力死に関する心的外傷を処理するようプログラムされているのである。

　心的外傷苦痛と別離苦痛は、互いに、切り離された関係にあるわけではない。どんな時でも、潜在的には、両方が存在している。そして、暴力死からの時間の経過とともに、その死だけでなく、その人の記憶にも近づくことのできる別離苦痛が、徐々に、心的外傷苦痛に取って代わるようになる。

　図1は、家族成員の死後、同時に生じる心的外傷苦痛と別離苦痛が、時間の経過とともにどのように変化していくかについての仮説を、図示したものである。

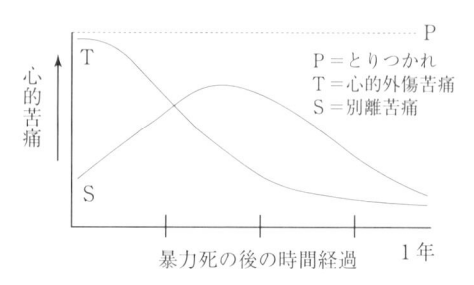

図2　暴力死の後の心的外傷苦痛と別離苦痛

P＝とりつかれ
T＝心的外傷苦痛
S＝別離苦痛

　私の経験によれば，この心的苦痛に関する次元モデルは，段階モデルよりも妥当である。段階モデルは，まるで一つの段階が，それに先行する段階の上に築かれているかのように，予測された順序で，不連続の情動的反応が次々と生じることを，意味している。この不連続で定められた順序で次々に出現するとする段階モデルは，回復が同じ道筋をたどるという誤った想定をしてしまっている。
　一方，次元モデルでは，段階モデルと異なり，心的外傷苦痛と別離苦痛は同時に生じる反応であり，ただし，時間によってその激しさが異なることを想定している。つまり，ここに第1段階はない。無感覚とは，別個に分類された段階というよりは，むしろ激しい心的外傷苦痛と関連している。死別がもたらす無感覚とショックは，われわれが生まれながらに持っている死への恐怖と回避がもたらすものである。死の恐怖は，再び起こるかもしれない潜在的な反応として続いていく。時間が経つにつれて，別離苦痛の方が優勢になっていくが，心的外傷苦痛が消え去るわけではない。次元モデルでは，ある段階から次の段階へといった基本的な移行はない。心的外傷苦痛と別離苦痛とは，家族成員の死が原因で生み出されるというよりもむしろ，元々埋め込まれていたものが，その死によって喚起された反応なのである。心的苦痛反応は内在しているのであって，死だけではなく，広くさまざまな経験と結び付いたものなのである。
　図2は，暴力死の後の心的外傷苦痛と別離苦痛の相互作用について仮定した図である。
　暴力死では，心的外傷苦痛がより激しく持続する。自然死の場合，心的外傷

苦痛は数週間で弱まっていくが，暴力死の場合は，数カ月間続く。相当数の遺族，おそらく親の30％程度（Murphy, 1999）が，数カ月ではなく何年にもわたって，再現，自責の念，報復，過保護の固執的な考えに悩まされる。その彼らの「とりつかれ」は，点線で示したとおりである。

暴力死の後のとりつかれと結び付いた長期にわたる激しい心的外傷苦痛は，リスク要因である。心的外傷苦痛で動けないままでいる人は，自分の生活に戻ることが困難である。彼らは，まるで殺人がたった今起こったかのように振る舞う。心的外傷を負った彼らの私的な時空における認識の中で，その暴力死を過去へ追いやることができない。昼夜を問わず，きわめてはっきりとしたイメージで，再現の空想が侵入してくるのである。その暴力死は，時を経ても，「たった今」の経験として，繰り返し再現されるのである。

未来を志向する時間などはない。心が，生々しい再現の試練や，自責の念，報復，保護に対する強い思いに向いている際，再び生きようとすることは，容易ではない。この死の内面化された記憶は，過去の記憶として追いやってしまうことができないので，心的外傷苦痛を起こし続けることになるのである。

回避ととりつかれとの矛盾

死の記憶がまったくないこと，あるいは，その記憶が侵入してくることは，修復的語り直しを邪魔することになる。回避していては，語り直しは始まらない。とりつかれていては，繰り返しの語りが止められない。

とりつかれは，はっきりと自覚されるため，認識されやすい。一方，回避は自覚を避けるものの，とりつかれと同様に人を「消耗」させてしまう可能性がある。回避が非常に激しくなると，無感覚になり，何事に対しても無関心になっていく。

回　避

比較的一貫した生活を送り，それなりにリジリアンスを使えていた人が，暴力死のような過度のストレスに襲われた際，回避は適応的であるかもしれない。回避を滅多に使ったことがない人に対して，回避が永続的で取り消せないと思

わせることは，誤っている。リジリアンスが再び作られるまで，暴力死についての認識を回避することは，精神的安定を与える自然な第一反応なのである。回避は，よりリジリアンスのある反応に取って代わられるまで，尊重するに値するものである。

　回避を操作的に定義することは，難しい。なぜなら，その「操作」とは，存在するものを，存在しないようにすることだからである。

　回避は，リジリアンスよりも，原始的な精神の反射である。回避は，落ち着こうとしたり暴力死の認識から心を分離させようとしたりするよりも，どんな情動的衝撃とも関わりを持たないことである。否認は，その暴力死の認識自体をも消してしまう未熟な反射である（幼い子どもにおいてよく使われるものである）が，回避は，それとは異なり，その暴力死が起こったことは知っているものの，それに伴う心的外傷苦痛や悲嘆苦痛を認めることを拒むものである。この回避は，差し当たっての保護機能としては役に立つかもしれない。しかし，最終的な解決策とは言えない。回避は，打ちのめされるような心的外傷に出遭った直後においては，普通の反応であるが，やがては，リジリアンスによって，処理されたり改変されたりしうる情動的な認知に置き換えられていくものである。

　回避に関する発達的な調査は，実質的にはない。回避は，何らかの活動として観察されたり報告されたりはできないものである。習慣的に回避している人は，回避やそれに関連する心的苦痛に，気付いていない。

　メンタルヘルスの臨床医たちは，幼少期に頻繁に虐待やネグレクトを経験した人が，回避を利用すると認識している。これは，直感的に正しい。回避は，心を守ることを優先させるため，繰り返し虐待される子どもの場合，回避がリジリアンスよりも重視されることになるのであろう。しかし，このような幼少期を生き抜いてきた大人の多くは，本来備えていた機能を失ってしまっている。過度の回避によって精神的に生き延びさせてはくれるものの，その回避は，ロボットのように情緒を伴わない態度をとらせ続けるので，彼らは，喜びや悲しみや共感を伴うことのない人生を送ることになるのである。彼らは，狂気じみた過活動への参加や物質乱用によって，自身を「無感覚」にし，見せかけのリジリアンスのようなものを創り出すこともあろう。彼らは，暴力死の後，その

起こってしまったことから，自分たちを守ろうとする。そこで，彼らは暴力死の認識を避けようとし，その結果，その死が起きたことをほとんど思い出さなくなるのである。

とりつかれ

　回避と同様，とりつかれの思考も，暴力死に対してよく起こる最初の反応である。このとりつかれの出現は，死の記憶を処理する初期段階に伴うものであり，異常なものとして解釈されるべきではない。しかし，暴力死にとりつかれた空想が自然に消えていかない場合，その空想の語り手は，主体的にできることがなく，その暴力死をただ認識するだけの無力な存在に過ぎなくなってしまうのである。

　とりつかれた空想とは，大まかに以下の二つに分類できる。

1. 一次的な空想は，死それ自体の**再現**を含んでいる。この空想の繰り返しの語りにおいて，語り手は，無力な目撃者である以外の役割がない。
2. 二次的な空想は，**自責の念**（例：起こったことを自分が防ぐべきであった），**報復**（例：誰かがこの出来事に仕返しをする必要がある），**過保護**（例：私が二度とこのようなことを起こさせないようにする）といった補償的なテーマを含んでいる。こうした二次的な空想は，語り手を，非難に値する，報復的である，あるいは過保護的である，としており，こうした役割のそれぞれが，強制的な義務を語り手に押しつけるのである。非難に値するとの空想では自分を罰しなければならないし，報復的な空想では誰かを見つけ出して罰しなければならないし，過保護的な空想では出来事から自分自身や愛する人を守らなければならないのである。

　とりつかれのテーマを，一次的（再現），二次的（自責の念，報復，過保護）と大まかに分類するのは，とりつかれが，かなり目立った現象だからである。「とりつかれて」リジリアンスが弱まってしまった人の場合，その人の認識は，一次的テーマと二次的テーマでしっかりと取り囲まれてしまうことになるので，双方のテーマが次々に現れることになり，その双方が融合して現れること

もあろう。しかし,いずれのとりつかれ,ないしその組み合わせにおいても,その暴力死は,繰り返しの語りを活発に続けることになるのである。

リジリアンスと記憶についての生物学

暴力死を物語として認識することや語り直しにおけるわれわれのリジリアンスを認識することには,神経生物学的基盤がある。それぞれの物語や語り直しは私的なものであるが,これは有機的組織,すなわちわれわれの脳内で起きていることである。人間の脳は驚くほど複雑なので,内外からの変化に適応することができるが,暴力死のような心的外傷を知覚して処理する能力には,基本的な限界がある。

心的外傷に適応する能力に,われわれの遺伝と発達が永続的な影響を与えることは明らかであり,リジリアンスは,神経生物学的メカニズムを通じて現れる。どんな場合であっても,弱められたリジリアンス,回避,とりつかれは,心的外傷記憶の神経学的処理における特有の「変化」に派生したり影響されたりして変化した心の状態の描写なのである。近年,これらのメカニズムを詳細に記述した意識心理学に関しての分かりやすいレビュー(Damasio, 1999)がある。

神経精神病理学者たちは,何年にもわたって心的外傷反応が持続する者,特にベトナム戦争の兵士の脳における化学的,構造的,機能的変化を測定してきた。そして,侵入や回避の状態に関連のある脳内の深い活動領域に,変化があることを発見した。これらの研究は,私たちが長年そうではないかと思っていたことを実証した。何十年もの間,小脳扁桃と海馬の活動障害が,持続する心的外傷反応と関連している,と想定されていた。とは言え,こうした変化や測定は,臨床的には有用でない。現時点において,臨床医や心的外傷を受けた遺族を助けるような神経化学的あるいは神経画像的研究はない。われわれの脳が,心的外傷を伴う暴力死の記憶に影響を及ぼしたり及ぼされたりするのは確かであるが,こうした研究はおおまかに測定するにとどまっており,微妙な変化を測定できるまでには至っていない。

おそらく,愛する人の暴力死についての語り直しをさせる神経生物学的メカニズムは,私たちの脳内に深く埋め込まれている多様な記憶やその関連領域を

含むことであろう。なぜならば，それらはわれわれの脳内に深く記録されるであろうからである。

　暴力死の記憶の経験に対しては，記憶の記銘，保持，検索をつかさどる神経学的システムがある。神経心理学者は，われわれの認識を超えて機能する独立的な記憶システムの存在を明らかにした。意味的，エピソード的，手続き的と呼ばれるそれぞれの記憶システムは，脳の異なった場所に位置していることがおおよそ分かってきている。意味的記憶（例：言葉や思考）は元々象徴的で言語的であり，エピソード記憶（例：苦楽の強い経験）は多感覚で前言語的であり，手続き記憶（例：バイクに乗る，ある種の色，音，においを回避）は獲得した技能なり言葉を伴わない情緒的かつ身体的な反応である。通常の状況下では，ある経験は，これらの記憶システムの一つないしその組み合わせにおいて，選択的に処理され，記銘され，保持されている。

　しかし，激しい心的外傷は，この選択的処理を幾分か変え，その結果，その記憶は，断片化されたり異常な形で記銘されたりすることになる。この変えられた処理についての神経生物学的な詳細は，はっきりしていないままである。しかし，近年の放射性同位元素や神経画像の研究においては，激しい恐怖を含めて，過度の情動によって活性化される情動の「統制中枢」となっているようである脳の部位（小脳扁桃）があり，その部位が他の脳の部位（視床下部，脳幹，前頭葉）と結び付くことで，過剰な警戒や覚醒の状態を生み出すことを明らかにしている。

　小脳扁桃の活動は，おそらくは大脳皮質とのつながりなり影響なりに派生して，心的外傷記憶の不完全な処理とも結び付いているのであろう。心的外傷体験を意味的記憶として記銘するには，遅れが生じる。心的外傷体験は最初，侵入的で言葉を伴わないフラッシュバックとして思い起こされる鮮明で多感覚なエピソード記憶として知覚され，意識的に思い出すことのない手続き記憶として記銘されることもある。

　記憶の選択性に関する神経生物学的なモデルは，意味的な言語記憶が，心的外傷体験について最も正確に統合された表現を与える，ということを示唆している。このことは，古今東西を問わず，人は困難なことを言葉で表わす必要があることを意味している。心的外傷となった出来事を言葉によって象徴的に処

理することは，その経験を意味的記憶に転換することを促すのである。意味的記憶は時空の連続体を提供するので，その経験を過去に起こった外的な出来事として符号化しうるのである。話したり聴いたりといった活動は，自分の意志で，心的外傷体験を解き放したり想起したりできる意味的記憶に変えるかもしれない。

心的外傷記憶に関するこの神経生物学的基礎の記述は，どうしても単純化され，推測的になってしまう。われわれの限定された臨床的目的のためには，暴力死に関する心的外傷記憶の変化した想起と記銘についてのメカニズムに焦点を絞るのがよいであろう。

語り直しに影響を及ぼすもう一つの重要な神経生物学的要因は，一つ以上の精神障害の存在，すなわち**併存**である。精神障害は，心的苦痛とは異なる。障害は，外的脅威がなくても起こる可能性がある，比較的自律神経に制御された神経生物学的に駆り立てられた症候群を意味するものである。心的苦痛は特定のストレスフルな経験（とその永続的な記憶）と関連しているが，精神障害はストレスがなくても生じうる。精神障害は，症候群と呼ばれる予測可能な一連の特有の徴候（観察可能な身体的変化）や症状（主観的思考や感情）によって定義される。この症候群は，数カ月で消えることもあるが，自然発生的に再発する可能性も高い。

ストレスによって引き起こされうる精神障害疾患がいくつかある。死後2年間のうちに，30％もの遺族が，大うつ病，不安，物質乱用の障害と診断される（Jacobs, 1993）。これら三つの障害は，一般に死別や心的外傷に関係しており，より一般的に見られる心的外傷や別離の心的苦痛反応とは区別される徴候なり症状なりを伴う持続した症候群を示すものである。これら三つの障害は，別々にではなく一緒に現れることもありうる。これらの障害は，語り直しとは別のものであるが，これらが共存することが，修復を妨げることもある。抑うつは絶望と自己非難をより深め，不安は恐怖と崩壊の感情を高め，物質乱用は回避のベールをより一層厚いものにするかもしれない。これらの障害は，修復的語り直しの邪魔になるので，それらを認識して治療することが重要になる。それらに対して特化した薬物療法や心理療法を行うことは，暴力死についての語り直しを，妨害するよりもむしろ助けるものとなる。

リジリアンスの一貫性

　私は前章で，リジリアンスを「耐えられる範囲内で経験を維持するきわめて大切な心的能力ないし反射」として記述した。われわれは，通常の状況下では，その作用に気付かないのであるが，痛みや個人の安全の閾値を超える出来事に出遭った後には，その欠如に気付くようになる。ジュリーの自殺後に現れた，彼女の物語についての始まりや誰に属するものなのかといったナラティブのジレンマ，公的語り直しや私的語り直しに伴うもの，心的外傷苦痛と別離苦痛の強い波，とりつかれた空想の交錯は，私の心の限界をはるかに超えてしまうものであった。私が修復的語り直しをできるようになったのは，私のリジリアンスが戻ってきてからである。

　私のリジリアンスの復活には，二つの生来的な態度が伴っていた。それらは，単純で叙述的な文句で，非常によく表現されている。

　　「私は，安全であり，その出来事とは，分離した存在である」

　明らかに，安全と分離の感覚は，言葉を超えるものであり（私にとっては，「浮かんで流れる」という非言語的なイメージが，より説得的である），すべての人が等しく，こうしたリジリアンスのある態度を有しているわけではない。発達心理学者は，生後数時間以内の乳児にリジリアンスの個人差があること，そして，この個人差は持続すること，を明らかにした。中には，過度の刺激にさらされた時に自分を落ち着かせることができない乳児もいるのである。彼らは，成長しても，過度の刺激への耐性がなく，母親の近くにいようとする。彼らは，内的あるいは外的ストレスを経験した時に自身を落ち着かせたり切り離したりする能力が乏しい状態で生まれてくるのであって，この見解は，人間の幼児や他の霊長類についての他の研究においても，広く検証されている。このことは，リジリアンスが，大人になっても続く遺伝を含んだ生来の能力であることを強く示唆している。ある人々は，強靭なリジリアンスを持たずに生まれてくるので，おそらく圧倒されるようなストレスに対して，より脆弱なのであろう。この基本的な欠陥のある人は，愛する人の暴力死の後，落ち着きを取り

戻し,侵入と回避から自分を切り離すことができないかもしれないのである。

　メンタルヘルスの臨床医と疫学者は,弱められたリジリアンスと虐待やネグレクトの成育歴との間に,強い関連があることを立証した。このことは,リジリアンスの強さが,その強化によっても決まることを,示唆している。発達上の重要な時期において,養育者から安定的に愛情のこもった一貫性のある世話を提供されることは,リジリアンスを維持するに当たって欠かせない。しかし,安全性なり分離なりの基盤を破壊する虐待,ネグレクト,侮蔑が横行する家庭で生きざるをえない者もいる。子ども時代全般にわたって繰り返しストレスや心的外傷を経験した者は,リジリアンスを知らないままであったかもしれない。

　資質なり養育なりの要因に加えて,持続するストレスによっても,リジリアンスは弱められるであろう。リジリアンスがどれほど,遺伝的に具わっていたり,あるいは強化されていたりしても,これには限界がある。暴力死について修復的語り直しを始めるには十分なリジリアンスがあったとしても,さらなるストレスが,そのリジリアンスの「蓄え」をなくしてしまうかもしれない。さらなるストレッサーは,さまざまな方向から生じうるが,暴力死の後によくあることとして,家族,仕事,地域社会からのサポートがなくなることが挙げられる。こうした社会資源が,そもそもなかったり使えなかったりする場合もあろうが,さらに悪いことに,使えるにもかかわらずその関与に抵抗する事態も生じうるのである。

　例えば,遺族は,繰り返される語り直しに耳を閉ざすようになるかもしれないし,自分たちの安全を確信しようとして協力したがらなくなるかもしれない。家族はばらばらになって,互いに不信感を抱くようになるかもしれない。同僚は,いつまでも上の空で仕事をしてみたり欠勤してみたり―特に捜査や裁判の長期化に伴って―するのに耐えられなくなっていくかもしれない。上司は,その悲劇によって生産性なり遂行目標なりが軽視されるようになるのを見て,「もう終わりにすべきだ」と主張して,怒るようになるかもしれない。友人は,夕食に誘わなくなるし,たとえ夕食をともにしたとしても,その死について話題にすることは避けるであろう。

　すべての人のメッセージが,同じように思われる。すなわち,「私たちは乗

り越えたのだから，あなたも乗り越えるべきである」

　もちろん，彼らが既に回復したことは，真実である。しかし，回復できない人に早期回復を強く求めることが，彼らに蓄えられたリジリアンスをさらに使い果たしてしまうことも，真実なのである。

　彼らは，リジリアンスがある状態でいることにもうんざりしている。にもかかわらず，その出来事から押したり引っ張ったりされることは，サポート的であるよりもむしろ，脅かしになってしまう。変化させようと無理強いすることは，よりリジリアンスに導くのではなく，むしろリジリアンスを少なくさせることにつながってしまうのである。

　それでは，リジリアンスが暴力死の矛盾によって使い果たされ，さらに，周囲の人も聴くに耐えられないとして引き下がってしまった際，いかに修復的な語りが始まりうるのであろうか？　次章では，私に助けを求めてきた数名の遺族の物語を紹介する。語り直しが始まる前に，私がいかにリジリアンスを再発見したり強化したりしようとしているかが，分かるであろう。自分の語り直しの中に，自分の声や自分が登場するまで，そしてそうならない限り，愛する人の暴力死に適応することは，誰もできない。リジリアンスであること，すなわち，われわれは安全であり，その出来事とは分離した存在であると知ることが，われわれに，意味のない死に対して最終的に責任を負うという矛盾を理解したり避けたりすることを可能にさせるのである。

第4章

修復的語り直しの例

　私は，修復的語り直しがどのように展開していくのかを理解してもらう基礎として，私の妻の自殺という私の私的語り直しを紹介してきた。修復的でない繰り返しの語りは，自身ではない他からの声が元になっている。以下では，まず，修復的でない繰り返しの語りの基礎を理解するために，語り直しにおいてリジリアンスを維持できない遺族の物語を紹介する。これらの物語のそれぞれは，治療のためにやってきた遺族の私的語りに基づくものであり，とりつかれによって打ちのめされてしまったり，回避することで疲れ果ててしまったりして，リジリアンスを維持できずにもがいていることに，特に焦点を当てることにする。彼らの個人情報保護のために，仮名とし，同定できる特徴を一部改変してあるが，彼らの物語の変化の過程は，そのままの形で残してある。読者には，いかにしてリジリアンスが戻ってくるのかについて，判断したり解釈したりするのではなく，ありのままの姿をじっくりと見つめてもらえればと思う。

想像上の語り直し：状況設定

　暴力死の後，非常に心的苦痛を抱えている遺族を治療することとは，私を，誰も経験していないことに引き込むことである。私は，苦しめられて死んでいく想像上の物語の傍らに立つことになる。言葉にできない恐ろしい何かが起こり，私の傍らにいる遺族は，その打ちのめされるような光景の中央を直視している。
　最初は，その光景の中で，何もなされず，助けられる者もいない。私は，端の方におり，優先されるべきは，その消耗してしまう物語で崩壊してしまうこ

とから，遺族を守ることである。

　私は，遺族をその死から引き離して，生きることへの確信についての足がかりなり方向性なりを再び得ることができるような安全な場を提供する。同時に，遺族が落ち着きを取り戻し，想像上の恐怖の中心にもはや引き込まれなくなるまでは，彼らに，何が起きたかを直接考えたり話したりしないようにさせている。

　よく訓練された臨床医は，怯えたり希望を失ったりすることなく，口にすることができない物語を鷹揚に扱うことができる。そして，臨床医のこの毅然とした存在が，安心感をもたらし，口にできなかったことを話したり語り直したりし始めさせるのである。症状，正しいと確かめることができる診断，効果的な薬，治療計画についての理論はあるが，**それらの作業で最も肝心なのは，落ち着きを取り戻すことができる治療同盟を結び，その死の物語をお互いに語り直しては改変していくことである。**

　遺族と私との相互作用は，治療を通じて彼らが語り直した物語に，よく示されていよう。これらの語り直しには，少なくとも二つのほぼ恒常的と言える変数がある。その一つは，それぞれの物語がその中心的な劇的な事件として，暴力死を含んでいることであり，もう一つは，その語り直しにおいて，その語り直しを明確化したり語り手になったりといった役割を私が務める，ということである。もちろん，その話に，客観性や不変性はない。聴いたり語り直したりしている間，唯一私が変えないことは，どう展開していくのかに対する私の好奇心の姿勢である。それがどうなっていくかについて，私は決して予測できない。それぞれの物語なり，語り手なり，語り直しなりは，前回までのものとは異なるのである。語り直しにおいて，われわれは一緒になって語り直そうとし，その語り直しの中で，自分をも変えていこうとする。暴力死の話を変えていくことにどれだけ関与するかが，その影響を後にまで残すことにつながる。それは，遺族に対してだけではない。これらの語り直しのそれぞれは，私の臨床医として，そして人としての役割をも変えるものである。暴力死の後に体験した他者とのつながりは，決して忘れられないものなのである。

　語り直しには絶対的な独自性があることに敬意を払い，私は，語り手がリードするのに，ついていくことにしている。修復的語り直しは予測できないもの

なので，創造的に探索していくことに対する積極的な姿勢と，曖昧さに対する強い耐性が，必要となる。語り直しにおいて柔軟性のない計画表にこだわることは，語り手が自分の物語を選択して語るといった語り手の統制力を低下させることにつながるであろう。

　物語のみならず語り手自身も変化するので，修復とは，基本的に不確かなものである。遺族は，自分の変化に滅多に気付かないものなので，修復の最終目標は，その変化を予期し，それを勧めることにある。もし，恐怖，とりつかれ，証言の存在によって，その語り直しの中に語り手自身が登場してこない場合，変化は始まらない。私は，その心的苦痛の程度やその物語の方向性に自分自身を調和させて，私と一緒に遺族を修復的な変化に向かわせたり，その心的苦痛が耐え難い時，すなわち，その物語において語り手と私が参加者というよりも目撃者のようであったり，それにとらわれてしまったりしている場合，それに介入している。さらに，私は，語り直す物語の中に，生きていた時の記憶と声を加えるよう，勧めている。語り直しの中でわれわれが生きて参加することやその生きた存在とは，われわれの観点を変化させる選択肢を提供することにつながるのである。

　修復的な変化の道筋は予測できないが，これらの治療的な語り直しの例は，私が明確化したり強化したりしている以下の修復的原則を，明らかに示している。

1．治療的な語り直しは，リジリアンスを立て直し，心的苦痛を和らげること（心的苦痛で打ちのめされそうな場合はそれを弱めること，その心的苦痛を回避している場合はそれに気付くこと）によって始まる。
2．続いて，修復的語り直しを通して，死や故人との関係を（放棄するのではなく）新たなものにする。
3．最終的には，生きることの中に，新しく与えられた意味なり責任なりを見つける。

回避の語り直し

不適応的な回避：バレリーの話

　私は，バレリーにワシントン州女性矯正センターで出会った。受刑者は多様な暴力死を（一般人よりも多く）経験しているので，私は，女性受刑者のための集団療法プログラムをボランティアで開始した。

　バレリーは，そのプログラム参加希望のウェイティングリストに登録していた。われわれが最初に出会った際，彼女はとても落ち込んだ様子であり，囚人服（グレーのスウェットの上下と白いテニスシューズ）に身を包み，おどおどした様子で椅子の端に腰掛けていたが，突然，泣き出してしまった。平静さをとり戻した後，彼女は言った。

　　「薬物をやっていない今，ママや私のボーイフレンドたちのことを考えたり夢で見たりするのを止められないの」

　刑務所にいるほとんどすべての女性同様，彼女の生活や犯罪には，薬物や酒が深く関係していた。彼女は，長年薬物に依存してきており，彼女自身，刑務所に収容されたことで，おそらく命が救われたと認めていた。彼女は神を信仰しており，神によって投獄に導かれた，すなわち，神が彼女を救おうとして変わるチャンスを彼女に与えてくれた，と信じていた。

　24歳までの彼女の人生はとても混沌としたもので，彼女が生き残れていること自体が不思議なくらいであった。彼女の両親はヘロイン常習者で，彼女の幼少期の記憶とは，安全な場所を捜していることだけであった。母親に対する彼女の愛着は生きていく上で不可欠なものであったが，それは逆の関係になっており，すなわち，彼女が，虐待的な父親から母親や弟を守る責任を負うといったものであった。10歳の時，彼女は両親の死を目撃した。父親が薬物使用中，怒り狂って母親を撃ち殺し，父親もその後を追って，自分の命を絶った。その恐怖の瞬間，彼女の家族も人生も崩壊した。彼女と弟は別々の里親に預けられ，以来，彼女は二度と弟と会うことがなかった。数カ月のうちに彼女は里親や学校から逃げ出して路上での生活をするようになり，そこで，薬物常習者

になっていった。享楽的で混沌とした生活の中で，彼女は何も感じないようになっていき，2人のわが子の養育権を失っても，何も感じなくなっていった。6カ月前，彼女は長く付き合ったボーイフレンドの自殺を目撃し，それが，彼女の母親の殺害の記憶を思い起こさせた。彼女は，フラッシュバックや自分を許すことができない悲しみを静めるために，ヘロインを過剰服用しようとした。彼女は，武装して酒屋で強盗を始め，1カ月後，刑務所に収容された。

彼女は，薬物づけの自己破壊的な生活を終わりにして，自分の人生を見直して新たな方向付けを行いたいと思っていた。彼女は，義務教育を修了させるための授業や薬物や酒に対する治療に参加するよう決められた。残念なことに，薬物や酒に対する治療は，彼女の収容期間の最終月までは利用できないことになっていた。矯正局は，治療への反応性は釈放直前が最も良いと推測して，限られた治療資金を釈放直前にだけつぎ込んでいた。しかし，バレリーと私は，彼女の薬物依存はとても根深いものなので，彼女が再発を避けるためには，判決で下された3年間すべてを治療に当てる必要があろうと捉えていた。

多くの受刑者の場合と同様，初回のバレリーのところへの訪問は，お互いのフラストレーション状態から始まった。われわれは，バレリーがバレリー自身から守ってくれる時空にいること，彼女が避けてきた（彼女の母親の殺害や恋人の自殺を含む）感情的な痛みに今では気付いていること，彼女が変わりたいと思っていること，を知っていた。しかし，刑務所は，彼女の自己破壊的な動機や薬物依存を治療することよりも，彼女の不正行為を矯正することに，力点を置いていたのである。

刑務所で，集団療法プログラムを行うには，ある意味の難しさがある。刑務所のようなところでは，信頼や秘密性への疑念が優勢になってしまうのである。しかし，バレリーは，最初のセッションにおいて，自発的に率直な語り手となった。不信感のかたまりである受刑者たちの前で，最初にバレリーが母親の殺害の物語を語った時，誰もが涙を流した。私は，彼女の独白に対して，彼女を慰めることでわれわれをその話に加わらせようとして，彼女の語りを何度も中断させた。人前で自分の弱さをさらそうとする彼女の行為は，すぐに他の人にも模倣されるようになり，さらに，お互いを助けることで，より関わっていると感じるようになっていった。

そのグループは，週1回2時間の連続10回のセッションであり，リジリアンスを定義して強化することで始まり，内的な強さを探し，過去からの記憶を育む，という計画表に従ったものであった。最初，バレリーは，それらを見つけるのが難しかった。しかし，4回目のセッションで，彼女は，暴力死を遂げた人物の思い出を紹介できた最初のメンバーとなった。彼女のボーイフレンドは20歳も年上で，ボーイフレンドというよりは支配的な父親のような感じであったが，彼女にとても優しかった。彼女は，このことを披露するついでに，母親についても語った。私の勧めで，そのグループは，それぞれの思い出についての日記を付けていたが，彼女は，母親について記載する中で，彼女が幼かった頃，彼女を抱いて髪の毛を梳いてくれた安定感があり温かい姿の母親を思い出した。それはまるで，彼女が宝物の覆いを取り去ったかのようであり，彼女は，その心地よい記憶の物語を読みながら，自らの髪を撫でていた。彼女は，自分が6～7歳になるまでは，母親が薬物や酒を使用していなかったと思い出すことができたのである。つまり，彼女が幼かった頃は，長期間にわたり安定していたのであり，「まずまずの時期があった」のである。

　後のグループの中で，彼女は，母親の殺害場面を描いた。その絵の中に彼女自身を描くとしたらどうなるかと私が促したところ，彼女は，母親が天国に行ってしまう前に母親を抱きしめ，母親の髪をなで，自分が母親を愛していると告げる，としていた。それはさよならの抱擁であり，彼女は，そのイメージや自分の中で，彼女たちが近しい関係にあったことや，彼女自身の死後再び互いに抱擁し合えるであろうことを認識した。そして，死ねば母親に会えると思って，自己破壊的なライフスタイルで自分の生を終わらせようと自分がしていたことを，彼女は理解し始めていった。

　10回目のセッションが近づくにつれて，セッション終了に対する大きな悲しみと抵抗があった。この時までに，バレリーは，他のメンバーをとてもよく世話したり気にかけたりするグループリーダーの一人となっており，そのメンバーから感謝されたり自分を改善できてきたりしたことで，自信を持てるようになっていた。彼女の暴力死に関する侵入的な考えと夢は，収まっていた。彼女は，バラバラになってしまうとか直す必要があるといった感情を伴うことなく，心的外傷について語ることができるようになっていた。彼女はかなり安

定感を保てるようになり，自分を愛したり理解したりする準備ができたと感じ，自分の中で修復的な変化が始まっていると感じるに至っていた。

コメント

　バレリーの混沌とした幼少期の物語の中で，暴力死は，ほとんど避けられないように思われた。それに続いた彼女の自己破壊的行動の衝動の中で，彼女は自分のことをほとんど考えようとしていなかったので，痛みを瞬時の快に置き換えるだけで，それ以上に生きることや人生の中にある多くの目的に目を向けることができなかった。彼女の化学物質依存は，沸き起こる感情から自分を守るための不可避的な方法のようであった。

　皮肉なことに，刑務所は，混沌とした彼女の生活に，安息の地を提供することになった。収容され，しらふになったことで，バレリーは，自分や未来について，異なった展望を強いられるようになった。もはや彼女は，かつての自分や今後たどっていくであろう未来から逃げられなくなった。回避や薬物乱用ができない状況下，彼女は，自分や自分の人生の方向性を変えたいと望むようになっていった。

　期間限定のグループは，彼女に，母親の殺害について語り直す機会を与え，彼女が目撃したことに，初めて，言葉と感情を与えることになった。母親を思い起こす中で，彼女は，母親の殺害の記憶を回避する中で忘れてしまっていた母親の温かさや安全さについての記憶があることに，気付くことができた。その養育的な記憶は，修復的なものであった。愛されていたと認識することは，暴力死ではなく，価値なり安全性なりといった文脈の中で，母親を思い出させてくれることにつながった。

　最後に私がバレリーに会ったのは，刑務所内の中庭であった。私は，新たに編成されたグループを指導するために診療室に向かって歩いており，彼女は，学校へ行く途中であった。彼女は笑みを浮かべながら，自分が以前よりも強くなり希望を持てるようになったと語り，さらに，グループを指導し続けるようにと，私を激励してくれた。グループ参加希望のウェイティングリストは長くなっていたが，バレリーは，そのグループに参加することを積極的に勧め，何人かの参加者を紹介したりしていた。

彼女に出会えたことはよかったが，同時に，われわれが最初出会った時に感じたのと同じような言葉に表せないフラストレーション，すなわち，彼女には刑務所が提供する以上の援助が必要なこと，が思い起こされて，憂鬱な気分になっていった。彼女は自分を変えることに時間を費やす代わりに，与えられた刑期を務めて刑務所を去っていくのであろう。

適応的な回避：チャールズとバーバラの話

17歳のチャールズは，母親の強い希望で，私のところにやってきた。彼の兄ハーブが4カ月前に自殺していたが，チャールズは，まるで何事もなかったかのように普通の生活をしていた。彼らは，とても仲良く見えた2人きょうだいであった。そして，そのことが，ハーブの自殺をより心的外傷を負わせるものにした。大学の寮の部屋で，ハーブが首を吊っているのが，洋服ダンスにピンで貼られた遺書とともに発見されるまで，彼が抑うつ状態で自殺を計画しているなどということを誰も考えていなかった。チャールズは，ハーブについてほとんど話すことなく，両親と一緒に彼の墓を訪れることを拒んでいたが，「ハーブの死からは既に立ち直った」と説明していた。彼は，母親バーバラを安心させようと思ってここに来たものの，自分に助けが必要だとは考えていなかった。

チャールズと両親が私を訪ねてきた後，私は精神科医として，「彼は大丈夫だ」と言って，両親を安心させられるかどうかを疑った。チャールズと私は，彼が大丈夫であるということで合意したが，私は，チャールズも自殺するかもしれないと思われることを彼が恐れているのではないか，とも考えた。彼は，自分のことをあまりにもハーブと結び付けて考えていたので，ハーブの死から距離を置く必要があった。われわれは，その一家が適応していくに当たって，どんなことが予期されるかを一緒に検討するために，何か困ったことがあればすぐに，そしてそうでない場合は数カ月後に，もう一度来談するよう取り決めた。

6カ月後，チャールズの母親から来談の依頼があった。チャールズは，問題ないように見え，過去よりも未来に焦点を当てていた。彼は，東海岸の小さな大学に行くことが既に決まっており，転居を楽しみにしているところであった。

彼は，ハーブのことをしばしば考えるが，その大半は，一緒に過ごした楽し

い時間のことであった。ハーブが自殺を決断したことについては，答えが見つからないパズルのようなままであった。その問いを探そうとして数週間苦しんだ後，チャールズは，「ハーブが思い出して欲しいであろう方法で思い出す」ことを決意した。彼は，想像上の死の再現に支配されることも，自責の念や自己不信の考えにとりつかれることもなかった。修復を感じさせるようないくつかの夢が現れていた。それぞれの夢の中で，チャールズは，独りぼっちなのは悲しいけれども元気であると，ハーブを安心させる挨拶をしていた。最後の夢の中で，チャールズは，大学に合格したことをハーブに告げた。ハーブは微笑み，抱き合って祝福し，そしてさよならと言った。

　彼は，何かができなくなってしまうような心的苦痛なり精神医学的障害の兆候や症状はなかったし，自殺しないし，それを考えたこともなかったと強調していた。彼は，ハーブの自殺は悲しく判然としない点があると認識していたが，それが，チャールズ自身の人生に大きな影響を与えるであろうとは捉えていなかった。

　チャールズは，母親を心配していた。彼女は，チャールズが大丈夫だということを受け入れることができなかった。彼がどこで何をやっているのかを彼女は絶え間なく監視しており，彼は，それを理解できるとしながらも，うんざりしていた。彼は，遠くの大学に自分が行くことが彼女にとって非常に心的苦痛になるであろうことを認識していた。

　彼らが私の診療室の出口に向かおうとしているところで，私がバーバラだけと話したいと言ったところ，彼らはお互いに神経質そうに笑った。彼女は，チャールズの前ではしっかりしていようと決意していたので，私は，彼女に恥をかかせることになってしまうかもしれない面接をしたくなかった。私は，彼女が統制感を維持しようと苦しんでいるのではないかと診立てており，私にハーブの死についての彼女自身の物語を語るに際して，彼女のプライバシーを守りたかったのである。

　私は，彼女を安心させようとして，次のように始めた。

　「バーバラ，私は，チャールズが大丈夫であると確信しています。しかし，ハーブの死は，彼の母親としてのあなたを打ちのめすものだったでしょう。

あなた自身の悲嘆を抱えながらも，チャールズの前ではしっかりとしていなければいけないと思っていたようですが……。どんな感じか，私に話してくれませんか？」

　彼女は，間もなく，彼女自身の物語を話しながら泣き始め，自分こそが助けを必要としていると認めた。この2カ月間，彼女は抑うつ状態で，毎日，空想や夢でハーブの死に出遭っては，彼の自殺に対して，自分を責めるのを止められないでいた。私は，たいていの親がわが子の自殺の後，非常に苦しい時を経験するので，彼女のそうした様子についても驚いていないこと，そして，彼女自身が自分に語るのを止めることができない物語を，誰か他の人に語り直す機会を得た方がよいこと，について告げた。私は，彼女の苦しみは，この悲劇に対して彼女が誰かに助けてもらってもよいと思った時に，軽減するであろうと確信していた。私は，自分の語り直しに快感を得られるようになるまでは，彼女自身の心的苦痛をチャールズや夫と分かち合うことを避けるように，とも助言した。
　私は，私の同僚の一人に会うために再訪するよう，彼女に提案した。それは，私が彼女のセラピストになることに気乗りしなかったからではなく，1～2年の間，チャールズが私を使えるような状態にしておきたかったからである。彼に助けが必要になるだろうとは予測していなかったが，もし，彼らが同時に私を必要とした時には，複雑になってしまうかもしれない。私は，われわれ3人が一緒に同じ物語を語り直す場合を除いて，自分を彼らに共通したセラピストあるいは聴き手としたくなかったのである。私は，彼女の語り直しがチャールズのものとはかなり異なること，彼女自身の心的苦痛なり，とりつかれなりに対処するには，彼女個人に対する機会が必要であると分かっていた。ただし，家族セッションが彼女の助けとなるならば，その家族セッションを行うことはできる点を，彼女に強調しておいた。この時点で家族関係はしっかりしており，互いにサポートしあっていたので，急いで行う必要はなかった。
　チャールズに出会ってほぼ10年になるが，彼は今，東海岸で弁護士をやっている。彼が予測したとおり，彼はどんな臨床的な援助も必要としてこなかった。彼は，暴力死の後に法的援助を必要とする遺族に対する無料相談も行って

いる。彼の母親は，私の同僚との約1年間続いた治療によって，かなり良くなった。彼女は，個人療法と同時に，大うつ病性障害に対する抗うつ薬による治療を受け，さらに，暴力死の後の遺族を対象とした期間限定のサポートグループに参加した。彼女はまた，自殺した子どもの親のためのピアグループにボランティア兼リーダーとして参加した。投薬と集中的なセラピーの組み合わせ，それに続いて他者を助ける活動は，修復に役立つものであった。

コメント

　チャールズが兄の自殺の物語を語り直した際の私の役割とは，その物語を一緒に創る協力者というよりも観察者であった。その自殺の後の数カ月のうちに，彼の心的苦痛は，支配的でなくなり，彼は，兄の死ではなく生を思い出すことができるようになっていた。再現，自責の念，自己不信は，ほとんど出現せず，彼のリジリアンスは，すぐさま戻ってきた。チャールズは，ハーブの自殺の長期的な影響について積極的に否定することはなかったものの，自分がそれらの変化に臨床的な介入なしに適応できるという自信を持っていた。彼の予測が正しかったことは，時が証明した。暴力死の後の多くの遺族同様，彼は，彼自身の適応力で，耐えることができたのである。

　一方，母親に対する私の役割は，より積極的で介入的であった。ハーブの自殺による彼女の強い心的苦痛は，彼女自身に対しては求めなかったものの，チャールズにサポートや治療をどうにかしてでも受けさせようとするところから，うかがえた。彼の安全に対する彼女の怯えは，ある意味，彼女自身が崩壊してしまうことへの恐怖を避けるための手段でもあったのである。チャールズがセラピーを拒んだことは適応的であった一方で，バーバラが当初彼女自身に対するセラピーを拒んだことは不適応的であったと言える。彼女は，彼女自身の修復的語り直しを通して，より安定感を保てるようになるにつれて，チャールズが生き延びていくであろうことも分かるようになっていった。彼女自身の生活に自信を取り戻すようになっていくにつれて，彼女は，今すぐにでも死んでしまうのではないかとの恐怖にとりつかれてつきまとう母親でなく，子どものことを気遣うことができる親として，チャールズと関わることができるようになっていった。

とりつかれの語り直し

再現：ロバートの話

　初めて待合室でロバートと握手を交わした際，私には，彼が怯えているのが分かった。私の診療室で座ってもらってから，私は彼に，どれほど大変なことか分かると言って，彼を安心させた。彼の妻が4年前に亡くなったこと，そして，いずれそのことについて話し合うであろうことを私は分かっていたが，まずは，妻が亡くなる以前の彼の人生がどうであったのかを知りたいと思った。

　彼は，この種の質問を予期しておらず，驚いた様子で，「**私の人生は，妻と赤ん坊が殺された時点で終わってしまった**」と言った。そして，彼は，彼が生きていると感じていた時の頃の自分について，語り始めた。

　彼は東海岸の名門の出で，非常に特権的な生活を満喫していた。彼の子ども時代の記憶は，思い出しても嬉しいものだった。私立の寄宿学校やアイビーリーグの大学に通った後，ニューヨークの株式仲介業務企業に勤めた。彼の人生は，ある安息地から他の安息地へと何の苦労もなく歩んでいくかのようであった。シアトルへの転居は，彼がかなり思い切ってやった数少ないことの一つであった。彼は登山やヨット遊びが好きで，シアトルは，彼の人生に欠けていた新たなものを提供した。

　彼とデビーとの関係は，まったくの偶然だった。彼女は，彼が食料品を買う店のレジ係として働いていた。彼らはあまりに不釣合いだったので，本人たちですら，どのようにして2人の関係が始まったのかと不思議に思うほどであった。

　続く数回のセッションで，われわれは，お互いに影響し合うこと―彼女にとっては彼の教養，彼にとっては彼女の世間ずれしていないところ―への喜びが記録されているアルバムを見直した。写真の大半は，彼らがヨットや登山をしたりしているところであった。互いの愛情が深まっていき，彼はプロポーズしたが，彼女は，そのプロポーズを受け入れるに当たって，彼女を殺すといった病的なまでに執拗な最初の夫の脅迫から逃げていることを，打ち明けた。しかし，当時その夫は，東海岸に戻っていた。彼が，彼女を追い掛け回すことはできなかった。そこで，彼らは，シアトルにいれば安心だと話し合った。

結婚して1年も経たないうちに，彼女は身ごもったが，最初の夫が彼女に忍び寄ってきて，彼女を殺し，彼自身もその後を追った。

　彼女の死によって，ロバートの人生の一部は，なくなってしまったかのようであった。4年間，ヨット遊びも働くこともできなかった。ヨットは岸に停泊されたままであり，ハイキングもしなかった。彼女の死のフラッシュバックによって夜眠れないため，彼は，夜中に車を走らせたりした。しかし，彼は，自分のどこかでは生き続けたいと思っていることを認めた。ヨットは売らなかったし，株式市場の動向を見ては，自分で株を売り買いしてもいた。とは言え，彼は，これまでの半分のスピードで生きていた。私は彼に，ヨット遊びをしてみてはと勧め，彼も，何か運動をする必要があるとして，賛成した。

　彼がかなり安定してきた時点で，われわれは，デビーの死に関して直接扱うことにした。それは，いつも彼の頭の中にあった。彼は未だに，彼女の殺害についてのフラッシュバックや夢に怯えていた。その物語すべてを話す必要はなく，あまりに辛くなったならば，いつでも彼自身または私がそれを中断できるということに，彼は合意した。興奮した様子はうかがえたものの，彼は失意，怒り，自責の念の涙を流しながらも，途中で止めたり部屋を出てしまったりすることなく，最後まで話すことができた。

　そのセッションは，非常に重要なものであった。その起きてしまったことから彼が生き延びることができていること，そして今や，彼はそれに言葉を与えることができ，われわれには語り直す物語があるということを，彼と私は知っていた。このセッションの後，彼女の死のフラッシュバックや夢は，依然続きはしたものの，その強烈さは弱まった。彼の想像上の物語におけるダイナミックな行動を語るのは難しいということに，われわれは合意した。私に勧められて，彼は，その死についての彼のイメージを，大きな紙に色鉛筆で描いた。今でもその絵を私は持っているが，それは一連の恐ろしい光景についてであり，彼女の殺害の残忍性を描いたものだけでなく，彼女が死ぬ時に考えたり感じたりしたことについての彼の空想も描かれていた。

　「ロバート，どこにいるの……ひどくやられたわ……あー，わたしの赤ちゃんが!!」

私は，彼が4年間，繰り返し思い浮かべてきたものを見て，どれほど恐ろしいと感じたかを伝え，さらに，彼が，その絵のどこにも存在していないことに気付かせようとして，次のように言った。

　「この絵の中に，あなたはいない……それは，その場にあなたがいなかったから……でも，あなたはまさにこの物語を自分に話し続けるのだから，あなたの想像の中には，あなたがいなければならない。もし，あなたがそこにいることができたとしたら，どこにいたかを私に教えてくれませんか」

　彼はすぐさま，デビーと殺人者の間に自分を置き，そこで銃を持ち，彼を殺す自分を描いた。そして，彼はデビーを抱きしめ，彼女を慰めた。その後，彼は彼女にさよならを言っていなかったことに気付いて，泣き出した。そして，彼は，お別れをした。

　われわれは，それらの絵を一度見ただけであった。彼は，それらを私のところに置いていくと言い張った。その後，私はロバートに，1回のフォローアップセッションで会った。その時，彼は，自分でどうにかできる自信があると感じていた。

　私のところには，彼の新しい妻と子どもの写真付クリスマスカードが今でも届いており，遠距離ではあるものの，われわれが一緒に修復的語り直しを始めたことを互いに確認し合うことができている。私は未だに，デビーの死の絵を持っている。それらは，彼や私が否定するのではなく，語り直すことができた現実を示している。彼は，セラピーノートと一緒に綴じ込んであった，彼が生きようとすることを遠ざける彼女の死の写真を，私の許に残していった。

コメント

　ロバートの人生は，彼の妻子が死ぬまでは，豊かで一貫性のあるものだった。しかし，デビーの死は，こうした彼自身と未来についての彼の非常に安定した展望を，突然変えてしまった。彼は，彼女が死んでいく時の彼女の激しい苦痛のイメージにつきまとわれて，人生の意味も活力もなくしてしまった。われわれは，自分たちが安定して安全でいられる場所を用意した後，起きてしまったことについての心のうちを，言葉と描画を通して明らかにしていった。彼女の

死の物語の中で，彼は，実際にはできなかった役割，すなわち，彼女の愛する守護者としての役割を見つけることができた。その後，彼がアイデンティティを呼び戻すのに，長い時間はかからず，それは，修復的な話や彼が生きていくことに再びつながっていくための土台となった。

自責の念：パットの話

　パットと私は，彼女の息子の自動車事故による死の語り直しに，希望が持てなくなっていた。1年以上にわたって週1回面談をしていたのに，彼女には，ほとんど安堵感がもたらされなかった。彼の死以来，彼女は，取り組んだほとんどのことで失敗したと感じており，その中にはセラピーも含まれていた。

　パットの19歳の息子は，クリスマス休暇の後，大学へ戻ろうと山道を走っていた。彼の膵臓は破裂して，医師たちの懸命な努力と繰り返しの手術にもかかわらず，1週間もしないうちに他界してしまった。パットは，車が山道を転がり落ちていく中，息子がどのように怪我を負ったのかという空想を止めることができず，また，彼の病院で苦しんだ最期の数日の記憶にも耐えられなかった。彼女は，彼の死に関して自分を責めて悲嘆にくれた。彼は常に彼女に言われるがままであり，彼女を頼っていた。彼らは離れ離れになれず，彼が大学に進学して自宅を離れるようになってからも，彼女は毎日電話で，彼と話し続けていた。彼女は，息子の事故を巡っての自己批判のウェブを立ち上げ，そこで，「雪が降っていたのだから」息子に運転をさせるべきではなかった，「エアバッグが入っているので」自分の車を使うように言うべきだった，「膵臓移植をするので」他の病院に搬送するように言うべきだった，などと綴った。そこには，彼女が息子の死を避けられたと考えられる自分の「すべき」行動が，数限りなく挙げられていた。彼女は，3年間毎日，新鮮な花を供え彼と会話し続けるために息子の墓を訪れ，彼の「死」を受け入れることができなかった。彼女の夫と2番目の息子は，彼女の自責の念を共有できず，彼女が墓から離れようとしないことも理解できなかった。ある晩，彼女の死んだ息子が，彼女のベッドの足元に現れ，口には出さないものの彼女を死に招こうとした。それは，彼女を脅かした。彼女は死んで息子と再会したいと思いつつも，夫と2番目の息子を残していくことはできないと思った。そしてその理由から，彼女は助けを求め

てきたのである。

　彼女が，数年前に治療を要した大うつ病性障害を再発させたことは，明らかであった。彼女の薬物に対する反応性は良かったので，私は，彼女に同じ抗うつ薬の投薬を再開した。投薬によって，彼女の不眠や食欲減退に加えて，活力や新たなことに取り組もうとする意欲の低さの症状は消えていったものの，彼女の自責の念や息子の墓での執拗な祈りは，変わらないままであった。

　われわれは，息子の子ども時代や母親としての育児の役割に関する語り直しを何時間も行ったが，それにもかかわらず，パットは，息子の死に関して自分を罰し続けた。彼女は毎日，彼の墓の前に立ち，彼に許しを乞おうと泣き叫んだ。彼女は，神に対して怒りを感じ，牧師からの慰めや勇気づけをまったく感じようとしなかった。教会は，空っぽで無意味な集いと感じられた。時が経てば彼女の信仰も戻ってくるという私の意見を彼女は受け入れようとせず，また，彼の墓に新鮮な花を毎日供えなければならないとして，家と墓との行き来に明け暮れる彼女の強迫的とも言える行動を，止めさせられなかった。

　われわれは，われわれの語り直しに，彼女の家族も参加させた。夫と2番目の息子は，彼女のセラピーに対してサポート的であったものの，その事故に対する彼女の執着に困惑していた。そのちょっと前に，彼女の実家で他界した者がいたが，それは，彼女を傷つけるほどのものになっていなかった。過去を遡ってみても，それほどまでの彼女の傷つきやすさを予期させるようなものは，見当たらなかった。

　彼女の自己非難による心的苦痛は，膵臓破裂によって臨終の床に就いている息子の枕元で彼女が寝ずの看病をしている想像が，中心になっていた。息子が入院していた1週間，彼女は決して息子の病室を離れず，その間，彼が生き続けられないかもしれないことを，決して認めようとしなかった。彼は涙を流して死の恐怖について語ろうとしたが，彼女は頑として，それを否定した。

　ある特に静かなセッションにおいて，私は，パットに独りぼっちで寝ずの番をさせないよう，パットと私が一緒に彼女の息子の側にいることを想像していた。われわれのジレンマを解決するために，いかに息子に助けを求めればよいか声を大にして聞きたいと，私は思った。おそらく彼は，彼女の助けになると思われるわれわれへのアドバイスを持っていたことであろう。私は彼女に，ど

のようにして母親を助けることができるかについて，息子がわれわれに綴ったであろう手紙を想像して書いてくるように，と言った。彼女は，次のセッションに，以下の手紙を持ってきた。

　ママとライナソン先生へ
　僕はあなたを助けたい。ママにそんな悲しんで絶望したままでいてほしくないと思っていること，そして，そんなに頻繁に僕のお墓参りをすることがママにとって良くないと思っていることを，ママは分かっているよね。ママ自身や残っている家族のために，もっと前向きに生きるべきだし，自分のことに，もっと気遣うべきだよ。
　ライナソン先生，ママに見切りをつけないでね。ママは本当に厄介だけど，でも決して諦めない。そうでしょう。
　ママ，もう一度，幸せになってよ。僕が初めて母の日に贈ったカードに書いてあったことを思い出してよ。
　僕はママが大好き。
　なぜって，ママは家でダンスしたり歌ったりするから。
　そして，僕に物語や詩を読んでくれるから。
　そして，僕に微笑みかけてくれるから。
　　　　　　　　　　　　　　　　　　　　　　　　　　　デービッドより

　これは，彼女が，彼女の息子の視点を通して書いた一連の手紙の最初のものであり，これによって，彼女の自責の念は和らぎ始めた。彼女はまるで，息子を通して，自分を許すことができたようであった。
　数カ月後，彼女は，生後間もない孫を抱くことで，元気になっていった。その孫は，彼女の死んだ息子にちなんでデービッドと名付けられたが，その孫を息子の生まれ代わりと感じ，その孫の世話をすることが，息子の人生を実質的に語り直す方法となった。孫の成長を見守り，祖母として生きる中で，彼女は，自分の人生の意味と目的を再び手に入れ，彼女の神への信仰についても，孫の洗礼に出席したことで，戻っていった。ただし，彼女は今でも，息子の墓参りを続けてはいる。

コメント

　彼女の息子の死の物語についてのわれわれの語り直しは，自分を責める行為や墓の側で自分を恥じる行為から，彼女を解き放つことができなかった。彼女の抑うつ症状に対する治療は，うつ病性障害における身体的な徴候なり症状なりを取り除くことはできたが，彼女の心的外傷苦痛，息子との別離苦痛ないし彼女の自責の念についてのとりつかれに対しては，ほとんど影響力を持たなかった。

　しかし，パットは，死んだ息子が書いたであろうと彼女自身が想像して書いた手紙に投影された赦しの中に，安堵を得ることができ，その後，孫が誕生してその孫を大切に育てることに再び関わる中で，自分のアイデンティティなり目的なりの感覚を取り戻していった。彼女の息子の墓参りも，以前に比べれば減って強迫的ではなくなり，すなわち，1～2週間毎に新鮮な花を供える程度になってきている。そして，今の彼女は，彼の赦しを請うというよりも，単純に彼がいないことを悼む状態になっている。

報復：ラルフの話

　ラルフの10代の娘は，2年前，見知らぬ加害者に残酷にもレイプされ，さらに暴力をも振るわれて死に至った。彼は，娘を熱愛していたが，娘が殺された時点で，娘と離れ離れにされてしまった。彼と彼の妻が離婚した翌週，娘は家出をして，ヒッチハイクをして殺された。彼は，先妻や残された子どもたちのところに戻り，娘の加害者を徹底的に捜し始めた。彼は，日中，弁護士や警察の要旨説明に参加できるよう自分の仕事のスケジュールを変え，私立探偵を雇い，彼自身も証拠や系統的に記録を集めながら調査をし始めた。数カ月後，彼と地元警察は，容疑者のめぼしをつけたが，警察は，逮捕できるほどの証拠がないと言っていた。翌年になってからも，ラルフはこの容疑者を追い続け，その容疑者が他の州に引っ越すことを知って，直接的な復讐，すなわち殺し屋を雇うことを考えるようになっていった。彼の計画を心配した彼の先妻が，彼の前に立ちはだかった。彼は渋々セラピストに会うと同意したものの，復讐したくていらいらしている以外には，なんら心的苦痛はないとしていた。

　ラルフは心理療法に対して乗り気でないので，私は，彼のセラピストになる

ことをためらった。彼に変化や協力に対する動機づけがほとんどない時点で治療を始めることは，われわれにとって大変難しいことである。治療を始める前，私は，殺害計画に加担する気がないこと，彼が報復するかもしれないとの虞について報告する倫理的，法的な義務が私にはあることを，彼に告げた。

　彼は，さらなる惨事を引き起こすことを望んではいなかった。彼は，もし自分がさらなる暴力死に巻き込まれたら，彼が愛しているすべての人たちに対して，彼がさらなる心的外傷を与えるリスクがあることを認識していた。彼は，彼自身や彼の家族に対して気を配ることができたので，私と数回セッションを繰り返す中で，殺害計画を実行することがどのような結果をもたらすのかを理解し，それを諦めるという選択ができた。

　彼は，未解決事件である娘の死を，あたかも自分が解決したかのように話したがった。私は数分間聞いてから，それを遮った。

　　「ラルフ，お嬢さんの死について話すだけでは，私が彼女について知りたいことを，われわれは見つけられないでしょう。私は，彼女がどのような人であったのか，何も知らされていません。あなたは，彼女を名前で呼ぶことさえ，してきませんでした。彼女のお名前は？」

　彼女の名前はクリスであり，彼女を名前で呼ぶことは，彼女を近しい存在にさせた。アルバムの写真からは，彼女が3人きょうだいの末っ子で唯一の娘であり，彼に抱かれていたこと，大きくなってからも，いつでもラルフの横にいるような子であった，ということが分かった。多くの写真の中で，彼女はラルフと手をつなぎ，彼をじっと見つめていた。それらは，彼らの関係性をよく表しているのではないかと思われた。

　ラルフは，彼らのつながりを思い出して，泣き出してしまった。その絆は，最初から強いものであり，さらに，娘の喘息が悪化するにつれ，日増しに強くなっていった。彼は，彼女に投薬したり吸入マスクを使わせたりする親の役割を一手に引き受け，呼吸困難時には，緊急治療室に連れて行ったりもした。それらはぞっとするような時間ではあったが，一方で，彼女が再び息ができるようになるまで，彼が彼女に付き添い落ち着かせてくれると，彼らは固く信じ合ってきた。

彼らのこの結び付きは，ラルフが離婚を決めて家を出たことで，分断されてしまった。

数年前から，クリスは，荒れ狂った青年期を迎えており，薬物乱用も始まってしまい，そのことを巡って，家族全体がめちゃくちゃになってしまっていた。ラルフと妻は，お互いのために残せるようなものは何もないと思い，さらに，彼らが離れて住むならば，少なくともクリスとうまくやっていくよう協力できるであろうということで，離婚を決意した。しかし，今，彼は，自分が家を去ったことは間違いであった，と感じていた。

最初の6回のセッションで，この歴史が語られ，ラルフは，報復よりも重要なものがあると認識し始めた。その時点で，彼は，繰り返し彼女の死の悪夢を見るようになっていた。彼は，その夢の詳細を覚えてはおらず，ただ息苦しさと恐怖を感じては，目が覚めた。そこで，彼は，枕元にペンと紙を用意しておき，もし再び悪夢で目が覚めたら，その夢の絵やその詳細を書き留められるようにしておくことに，同意した。

彼はそれを実施し，次のセッションにその夢の絵を持ってきたので，われわれは一緒に語り直すことができた。おおまかに描かれたその夢の絵の中央部分に，2人の取っ組み合ったスティック状の人物——一方が他方の上に横たわっている——がおり，その2人の頭上をユニコーンが，朝焼けと思しき方向に向かって飛んでいた。私は，その絵の中に，ラルフを見つけることができなかった。彼は，レイプされ殺されようとしている人物が，自分であると言った。そのユニコーンが，クリスだった。ユニコーンは，彼女が大好きな伝説の生き物であり，夢の中で，彼女はレイプや暴力死から解き放たれ，一方，彼は，恐怖や死，つまり窒息死の状態から彼女を守るために，身代わりになっていた。

さらに10セッションした後，その夢は現れなくなり，報復の思いも弱まっていった。セッションの中で，彼は，クリスや家族が最も自分を必要としていた時に彼らを捨ててしまったという自らの罪を，受け入れることができるようになっていった。彼に，娘の殺人犯に対して個人的復讐を行う虞はなくなっていった。

1年後，ラルフは私に電話してきて，クリスの殺人犯が刑務所に収監されていること，そして，ラルフと先妻は結婚カウンセラーを紹介してほしいと思っ

ていることを報告してくれた。彼らは未だに子どもたちと一緒に住んでおり，よりを戻して再婚することを考えていた。彼は，さらにセラピーを受けたいと強く思っているわけではないが，役立つのであるならば2～3セッション診てもらっても良いと言っていた。

コメント
　ラルフの娘の死後，彼の抑圧された脆弱性と罪悪感が，殺人犯を殺すという彼の積極的な計画につながっていた。娘の人生を宝物のように大事にしていたとして彼女のことを語ることは，道徳に反した復讐をすること以上に，彼を父親の役割に戻したと言える。
　彼には，治療に対する動機づけがなかった。彼が曖昧さを心地よく感じなかったことから，彼の治療は，簡潔でサポート的なものにした。抑圧していた娘の死に対する自責の念なり悲嘆なりを彼が自覚したことで，彼の報復欲求は，弱まっていった。

過保護：マギーの話

　マギーを私にリファーしたセラピストは，家族と一緒でなければ彼女は面接に応じないであろうと言った。マギーは家から離れることを極端に恐れているので，彼女の娘と母親と一緒という条件でなければ会うことに同意しないであろうとのことであった。私は，初回時は家族全員に会いたいと思っていると言って，そのセラピストを安心させた。
　私が自己紹介をしようとした際，マギー，彼女の娘，母親の全員が，一斉に立ち上がった。マギーがパニック発作に襲われた様子であり，一方，彼女の娘と母親は，焦燥感と安堵が混ざり合ったような表情で私を見た。マギーは自分が心臓発作を起こしていると確信していた。私は，おそらくは家を離れたことと私に会うことについての不安による発作であると言って，彼女を安心させ，3人を診療室に招き入れ，一緒にその発作に対応することができた。彼女は過呼吸状態であり，脈拍は速かったものの，しっかりとしており規則的であった。彼女は独りにされないと知って，かなり落ち着いた。彼女は，私が多くの質問をするのを望んでいなかった。そこで，私は彼女に次のように言った。

「この時間は，私があなたに質問をするためのものではありません。あなたが安全と感じる方法を見つけるよう，われわれが手助けをしなければいけない時間です。」

われわれは1時間ほど，マギーが守られていると感じるのを手助けするために，どこでどのようにするのかを決めるための家族会議を行った。1カ月前，玄関でマギーの息子が殺されるのを目撃して以来，3人とも，死の現場となった家に戻ることを恐れていた。マギーの姉は，新居を探し始めることができるまで，自分のところに引っ越して来てはどうかと勧めていた。そこで，われわれは，私の診療室から彼女に電話して，彼らが午後にそこに行くことを決めた。マギーは，パニック発作と不眠症に対して少量の抗不安薬の服用を始めることに同意し，週明けに会うことにした。われわれは，彼女の娘を登校させるべきであると意見が一致したので，娘が独りぼっちでないことをマギーに分からせるために，彼女の伯母の家からの送り迎えを学校の友だちの一人にしてもらえるよう，手配した。彼女たちが帰った後，私は，マギーの会社の被雇用者支援担当者に電話を掛け，少なくとも1カ月の病休を認めてほしい旨を伝えた。

次の診察時，娘は現れず，マギーと彼女の母親のみが来談した。マギーは，転居と投薬の効果が合わさって，見るからに良くなっていた。彼女の息子が死んで以来，初めて，パニックに陥ることなく眠ることができるようになり，ばらばらになってしまいそうな感覚も減り始めた。彼女はもはや，死んでしまうのではないかとの不安を感じなくなり，自分も娘も起きてしまったことを乗り越えて生きていけるであろうと感謝できるようになった。彼女は，息子の写真だけでなく，夫の写真まで持ってきて，それ以降の数週間をかけて，彼ら2人の人生を追悼した。

彼女と夫は，定職を見つけるために10年前にテキサスからシアトルにやってきた。彼らは一緒にボーイング社の工場で働き，彼女の母親が日中，子どもたちの面倒を見ていた。しかし，マギーの夫が突然の心臓発作で亡くなり，それによって，家族の生活と秩序は，急変してしまったようであった。子どもたちは10代で，息子のハリーは，ギャングと付き合うようになり，手に負えなくなっていった。マギーと娘と母親は，走行中の車に息子が玄関先で撃たれて

死ぬのを目撃して，怯えてしまった。また，マギーは，夫や息子がいなくなり，孤独さなり心もとなさなりを感じた。

マギーの原家族での生活や夫や子どもたちとの生活は，安定して支え合うものであった。彼女の家族の女性たちの中には，明らかな不安障害歴があり，すなわち，マギーの母と3人姉妹のうち2人がパニックで治療を受けたことがあったので，その問題を，投薬が必要な障害として受け入れることができた。

セラピーを始めて1カ月経った頃には，マギーは服薬しなくてよくなっていた。彼女は，娘の学校の近くに新しい家を購入し，そのことで守らなくてはとの心配が減り，娘は終日学校にいられるようになった。マギーも，復職への心の準備ができたと感じた。日曜の礼拝や平日行われる祈りの会合に再び参加するようになったことで，息子が父親と仲良くしており，「そこで私を待っている」という信仰が，彼女に戻ってきた。

私はさらに10セッション，カウンセリングのために彼女に会うこととし，私の勧めで，われわれは息子の殺害よりもむしろ夫の死に焦点を当てることとした。われわれは，彼女と夫との関係が堅固なものであると分かっていたので，息子の暴力死に焦点を当てる前に，安定していた頃の記憶として，その関係を思い起こさせたかったのである。

彼女は，夫について修復的語り直しをすることで安堵し，フルタイムで仕事に戻ることができるようになり，自信を取り戻していった。彼女は，さらなる治療はしないと決めた。その時点では，息子の殺人事件に対する裁判が終了しており，教会や家族のサポートがあれば，彼女はどうにかやっていけるであろうと思われた。そこで，もし，彼女のパニックが再発したり，打ちのめされるような再現なり自責の念なりを伴って息子の死を語り直し始めたりするようになった際には連絡するようにとの条件をつけて，私は治療を終えることに同意した。

最後のセッションで，最初のセッション同様，私は，マギー，母親，娘に会った。マギーは，2人を私の診療室に案内するようになっていた。彼女たちは，マギーがうまくやっていけていることに，満足していた。彼女は依然として娘に対して過保護であり，それはこの先も続くであろうと，われわれは意見の一致をみた。私は，マギーの母親と娘に，今のところマギーが安定していること，

第4章　修復的語り直しの例　87

そして，次に適応の援助が必要なのはあなたたちかもしれないこと，その際には遠慮なく連絡するように，と強調しておいた。以来，私は彼女たちから連絡を受けていない。

コメント

　息子の殺害を目撃したことによるマギーの心的外傷はあまりに大きく，彼女は，彼女自身，母親，娘を守ることへの尋常でないほどまでの思いに，疲れ果ててしまった。その暴力死は，内的記憶よりも外的事象にとりつかれることになり，その結果，彼女は，自分の心的外傷苦痛よりも，娘が安全であるかどうかということに心的苦痛を感じていた。

　こうした怯えのある人には，安全の感覚，すなわち，安全な家と家族は守られており経済的にも保障されているといった確信，を強化することで，心的苦痛を和らげるといった直接的な手法が用いられる。マギーは，彼女と彼女を取り巻く家族が攻撃される危険性がないと信じられるようになると，自分を取り戻せるようになっていった。彼女のパニックは短期間の服薬でなくなり，彼女はより強くなったと感じ，元どおりに仕事や教会に行く中で，さらに安定するようになっていった。

　彼女の恐怖心は強いもので，彼女自身を落ち着かせることができなかったので，私は，息子の死の悲惨さから彼女の気持ちをそらすために，夫との記念すべき思い出を語り直すよう勧めた。夫について語るに当たっては，もちろん息子の生きていた頃の思い出への言及もあったが，それらは，彼女も一緒に祝った経験であった。われわれは，彼女が自分で語り直そうとするまで，息子の殺害について直接考えることを遅らせた。息子の殺人事件に対する裁判は，彼女に再現的思考や過保護的衝動を起こさせたが，それが彼女を打ちのめしてしまうまでには至らなかった。

　マギーとマギーの家族は，彼女が良くなってきたことと彼女が治療を終了すると決断したことに，満足していた。私は，息子の暴力死を語り直すことを避けるという彼女の決断を尊重することにした。息子の殺害現場を目撃したことは，マギーにとって言葉で表現できないほど恐ろしいことだったので，言葉にしないままの方がよかったのではないかと思っている。彼女と私は，生前の夫

や息子と彼女との関係についての筋の通った物語を語り直すことで，暴力死の物語を間接的に改変するにとどめた。その物語は，彼女が一緒に生きていくことができるものであった。

要　　約

　これらの私的語り直しは，修復的語り直しの中にある，不思議さなり即興性なりを伝えている。私は，臨床医としての私の役割において，生前の記憶や死の出来事を越えた経験と再び結び付ける修復的な目標をめざして，その暴力死についての個別の語り直しの作業に参加している。死についての心的外傷を引き起こす語りの中で，生きることを積極的に探求することとは，われわれが一緒に呼び起こしていく経験についての語り直しの中で，一筋縄ではいかず，紆余曲折するものである。

　浮かんで流れるといった水のイメージや，われわれが見ることができない力でつながっているというイメージは，私の臨床の仕事の中で，とても役に立っている。われわれを導いてくれる語り直しという行為のみを携えて岸から遠く離れた小舟に乗っているかのように，私は，自分たちがどこにいるかを正確に知ったり予測したりはできないが，われわれを修復的な方向に運んでくれる力なり方向性なりは知っている。つまり，心的苦痛の程度が第一に考慮されるべきであり，私は舟の舵取り役のように，方向性や周囲の活力のレベルを調節するのである。心的苦痛は，風や潮流のように目には見えないが，私はその影響を感じることができる。あまりに心的苦痛がひどければ，それを語ることでわれわれは崩壊してしまうであろうし，一方，まったく心的苦痛がなければわれわれは停滞したままであろう。われわれは，心的苦痛の方向と力を感じることによって，そして，その流れの中で自分を導くことによって，心的苦痛を乗り越えるのである。

　故人についての一連の記憶，すなわち，故人の死と生の記憶が，第二に考慮すべきことである。私はナビゲーターのように，語り直しの最中，われわれがどこに位置しているのかを明らかにするために，話を中断させている。語り直しの道筋は，その記憶に対するわれわれの方向付けや，その記憶を進展させて

いくか，旋回させるか，向きを変えるか次第で，変わっていく。

　意味の追求が，三番目に考慮すべきことであり，私は，船頭のように，語り直しを避難所の方に導く責任を負っている。私は，語り直すことで，自分たちが錨をおろして上陸するまで浮かんでいられると言って，安心させている。われわれが目指すのは，岸に着き，再び陸での生活を送るようにすることであり，一旦岸に着いてからは，自分で舵を取ったり，道案内したり，統率していくことが期待される。

　ここで見てきた語り直しにおける上陸とは，どのようであったか？

　バレリーは，路上での生活からの避難所を刑務所が提供してくれたことを知っているが，彼女が本当にいたい場所は，刑務所ではない。残念なことに，刑務所は，彼女を救うであろう大々的なリハビリテーションを提供できていない。現在，彼女はしらふであり，神への信仰心を取り戻している。彼女は，母についての長きには及ばなかったものの愛情を抱かれていたことを思い出し，その思い出が，彼女に，自己価値をもたらし，さらに，自分のために自分が変わって生き延びていけるとの希望までも，もたらした。彼女自身の人生と未来は，彼女の関心事になり始めている。

　チャールズとバーバラは，暴力死の影響に苦しむ人を助けること—チャールズは弁護士として，バーバラは自助グループのリーダーとして—で，ハーブの自殺に対して，修復的な意味を見出した。

　ロバートは，再び仕事に携わり，新たな家庭を築いて，そこでもう一度，夫や父親になることに意味を見つけた。

　パットは，デービッドとの想像上のコミュニケーションを通して，母親としての自分の温かさと，再びいくらかの結び付きを持てた。また，孫息子の誕生で，彼女の愛情のこもった世話が，現実的な目的なり方向性なりを持つものとなった。

　ラルフは，報復者としての役割を止めたことで，先妻や子どもたちとの関わり方を新たなものにした。家族とよりを戻すことで，自分やクリスの死を越えた永続性なり安定性なりの感覚を手にした。

　マギーの修復は，息子の殺害現場から彼女を遠ざけることで始まった。死んだ息子や夫と一緒になるであろうとの安らかな死後の生活を信じることで勇気

づけられ，彼女は仕事に戻った。彼女自身の安全についての確信が増すにつれ，彼女の人生に対する価値なり希望なりが戻っていった。

　家族成員の暴力死と生を語り直すことは，これらの人々を修復させていった。成功する航海のように，それぞれの語り直しにおいて，われわれはまず，作業したり休んだりするためのリジリアンスのあるデッキを再構築し，続いて，潮流と風を見つけて利用できるという自信を再構築し，さらに，われわれの背後にある岸の記憶を新しくし，われわれ自身も変化させられ，その結果，違った場所にわれわれを導くであろう，新たに方向づけた岸の記憶を再構築した。

第5章

子どものための修復的語り直し

　父親が母親を殺し，父親自身も自殺したとバレリーが語るのを，刑務所の診療室で彼女の正面に座って，初めて聴いた時は，辛かった。彼女が語り直しを始めた時，われわれは，怯えた10歳の子どもとしての彼女が体験した時空に戻されていた。彼女は，投獄されて強制的にしらふの状態にさせられたことで，初めて，その物語を他の人に語ろうという気になっており，私も，彼女と同様，彼女の恐れや無力感を拭い去ろうと，もがいていた。
　初めて語ることの最初の聴き手になるという経験は，その行為がわれわれを導いていくところを知っているので，何度繰り返しても回避したいと感じたり，打ちのめされてしまうと感じたりする。語り手と同様，私は，統制できない恐怖から解放されたいと思うのである。とは言え，私は，バレリーが泣き出してしまった際，積極的に彼女を落ち着かせ，このように感じても危なくないと彼女を安心させ，すなわち，われわれは一緒にこの物語に耐えられるであろうとして，彼女の感情から，いくらか距離をとることができた。無論，私は，安心させる聴き手になることで，暴力死を経験したバレリーやその他の多くの子どもたちが，それまで分かち合って来ることができなかった役割を果たしてきた。つまり，彼らの身近には，自分は安全で，語り直すことができる暴力死の記憶から十分に離れていると再確認させてくれるような大人が，いなかったのである。暴力死の記憶を語り直す機会がない場合，子どもたちは，それが起きた瞬間同様の生々しく加工されていない状態のまま，その経験を，自分の中に取り込んでいるかもしれないのである。生き延びてはいるものの，心的外傷を抱えながら，それを語り直すことができないあらゆる子どもたちと同様，バレリーは，その経験を忘れられず，彼女の母親の暴力死は，彼女自身の人生において

繰り返されるテーマになっていた。彼女の母親の殺害は，あまりに心の奥深くに隠されていたので，この悲劇についてのバレリーの語り直しの方法は，行動化すること，つまり，彼女自身が自殺するなり殺害されるなりで，劇的に自分の破滅を招くこととなっていた。しかし，彼女は，投獄されて，しらふになって自己破壊の恐れがない状況に置かれたことで，初めて，起きたことを理解し始め，安堵と安らぎを感じ始めるようになったのである。私は，彼女が10歳の時に，私あるいは誰か責任感のある大人がそこにおり，その時点で，一緒に語り直しが始まっていたならばよかったのに，と思った。そのような機会があったならば，彼女は，その恐ろしい記憶に揺さぶられることなく，彼女の人生は，もっと希望と目的に満ちたものになっていたであろう。

想像することでの適応

　子どもたちが暴力死を処理する方法は，修復的語り直しについての私の理解の基盤となってきた。彼らの内的世界にある包括性は，素晴らしい。私は，専門的にも個人的にも，子どもたちの考え方や感じ方に，しばしば教えられてきた。大人の認識は，子どもたちに比べて，鮮明でなく直観的でもない。われわれも子どもの頃は，自分や世界について，より直接的で思慮を伴わない捉え方をしていた。われわれは，周りや自分の内部で起こっていることを理解するために，不思議に思うことや発見したことをオープンに分かち合っていた。認識の仕方は，もっと自然発生的であり，想像と結び付けられていた。

　想像上の世界では，思考，感情，行動が，論理や時空の制約によって束縛されることはない。すべてが可能であり，可能性がないものは何もない。想像においては，生と死を混ぜ合わせて一緒にすることもできる。ジュリーが自殺してからの数週間，4歳になる娘が私に語ったことを思い起こしてほしい。それは，彼女の死をはっきりと否定するものであった。それは，ジュリーは姿を消すことでわれわれと「ゲームをしている」のであって，しかしわれわれを恋しく思って，間もなく家に帰ってくる，というものであった。その物語を私と一緒に語ったり語り直したりする中で，われわれは，起こってしまった現実からの超越を分かち合っていたのである。彼女の物語は，時間の枠組みをなくして

保留するといった文脈で，その死の記憶を和らげることにつながり，その結果，彼女は，理解したり受け入れたりできないこと，すなわち，ジュリーが突然いなくなり，もう帰ってこないだろうということを「実感として分かり」始めることができるようになったのである。彼女の物語の言葉や筋は，彼女がいなくなってわれわれがどれほど寂しいか，そして，われわれは彼女を決して忘れないであろうことを，無言のまま，受け入れさせてくれた。ジュリーが帰ってくるという娘の神秘的な語り直しによって，われわれは，ジュリーとの心的外傷となった別離を乗り越えられるとの感覚を取り戻すことができたし，われわれに対するジュリーの思いやりなり心遣いなりを思い出すことができた。娘が物語を語る際，私が黙ったまま思索に耽っており，論理的な質問をしてそれを妨げなかったことは良かった。後になって，私は，彼女の物語が，私にとってどれほど自然で補償的な意味合いを持っていたのかに気付いた。その物語が，ジュリーが魔法で戻ってくるという内容だからなのではない。その物語は，私に，彼女の生前の元気な姿を思い起こさせ，それが，私を元気づけたのである。

　暴力死の後，子どもは，いかにしてその死を取り消すことができるかを必ず想像し，もっと幼い子どもになると，死者はみんなまだ生きていて，助け出されなければならないと想像する。こうした子どもたちを子どもっぽい，こうした思考を無駄である，とみなすのは間違いである。永続性なり死からの帰還なりについてのこれらの想像的な信念は，希望を持たせるものであり，暴力死を語り直す最初の時点において，それは，子どもたちにとって―大人でも同様であろうが―，修復的であり必要なものなのである。再会，死からの救助，死の取り消しといった想像上の話は，暴力死に没頭させないようにする，意味のある作り話なのである。死についてのナラティブで消耗してしまうのと違って，それらは生と結び付いたナラティブを提供する。子どもか大人かを問わず，多くの人がしばらくの間，そのような物語を語り直す。これらの物語は，その作り話の現実性を彼らが追求したり確信したりして他のことに再び従事する妨げにならない限りは，問題にする必要はないのである。

　死の再現を繰り返し語るのを自分で止められない一部の大人や子どもにとって，意味があり活力を再び与えてくれるこれらの作り話は，修復的語り直しにおける第一段階として，勧めることができるものである。大人が想像上の再現

にとりつかれている時，私は，もっと童心に戻って，われわれが一緒に語り直した再現や修復についての想像上の物語を絵にしてみるように，彼らに勧めている。絵は，ノンバーバルコミュニケーションであり，それは，想像上の経験から通常われわれを遠ざけてしまう「多すぎる」言葉による記述よりも，修復についてのより直接的ではっきりとしたイメージを伝えるものである。私は，想像上の祝賀や死についてのイメージを絵で描くことが，未熟で子どもじみた退行というよりも，むしろ発展的であり健全なものであると考えている。

不適応的な反応

　暴力死に対して不適応的に反応するリスクが子どもにあることは，驚くことではない。彼らには，強烈な想像上の再現，それによる自責の念や過保護や報復へのとりつかれ，不安や抑うつや物質乱用の併存障害が，現れるようになるかもしれない。暴力死の影響は長く続き，子どもや青年は，その心的外傷を受けた後の別離や愛着などの経験に適応し続ける時，それは再処理されることになる。若年の家族成員は，暴力死に対してその年齢特有の反応を示す。とは言え，大人と子どもとでは，暴力死に対する適応について，相違よりも類似点の方が多い。

　子どもや青年には，既に大人について記してきたのと同様のリスク要因があり，すなわち，性別（女性はより心的苦痛を抱えやすい），年齢（就学前が最も脆弱である），物質乱用歴や併存の精神障害や暴力死の特徴（実際に目撃することが最も心的外傷となる），故人との関係（近しい情緒的関係）などの個人要因はすべて，心的苦痛を増加させるものとなっている。

　家族成員の暴力死を経験した子どもに見られる年齢特有の反応は，彼らの認知や情緒的反応が，相対的に未熟であることによるものである。幼い子どもは，暴力死が取り消されるかもしれないとの神秘的な想像をするのみならず，起こったことに，彼らが何らかの責任を負っていると考えてしまうこともある。非常に恐ろしい代償の物語――**「自分が悪いことをしたので，彼らが死んでしまった」**――は，非常な罪悪感をもたらすので，中断させる必要がある。それは，子どもに，死を統制できるといった常軌を逸した感覚を与えはするものの，修復

的な方向性がない。子どもたちは，この自責の念についての神秘的な物語が別の終結で語り直されることができること，すなわち，われわれの多くは愛する人の暴力死の後に罪悪感を覚えるものの，その故人は，起きてしまったことについておそらくわれわれを責めず，したがって，われわれも自分を許す必要がある，と知って救われるのである。

　学童期の子どもは，普通，あまり話し好きではない。彼らが暴力死の情緒的衝撃を避けるのは，神経心理学的反応における明らかな潜伏の現れなのである。6歳から青年期の到来までの間，多くの子どもたちは，暴力死を含めて心的外傷や別離の経験に，あまりうろたえたりしないように見える。死は，彼らの遊びや大好きなテレビ番組やビデオゲームの中に蔓延しているようであるが，それへの感情を口にしたりはしない。この時期，男児も女児も，私的な心的苦痛や疑念を処理していくよりも，親友との近しい関係を維持したり，新たな行動に参加したりすることに夢中になっている。しかし，このことは，家族成員の暴力死が非常な衝撃を与えなかったことを意味しているわけではない。衝撃は，潜伏した，あるいは，表現されていない記憶として，保持されるのである。

　青年期の到来とともに，死について，ありのままに避けることなく考える力がつき始め，個人の死を受け入れられるように成長していく。死に対する情緒的な反応は，もはや潜伏したり避けられたりしなくなる。青年期は，関係の永続性が特に重要な時期なので，親，きょうだい，親友を暴力死によって亡くすと，非常に不安定になる。故人との関係に非常に責任を負うようになり，神秘的な話に置き換えたり禁欲的にそれを避けたりはできなくなる。この年代においては，再現やとりつかれの影響は一層強くなり，それは記憶されたり語り直されたりするよりも，むしろ衝動的に行動化されたりもする。再現は，強迫的な回避（例えば，物質乱用，性化行動，暴飲暴食，死に挑むようなリスクを伴った行動）や，報復（例えば，殺人による仕返し—特に青年期の男子において）や自責の念（例えば，自殺による仕返し）といった，より直接的な表現となる場合もあろう。

子どもや青年に対する介入

　暴力死を経験した子どもたちに対する介入には2種類あり，それらは，（1）その出来事の直後に生じた短期間のニーズに対してサポートするよう計画されたもの，（2）心的苦痛や別離苦痛に適応させるのを助けるための長期間のセラピーを提供するよう計画されたもの，である。

　情緒的な「デブリーフィング」は，子どもに対する一般的な急性期の介入方法になってきている。それは，学校仲間の暴力死に対する子どもたちの反応をすばやく処理するのを助けるために，学校の管理職やカウンセラーによって推進されてきた。デブリーフィングは，子どもの考えや気持ちを調べるために教室でその出来事についてオープンな議論を行うよう勧め，その死に関する間違った考えを明らかにし，コーピング戦略を同定し，他者からのサポートを促進するといったものである。そのようなデブリーフィングは，最終的には，危機状態にいる子どもたちを特定し，彼らをアセスメントや治療のためにリファーしたりする役にも立っている。

　教室でのデブリーフィングの使用は広まっているものの，その効果，利得，最も適切なタイミングなどを記録した研究はない。学校の管理職，カウンセラー，親は，暴力死の危機に対して積極的に対応することばかりに気をとられ，その結果，どの子どもがサポートを必要とし，どのようにしてそれが達成されるのかについてほとんど分からないまま，一斉に介入を行っているように思われる。つまり，みんなが同じ網にかかることになっている。すなわち，デブリーフィングは，その有用性についての客観的な検討結果を待つことなく，これほどまでに一般的になったのである。ただし，検証されずに集団で使用されるようになっているデブリーフィングではあるが，少なくとも，より詳細なアセスメントと治療を要する傷つきやすい子どもを特定するのには，役立っていよう。しかし，暴力死によってひどく心的苦痛を抱えている子どもや青年に対して，専門的なサービスを提供できる地域社会は，非常に少ない。子どもに対して急性期のデブリーフィングによる介入を促進している人々のうち，子どもや青年を回避させないようにしてサポートしようとの行動を起こす前に，その地

域でその種のサービスがあるかどうかを確かめている人は，減多にいない。しかし，中には，デブリーフィングが推奨している，オープンに考えや気持ちを話し合うことへの準備ができていない傷つきやすい子どももいるかもしれないのである。

暴力死を経験した子どもに個別治療を行う臨床家には，コーピングメカニズムと夢や空想を含む反応パターンをより深く理解するための時間や環境が，必要である。子どもは，描画や遊びを通して，より表現できるので，児童専門のセラピストは，彼らの作品や遊びの中に投影されていることを解釈するのに熟達している。子どもの治療では，ごく自然に語り直しを扱い，それには，死の物語を修正することによって心的苦痛を和らげたり，故人との関係を新たなものにしたりするという目標を含んでいる。

児童専門のセラピストの多くは，暴力死を経験した子どもや青年に対して，サポート的な個別治療の形態で治療してきた経験を持っている。しかし，これらの治療についての事例報告は多少あるものの，暴力死に対する不適応的な影響に特化した介入を子どもや青年に行ったことについての体系的な結果研究はなされてきていない。おそらくは何千もの子どもが助けられてきたのであろうが，暴力死の後の個別治療—大人と同様，子どもに対しても最も一般的な介入である—がきわめて稀にしか研究されてこなかったことは，残念である。

子どもが自分から援助を求めることは，減多にない。子どもや青年は，暴力死に対する自分の反応が不適応的であると認識したり，この私的に体験した悲劇について，家族や身近な友人以外の他者に助けを求めたりすることは，稀である。たいていは，心配した大人（親，兄や姉，祖父母，面倒見のよい親戚）が，子どもを臨床医やサポートグループのリーダーのところに連れて行くのである。注意を引くような子どもの変化に，彼らが気付いてきたのである。その変化とは，暴力死に特有なもの（例えば，恐怖症的行動，不眠や悪夢，安全への恐れ，一緒にいることへの固執）もあれば，そうでないもの（例えば，注意力や活力の減少，落第，いらいらしやすいこと，社会的孤立）もある。なお，稀にではあるが，バーバラと息子のチャールズの事例のように，大人が自分の心的苦痛に対して注意を引いてもらうことを間接的に求めてくる場合もある。積極的に関わる必要がある責任を持った大人が，介入に着手するのである。ど

んな種類の介入であっても，子どもをセッションに連れてきたり，それを続ける重要性を強化したりするのは，その責任を持った大人なのである。すなわち，そのような大人は，子どもをサポートするに当たって，自分たちが，とても重要な協力者であると知っている必要がある。この責任を持った大人たちの関与の程度が，基本的な前提条件になっているのである。もし，悲観的あるいはあまりやる気がない大人が，セッションに参加するよう子どもたちを勇気づけないならば，子どもたちは，治療からドロップアウトすることになろう。

わが子への援助を求める大人の多くは，自分自身，介入に参加している。暴力死の後の子どもに対するサービスは，大人が助けられたと感じてきたサポートグループが率いてきた地元の仲間によって，発展してきた。彼らは暴力死から十分に立ち直ったと感じ，他の家族成員にも，修復的語り直しに参加して欲しいと思っている。大人が集団ないし個別サポートに参加している最中に，子どもに対する別のサービスが同時に提供されることもある。このように同一家族の複数成員が，同じセンターで，別ではあるが調整された介入に参加することもある。残念なことに，この新たなアプローチは，未だ研究されたり論文化されたりはしていない。組織についての記述にとどまらずにそのプログラムについて記載した文献は，ほとんど刊行されていない。

子どもや青年の治療を一旦始めると，通常それは，大人よりも長期間になる。成長の過渡期を次々に迎えては，その暴力死に伴う心的苦痛や故人との想像上の関係が甦るため，子どもには，長期間のサポートとフォローアップが必要なのである。死についての記憶は残っており，成長に伴って，暴力死の心的外傷や個人の最期についての理解が深まるため，より一層の心的苦痛なり辛さなりが引き起こされるのである。子どもたちの中には，成人になるまで修復的語り直しをできない者もいる。成熟や修復的語り直しは，無理強いできないものである。

近年，児童サービス機関は，教師やカウンセラーや親が，友だちや家族の暴力死を経験して援助が必要だと思われる傷つきやすい子どもを見出すと，その学校内で，個別あるいは集団の介入を行うようになってきている。これらの学校を基盤としたプログラムは，子どもにとっては便利な処遇環境であろうが，現行のサポートプログラムでは，親や責任を持った大人の家族成員をほとんど

参加させていない。暴力死の後の子どもへの介入に，大人の家族成員が関わる必要はないのかもしれないが，家族が安定した統合体であるかどうかは，責任を持った大人の安定性に関わっている。通常，修復は，家族内で主に子どもの面倒を見る大人を修復させることから始まり，それから，他の家族成員に広がっていくものである。

有効性についての実証的エビデンス

ある児童専門のセラピストチームが，暴力死を経験した子どもの治療に関する一連の研究を発表してきた。彼らの初期の研究は，校内で銃殺にさらされた学童期の子どもたちについて，記述している（Pynoos, 1987）。その後，彼らは，親が殺害されたのを目撃した子どもたちについての臨床経験を，レビューしている（Eth & Pynoos, 1994）。彼らは，教室内での時間制限のあるアセスメントを通して，どの子どもが不適応反応のリスクが最も高いかを明らかにするために，子ども全員に体系的なスクリーニングと介入を始めた（Eth & Pynoos, 1985）。彼らの研究は，実際に殺害を目撃した子どもと，目撃はしていないものの故人と情緒面で結び付きを持っていた子どもが，特に傷つきやすいことを明らかにした。そして彼らは，ひどく抑うつ状態にいる子どもたちに対して，好ましい結果を得た時間制限のあるサポート的介入を考案した（Pynoos & Nader, 1988, 1990）。

おそらく，この業績が，この10年間，多くの大都市で発展してきた学校を基盤とした暴力死の後のサポートプログラムの始まりの原典であった。しかし残念なことに，これらの新しく作られたサービスでは，創始者が勧めているアセスメントや治療目標についての厳密さが維持されることは，稀であった。

彼らが構造化したアセスメントと治療は，自然災害や戦争によって集団で暴力死を経験した他の子どもの母集団にも適用されており，リスクや短期間の介入に対する反応について，類似の結果が得られている。これらの発見は，非常に素晴らしいものであるが，治療されていない統制群との比較はなされていない。

この体系的な介入は，大人に対する制限時間のある集団介入と同様，児童臨

床医のみに，その使用が限られている。それは，アセスメントに熟達しており，個人，集団，家族への介入技術についての広範囲にわたる経験を有する臨床医のいる専門のクリニックで行われる必要があるものである。

親や保護者に対するガイダンス

　暴力死を経験した家族の親を始めとする責任を持った大人たちは，時に，彼らの子どもたちが，専門的な援助を必要としていると思い込んでしまうことがある。彼らのこうした思い込みは，彼らが子どものケアをしていることの確かな証しであるが，子どもたちが示す心的苦痛の明らかな徴候よりも，むしろ彼ら自身の死に関する未解決の恐怖や長期にわたる影響についての恐れを，基礎としている場合もある。大人が私にガイダンスを求める時，私は，彼らの子どもが必要としているものを理解しようとし，躊躇することなく他機関にリファーしたりしているが，さらに，その大人の修復的語り直しの聴き手としてのリジリアンスなり潜在性なりをも評価しようとしている。結局のところ，子どもを主にサポートするのはその大人なので，彼らの間に修復的な協力関係を育むことを，私は望んでいる。

「子どもが助けを必要とする時をいかにして知るのか？」
　親たちが，子どもの情緒的要求がどのようであるかと疑問を持つこと自体は大変よいことであるが，暴力死を経験したことで正式な治療が必要になる子どもは稀であることを強調して，私は，親を安心させようとする。彼らがこのように心配することは，子どもが直面していることを彼らがよく理解していることを示している。複数の死が起きてしまったり殺害現場を目撃してしまったりした場合，すぐさま，臨床的なアセスメントなりリジリアンスや語り直しの強化なりがおそらく保証されるということは，滅多にない。しかし，時間の経過なり，彼らの周りの安定性やサポートによって安心感を得たりする中で，子どもたちは，通常，暴力死に適応していくのである。

　「あなたの子どもが最も必要としているのは，自分が安全で，あなたも安全だという確信なのである。」子どもに対する親の心配は，修復のための重要な要

素であり，親が，子どもの心的苦痛を過小評価したり否認したりしていないことを示している。

「子どもをこのことから助けるために，私は何ができるのか？」
　「あなたの子どもが必要としているのは，その死について子ども自身が語ることを我慢強く，そして快く聴いてあげることである。」

　家族内の大人と子どもが一緒に行うことができる修復的語り直しのモデルは，これをもって始まるのである。子どもは，家族みんなに彼ら自身の物語があり，必要な時に彼ら自身の物語を大人に語り直すことが安全であり受け入れられると認識することで，死に関してオープンに話すことを，勇気づけられるかもしれない。このことは，大人が，子どもを聴き手として利用すべきであると言っているわけではない。大人は，他の大人にすべきである。暴力死の後，親や保護者の心的苦痛を伴ったとりつかれを聴くことは，子どもにとって，快適なものではない。しかし，再現の思考，とりつかれた恐怖，悲嘆の感情が，みんなに共通していると知ることや，その子どもの責任を持つ者が，子どもの語り直しが安全で予想されたものであると認識していると知ることで，子どもは，安心するのである。語り直しが正常で目的的なものであるというこの説明は，家族内外での語り直しへの抵抗を減少させることになろう。そしてそれは，責任ある大人に，不適応の徴候や症状の一覧を記憶したり参照したりすることなく，子どもが語り直す物語の中で，心的外傷や別離苦痛のレベルを聴く直接的方法をも提供するのである。子どもの語り直しを定期的に聴いたり尋ねたりすることは，大人にとって，はるかに自然なことであり，しかも，修復的な可能性が含まれているのである。私は，大人に，質問攻めの診断家であるよりも，忍耐強い聴き手としての役割を果たすことを望んでいる。

「子どもたちに対する専門的な援助をいつ与えるべきなのか？」
　「子どもの心的苦痛の大半は，死の経験の後2〜3カ月でなくなるので，それまで待つことである。子どもの心的苦痛が，家庭，学校，友人関係において支障を来たし続けるならば，暴力死の影響に関してよく通じている臨床医に，アセスメントしてもらうことである。」

セラピーをやってほしいと子どもが直接来ることはないので，セラピーを始めるという決断は，複雑である。子どもの協力や責任ある大人の関与があり，しかも臨床医のアセスメントやアプローチに対して「十分に」用意されていなければ，セラピーは始められないし成功もしない。すべての人に会わなければ，これらの変数すべてを評価するのは，困難である。この決断は，リスクについての客観的な基準や専門家の判断よりも，「私はまだ準備ができていない」，「私はこのセラピストと合わない」といった主観的な反応に依拠しているかもしれない。適した時に適したセラピストに会うことができるようにするには，ある程度時間をかけて探すことになるかもしれない。

「セラピストやセラピーについて何を知っておくべきか？」

大人は，その臨床医の資格や経験について確認しておくべきである。予約を取る前に，セラピストの暴力死に対する訓練や経験について，直接，問い合わせるべきである。

私は，どんな人に対しても，その子どもに対して責任がある大人と会うことを拒む臨床医を薦めることはない。その大人が，治療の進捗状況をチェックしたり，彼らがいかにしてサポート的になれるかを学んだりするために，臨床医に定期的に会ってコミュニケーションをとる機会を持つことは，重要である。

予測される治療期間について，最初に聞くことも重要である。もし，臨床医がすぐに長期間の治療を勧めた場合，責任を持った大人は，その理由に納得する必要があり，セカンドオピニオンを求めるべきである。長期間の治療は，特定の傷つきやすい子どもには有効であろうが，その大人は，それほどまでの時間や経費をかけることに同意する前に，その適否を確認する必要がある。より暫定的で限定的な方法——まずは15〜20セッション程度で計画し，苦痛の程度，治療継続の適否，投薬をも含めた長期治療の目標について再評価すること——でアプローチする治療の仕方もありうるのである。

第Ⅱ部
臨床的介入

ジュリーの精神科医と私が，もし私のジレンマについて認識していたならば，彼女の死後のその精神科医との面談は，それほど困惑するものにはならなかったであろう。われわれは互いに精神科医であったが，2人とも，彼女の死の謎に答えるすべを知らなかった。私は，彼女の死の「理由」を探すため，ひっきりなしに尋ねるということにとりつかれていた。ジュリーの精神科医は，理由づけのなされた独白を提供することで，私のとりつかれに彼も加わって，私を助けようとしてくれた。理由づけが，われわれの罠であった。もし彼が，彼女の死について詳細に分析しないでくれていたならば，その面談は互いにとって，より修復的なものとなったであろう。彼は，その代わりに次のように言って，私の困惑を共有してくれていたかもしれない。

　「自分には答えることができない疑問が残ったままであることをあなたが理解してくれるのであるならば，私はあなたに，彼女の死について知っていることすべてを話してみましょう。われわれは2人とも，彼女の暴力死を説明できません。ジュリーでさえも，われわれが受け入れるであろう答えを与えてはくれないでしょう。」

　彼は，そのことをそれほど直接的に語る必要はなかったのであろう。ジュリーのことを，彼女の死についてではなく一人の人間として話す中で，彼は，彼女の死の不確かな点について，伝えることができたであろう。そうすれば，彼女が無視されることはなかったであろう。われわれは，ジュリーが生きていた時のわれわれの記憶を呼び起こし，修復的な方法で彼女を思い出すのを互いに助けられたであろう。

　私には，彼女が生きていたことを認識させるような方向付けが必要であった。彼の駐車場で，私一人でそれを見つけるよりも，われわれは一緒にそれを探すべきであったのであろう。

　われわれは，自分たちの無知さを咎めはしなかった。当時，実践場面で毎日のよ

うに別離や死の影響を扱う精神科医に対して，暴力死の影響について教えてくれる研修なり専門的な文献は，ほとんどなかった。つまり，われわれを導いてくれるモデルも計画表もなかったのである。

ジュリーの死以降，かなり暴力死について書かれるようになってきており，たまには研修の機会もあるようになってきているが，大半の臨床医は，暴力死を経験した者を援助することについての情報を得ておらず，その対処法を準備していないままである。私は困惑するばかりで何も知らなかったという自分の経験から，より修復的な介入をするためのガイドラインを作ろうと試みてきた。

本書では，これから，一貫性についての暫定的モデル，及び臨床医や治療を求める人のための臨床的アプローチを提示する。私が目標とするのは，暴力死に関する不確実性や曖昧性に耐える態度を徐々に教え込むことなので，私は**暫定的**という言葉を強調しておきたい。そして，私の目標は，死を客観的に分析していくよりもむしろ，生を強化していくことを徐々に教え込むことにあるので，私は**一貫性**という言葉を用いている。このモデルは，観点の変化，つまり，暴力死に関する究極の不確実性を受け入れて，われわれを生きていく方向に向ける，ということを基礎にしている。

確実性を求めることから積極的に撤退することに基礎を置くこのようなモデルに，手堅い客観性があると言うつもりはない。しかし，暴力死に関する研究者たちの思索や経験的に観察してきたことを（データというよりも思索として）含めることで，一貫性のモデルは，その死についての客観的な出来事やその影響を越えたものに到達するのである。一貫性の目標とは，意味を再構築することであり，その意味とは，どうしても主観的なものなので，計算するのは難しい。

第6章

修復的語り直しのモデル

　暴力死の後の治療に特化したモデルの有効性を記した研究についての大規模な一覧表を示すことは，安心感を与えることになろう。しかし，綿密に計画された研究は，ほとんどない。理想的な状況でセラピーの研究が計画され完遂されることはきわめて難しく，暴力死の後，それはほとんど不可能である。遺族はあまりに心的外傷を負い回避的な状態になっているので，治療を求めたり研究に協力したりすることに，躊躇するのである。

　一般の読者や実務家にはあまり関係はなかろうが，綿密に計画された研究が少数ある。次章で概観するそれらの研究は，非常に特化した治療（時間制限のある集団療法）の有効性を測定している。この介入で治療した時，遺族は，治療されていない遺族より，標準化尺度において有意に心的苦痛が少ないことが示されている。この介入は，その有効性を明らかにしてきたが，それは限られた数の専門のクリニックで提供されるにとどまっている。

　参加メンバーを固定しないオープンなサポートグループや個人に対する心理療法は，暴力死の後の治療として，より一般的であるが，その有効性は検証されてきてはいない。それらは，時間制限のある集団療法と同程度に効果があろうこと，そしておそらくは長期的なサポートを提供する点ではそれ以上の効果があろうと思われるが，比較研究はなされていない。

　客観的データがない状況において，暴力死に出遭った人をいかに治療するかについてのわれわれの理解は，以下のような非常に基本的な質問を提示することから始まる。

　　暴力死の後，どんなセラピーであれ，セラピーができることとは何なのか？
　　効果的なセラピーに不可欠なものとして，臨床医は何を提供でき，遺族は何

を期待できるのか？

セラピーに不可欠な要素

　セラピーとは，さまざまなアプローチや説明的スキーマを指す非常に曖昧な用語である。著名な精神病理学者であるジェローム・フランクは，心理療法についての包括的で客観的な調査に，その生涯をささげた。彼は，心理療法が成功するための不可欠な要因を，以下のとおりとした（Frank & Frank, 1991）。

1．信頼関係
2．癒しの場
3．症状について，もっともな説明がなされる理にかなったスキーマ
4．患者とセラピストの双方が，現行の治療で健康を取り戻せると信じて，その治療に参加すること

　うまくいくセラピーではいずれも，臨床医がこれらの要因を組み込んでいるのである。
　集団療法，個人療法，家族療法，対人関係療法，精神分析療法，認知療法，行動療法，逆説療法，トラウマ療法，悲嘆療法などはいずれも，心的苦痛からの安らぎと安全を提供し，いかにしてなぜ健康が損なわれたかを積極的に説明し，その健康を取り戻す方法としてこれらのセラピーを行う臨床医に対して，本質的な信用と信頼を寄せることを基に，展開しているものである。
　家族，友人，聖職者も，信頼関係と癒しの場を提供することでサポートできるかもしれないが，彼らは，長引いている心的苦痛や健康を取り戻すための信頼できる手順について，筋の通った説明をすることはない。彼らは，慰めたり癒したりする彼らの努力が効果をもたらさないものの，他の方法が分からない時，自らの限界を認めるようになるのである。
　暴力死の後に人々がセラピーを求めるに当たって，彼らは，かなりの社会的，個人的な抵抗にもかかわらず，そうするのである。結局のところ，死とは，暴力死でさえも，生きることの自然のなりゆきなのである。一般に，悲嘆や心的

外傷といった不可避のものも,時間とともに静まっていくと信じられている。残念なことに,時間が経過してもそうした不可避のものが持続したり,あるいはさらに悪化したりする場合,お定まりの解決策は存在しないのである。

　遺族がセラピーを求めるようになるまで,彼らは非常に悩むかもしれない。彼らは,想像上の再現と死についてのとりつかれを静められずにきたのであって,忍耐強い聴き手以上の者を必要としている。彼らは,おそらく暴力死に対する持続的な恐怖と混乱状態の中におり,その出来事から彼ら自身を修復させられる人を探している。彼らは,自分を落ち着かせる方法を見つけたいと欲しているのである。

　本書は,ナラティブによって暴力死を処理していくことを強調するものなので,臨床医が最優先することは,患者に,死の物語をするよう促し,それを聴くことである。しかし,それで十分なわけではない。助けを求める人はいずれも,語り直しをしていながらも,自分を助けることがおそらくできないのである。彼らは,語り直すことにとりつかれているが,それは,メディア,警察,友人,同僚に対しての語り直しだからである。彼らは,彼ら自身や彼ら自身が生きていく物語のための時間を,見つけてこなかったのである。

　初回面接で臨床医が優先して行うことは,日々の生活の中で,死の再現が鮮明な心的外傷による侵入として続いているかどうかを見極めることである。残された者が,自分自身の生活よりも侵入的な死の物語に一身を委ねてしまっているのであれば,彼らを,再現のとりつかれから守り,違う方向に向かわせる必要がある。

第一にリジリアンスを

　最優先すべきは,語り直しではなく,危機介入,すなわちリジリアンスを強化することである。劇的な状況の再現から,安心感と分離の感覚が確立される必要がある(Rynearson, 1996)。

　臨床医は,最初,サポートについての積極的な態度を示すと同時に,患者を落ち着かせようとしていることを明確にして,患者をリジリアンスのある**状態にさせ**,そのリジリアンスを浸透させていく。遺族は,臨床医が,彼らの物語

よりも，人としての彼らに関心を持っていることを知って，安心する。もちろん，語り直しが避けられない場合，臨床医はそれを聴くが，その物語が延々と続いたり，あるいは非常な心的苦痛を伴ったりする場合には，中断させる。臨床医は，中断させることによって，語り手が何の役割も果たしていない破壊的なモノローグから，その語り手の注意をそらすための対話を，展開させていくのである。

　このリジリアンスに焦点を当てながら，臨床医と遺族は，建設的な計画表と方向性を作っていく。遺族が，よりリジリアンスを伴って安定した状態である時こそが，その暴力死を扱う時であり，臨床医は，語り直しをわざと遅らせ，回避が建設的な目的に役立つであろうと主張するかもしれない（Raphael & Minkov, 1999）。当初，遺族のリジリアンスの源や容量については，以下のような一連の建設的で開かれた質問を通して，探られるかもしれない。

　「今，あなたをサポートする人がいますか？」もしいるならば，その人は，カウンセリングにおいて貴重な協力者になるかもしれず，臨床医は，リジリアンスの強化の初期段階に，その協力者を含めること――もし，その人が待合室にいるのなら，その初回のセッションの後半にでも――を検討する。

　「過去において，死あるいは心的外傷の後，何があなたを助けてきましたか？」この質問は，詳細な心的外傷歴を思い起こさせるためではなく，その人のリジリアンスを育んできたものについての洞察を深めるためのものである。それは，家族？　仕事？　強い霊的信念？　誰かをケアすること？　あるいはペット？　これは，リジリアンスのある活動，信念，接触についての有効な目録になるかもしれない。

　「これを通じてあなたを助けるのに際して，あなたは，何を必要としますか？」遺族の中には，彼らが必要とするものについて，明確な考えを持った者がいるし，また，他の家族成員が必要としているものについて気に掛けていることもあろう。家族全員が生き延びるために欠かせない基本的なもの（生活するのに安全な場所，食物，交通手段，資金）がある。その死についての捜査なり裁判なりがあるならば，被害者サービスなり擁護なりが要求できよう。この質問は，リジリアンスの供給源リストを作るに当たって，臨床医を加わらせることにつ

ながる。

「(暴力死を遂げた人の名前)は，今，あなたが必要としていることに対して，なんと言うでしょうか？」この質問には，修復的な目的がある。それは，臨床医と遺族を，破壊的な死を超えて再会の空想にひたらせ，故人を援助者として蘇らせようとするものである。空想された答えとは，たいてい，思いやりと赦しの強いメッセージを伝えるものであり，暴力死のイメージを相殺するための安全と分離の記憶へと導く。

この種の建設的な質問に対しては，その答え自体よりも，より安全でより生き生きと感じる方法をわれわれが一緒になって見つけることができると伝える態度の方が，重要である。これは，診断にたどりつくために行われる帰納的な質問とは，非常に異なっている。ひどく心的苦痛を抱えている遺族に，診断は必要ない。彼らには，すぐさまリジリアンスを持てるよう，治療する必要がある。診断は，もっと後になってからでも，行うことができるのである。

リジリアンスを強化するための方略：3 P

安心と分離の感覚は，前言語的な経験なので，それらを言葉で伝えるのは，困難である (Rose, 1987)。

私は，リジリアンスについての私個人のイメージを「呼吸ができ，穏やかな気持ちでいることができ，その流れにまかせて流れることができる水面で，強い潮流が収まるまで，浮いていること」として例示した。このイメージは，圧倒的なストレスをいかに乗り切るかについての，私の身体経験からきたものである。その迫真性なり恐怖感なりが，私の記憶システムのすべて，すなわち，手続き的，エピソード的，さらに，それについて記述したように意味的な記憶を活性化させたのであろうと，今は思っている。まず，引き波の表面に自分を浮かべておくことは，言語的あるいは象徴的な経験ではなかった。基本的に，それは身体レベルで記憶されていた。

私のリジリアンスのイメージには，三つに分けられるリジリアンスの力がある。

1. **鎮静化**（Pacification）は，最も重要なもので，自分を落ち着かせたりなだめたりする力のことである。それは，ばらばらになる恐怖の原体験を限定的なものとする基礎として，不可欠である。
2. **分離**（Partition）は，自己識別の力のことである。それは，「私」の経験界と「私以外」のそれとの範囲なり境界線なりを確立する上で，不可欠である。
3. **展望**（Perspective）は，自己超越の力のことである。経験を浸透させ変化が期待できるようになるには，時間が不可欠である。

これらの３Ｐは，リジリアンスの機能についての有用なスキーマとなっている。私自身のリジリアンスのイメージを再考してみると，溺れるのではないかと恐れた際，まずその恐れから自分を**鎮静化**させる必要があったし，続いて，浮かぶことで，その深さから自分を**分離**させることができたし，さらに，その流れが弱まるまで表面に浮かんでいることができるであろうとの**展望**を得ることができたのである。３Ｐのこの進行は，暴力死についての物語に打ちのめされている遺族に，適用できるものである。つまり，まずは，彼らの恐怖を鎮静化させ，次に，その臨終のイメージから彼ら自身を分離し，最後に，超越し打ち勝つことによって時が変化をもたらすであろうという彼らの展望を取り戻す，ということになるのである。

効果のあるセラピーの要因（信頼関係，癒しの場，修復のための積極的なスキーマなり手続き）は，この個々のリジリアンスに関する３Ｐと，かなり類似している。すなわち，臨床医と遺族は，安全な場（分離）で，安堵する関係（鎮静化）で結び付き，修復的なスキーマなり手続きなり（展望）に取り組んでいるのである。

初期の修復

故人の生前の記憶を呼び起こさせることで，それほど直接的にではなくリジリアンスを強化できる。これらは，再現する死のイメージを相殺する生のイメージについての多くの記憶である。初回のセッションの間，これらのポジティブなイメージは，以下のように建設的に焦点を絞り始めるのを，助けるものである。

「(暴力死を遂げた人のファーストネーム)について私に話してくれますか？」この語り直しは，話の腰を折るというよりも，むしろ勇気づけるものである。目標は，修復的な物語に対する建設的な基礎として，その人の存在を鮮明にすることにある。しばしば，故人のポジティブな記憶が，再現の空想によって打ちのめされてしまっているが，それらを思い起こすことが，修復なのである。

「(暴力死を遂げた人のファーストネーム)の写真を持っていますか？」この時点で，札入れや財布からその故人の生前の写真が取り出され，それを一緒に見ることで，非言語的で修復的な再会に，その臨床医を加わらせることになる。そしてこのことが，再現の空想において故人がひどく苦しんでいるイメージを，相殺し始めるかもしれない。身体が損傷を受けた場合も含めて，暴力死の後，この笑って「輝いている」イメージ（ポーズをとった写真での通常のイメージ）を思い起こすことは，遺族を元気づけるものになりうるのである。

「あなたが助けを求めることに関して，(暴力死を遂げた人のファーストネーム)はどのように感じているでしょう？」これは，カウンセリングにおいて，サポート的な協力者として故人のイメージを呼び起こさせようとする，もう一つの投影的な質問である。答えはたいてい，肯定的なものである。

リジリアンスと修復のための計画

臨床医は，初回面接の終了時点までに，リジリアンスと修復について，そして，それらの強化を優先することについて，より積極的に遺族に教えることになっている。リジリアンスと修復の最初の目標は，次のように明確に述べられる。

「われわれは直ちに，気持ちを落ち着かせて，その死からあなたの心を解き放つことで，あなたがこの悲劇に適応するよう助ける必要があります。」遺族が，再現の空想や激しい心的外傷に打ちのめされてきた場合には，以下のようないくつかの短くて単純な課題を提示する。

「彼らの死についてのあなたの思いを，彼らの生についての思いで，中断させてください。」

「死のフラッシュバックは，自分で語るのを止められない話のようで，よくあることですが，われわれが，彼らの死よりも生について，より多くを語り直すようあなたを助けることで，それは収まっていくでしょう。」

「彼らに関して私にもっと話すことができるように，次回の来談まで，毎日リラクゼーションの練習を繰り返し，（暴力死を遂げた人のファーストネーム）の写真と思い出を集め始めてください。」

この形式は，初期の語り直しの課題に対して，再構築していく上での構造を提供している。遺族は，例外なくその死を物語として処理していくので，ナラティブモデルとその目標を理解するようになる。ナラティブモデルは，より筋の通った語り直しを始めるに際して，積極的な役割を想定している。

2回目のセッションで，遺族はしばしば，アルバムや故人の持ち物，故人の最後の誕生日について書かれたものやビデオテープ—遺族が持ってこようと選んだもの—をどっさりと持ってくる。それらは，記念の物として示されたり取り扱われたりすることで，その故人と臨床医を結び付ける物やイメージになる。そして，臨床医には，カウンセリングにおいて示された彼らの人生や「存在」に対する目撃者及び祝賀者となる特権が，与えられることになる。

記念の物が提示された後，そのセッションはたいてい，故人への強い気持ちで満たされることになるので，臨床医と遺族は，より熱心になる。死の物語についての重荷がいくらか取り除かれ，軽やかな感覚になるかもしれない。

この落ち着きが育まれる中，より直接的に，死に対する態度について尋ねる時間がある。

来世の存在を信じる人は，その死から解放され，故人との将来の再会を心地よく予言できる。それは，建設的な経験へと方向付ける。一方，そのような信念を否定する人たちは，その不在のために不利であるとは滅多に感じず，たいていその関連性を無視する。死についてあれこれ考えて，来世を絶対視したり完全に否定したりすることに満足しない人もいる。

彼らの死に対する態度がいずれであっても，暴力死と非常に一体化している遺族に，彼ら自身の死について，質問することがよくある。臨床医にとって，遺族の死についての概念を知って，それを尊重することは，その死の体験についての精神力動をより深く理解することにつながる。

危機の解決

リジリアンスと修復的語り直しを早期に強化することは，自信や自律性を躍進的に戻し始めるようになるかもしれず，それは，安堵感をもたらすことであろう。再現の空想はそれほど頻繁でなくなり，それに没頭することも少なくなり，心的外傷苦痛は減少していく。そして，何回かのフォローアップセッションでは，修復的語り直しに向かったこれらの変化を，より統合していくことになるかもしれない。

この時点で，遺族と臨床医は，カウンセリングの暫定的な「中断」を検討することもあろう。その際，臨床医は，再現のイメージと心的外傷苦痛が再発するならば，再び来談が可能であると強調することになる。さらに，遺族は，心的外傷苦痛が減少してきた分，別離苦痛が増すかもしれないこと，しかし，別離苦痛は心的外傷苦痛に比べて扱い慣れたものであること，についてアドバイスされる。

治療のための評価

地域社会研究では，心的外傷体験後の危機に対するカウンセリングが，比較的短いもの―平均10〜15セッション―であることを報告してきた（New & Berliner, 2000）。それ以上の支援が必要な場合，その人は，おそらく複数のリスク要因を持っているのであって，より包括的な治療のために，アセスメントがなされる必要がある（Rynearson & Geoffrey, 1999）。

人口統計上のリスク要因

長期にわたって心的苦痛を伴い治療を求めることに関連した，信頼性があり直接的に報告されている不変の変数には，以下がある（Rynearson, 1995）。

年齢：年齢それ自体は，治療に対する正確な予測変数にはならないが，それの家族関係との交互作用（若い母親や高齢の男やもめ）は，長期にわたって心的苦痛や障害が生じることに対する高い予測因である。

性別：暴力死の後，女性は自己申告による心的苦痛の得点が高く，治療を求

める比率は，男性の4倍である。
- **家族関係**：子どもの暴力死の後，母親が，最も心的苦痛を示し，最も治療を求め，父親がそれに続く。
- **死の様相**：殺人，自殺，事故死は，いずれも非常にストレスになるものであるが，自己申告によるその心的苦痛の強度の評価では，上記の順でその程度が弱まっていく。
- **収入**：収入は心的苦痛と負の相関関係にあり，すなわち，収入が少ないほど，心的苦痛が強くなる。

これらの人口統計変数からは，子どもを殺人で亡くした若くて経済的にも感情的にも苦しんでいる母親が，より治療を求める，と予測できる。

個人のリスク要因

心的苦痛や障害を悪化させ，治療の必要性を増加させるかもしれない，生得的あるいは後天的な脆弱性に関連した変数には，以下がある。

- **併存**：精神障害（最も頻度が高いのは，不安障害，大うつ病，物質乱用障害）の存在は，長期間にわたる機能不全や治療を求めることに関連がある。
- **心理治療歴**：以前の治療歴（外来ないし入院）は，強い心的苦痛と治療を求めることに関連がある。
- **児童虐待とネグレクト**：神経心理学的発達の決定的な段階で，児童虐待やネグレクトを経験すると，しばしば，リジリアンスが十分でなくなり，心的外傷や別離に対して，機能不全の反応になる。
- **愛着の程度**：暴力死を遂げた人に対する強い愛着は，心的外傷や別離の苦痛を増大させ，治療を求めることに関連する。

これらの変数を追加すると，若くて，経済的にも感情的にも苦しんでいる母親で，虐待やネグレクトの成育歴を持ち，抑うつ，PTSD，物質乱用に対して断続的に治療され，殺害された17歳の息子に過剰に依存していた者が，より脆弱性を有する，ということになろう。

このような女性は，息子が殺されるよりもかなり以前から，深刻な問題を複数抱えているのである。そして，その殺害によって，おそらくそれ以前の心的苦痛や障害のそれぞれが呼び起され，それらが組み合わされて，一連の問題というよりも互いにもつれあった形で，現れるのであろう。

家族アセスメント

家族全体が，家族成員の暴力死への適応を分かち合うことになるので，臨床医にとって，リジリアンスや語り直しに対する彼らの分かち合いの力を評価することは，重要である。彼らが行っているサポートを褒めたり，彼らの疑問を明らかにしたりして，治療開始時点で家族を関与させることは，きわめて自然なことである。家族成員は，通常，含まれたい，少なくとも招かれたい，と思っている。

私は，その個人と家族に対して，われわれが家族療法のために集まっているわけではないことを強調した上で，評価に対して準備させることにしている。これは，未解決の葛藤ないし欲求不満をかき立てるための時間や場所ではない。われわれの目標は，それぞれの唯一無二の修復的語り直しを聴いたり尊重したりする中で，相互に影響し合う一集団として，家族を助けることにある。家族アセスメントの間に，私は心的苦痛を減らす方略や，修復的語り直しについての単純なモデルの要点を説明している。私は，私の診療室で一緒に座って，その暴力死についての彼ら自身なりの解釈を語り直すのを，互いに積極的に聴くよう示唆している。家族はしばしば，彼らが想像していたこととの違い，そして時には，そのバランスの悪さに驚かされる。これは，家族としてその死の物語を語り直したり考え直したりすることで，彼らの相互性が働くことを例示するものとなりうる。

しばしば，治療を求める遺族は，それを求めない遺族に比べて，より強い心的苦痛や自責の念あるいは再現を伴いながら，その死についての彼ら自身の物語を語り直す。それに対して，治療を求めない遺族は，故人との生前の関係についての記憶を含めて，彼らの語り直しを新しい方向に向けることができている。彼らは，故人が生きていて希望に満ちていた時の記憶を豊かに提供するのであって，それは，臨床医にとって知りたいものであるし，また，遺族どうし

にとっても，分かち合いたい重要なものなのである。

　そのセッションの終わりに当たって，私は，彼らの支援に感謝し，再び彼らがここに戻ってくるかどうかの選択肢を残すことにしている。他の家族成員が治療を求める場合には，彼らに，別の臨床医を紹介することにしている。それぞれの語り直しは唯一無二であるため，一時期に，一人の家族成員のために，私の注意と語り直しを蓄えておくことを説明している。同じ出来事について，同時に別の語り直しを聴くことは，私を混乱させてしまうだろうし，さらには，彼らを疑ってしまうことになるかもしれない。

　初めに，家族療法を勧める状況が，少なくとも二つある。一つは，その家族が，その死についてあまりに回避的で怯えており，アセスメントの最中，語り直しを始めることができない場合である。私は，少なくとも彼らに語り始めさせることができ，これは通常数セッションで成し遂げられるので，私のところに来てはどうか，と誘うことにしている。二つ目は，その家族が，家族内での死への適応を強いられた場合（家族成員の一成員が，他の成員の死の原因となった場合）である。故人と加害者との双方と分かち合ってきた彼らの一体感は，あまりに引き裂かれてしまうので，彼らのリジリアンスや語り直しの力は，破壊されてしまうのである。家庭内の暴力死とは，非常にストレスフルであり，家族にとって，語り直しの間，信用や安全の感覚を維持するのは困難である。このような家族は，崩壊するリスクが高く（特に殺人の後），その死が起きる以前から，非常に機能不全であったかもしれない。私の経験では，そのような家族は，サポートと修復に対する強いニーズがあるにもかかわらず，治療を回避してしまう。

心理検査

　不安，抑うつ，物質乱用の存在やその深刻度を示す，簡便で標準化され信頼性のある自己申告尺度がある。これらの障害について検査することは，どのように扱っていくかを決める上で，重要なものとなりうる。それらによって，抑うつ，不安，物質乱用の障害の存在が確かめられた場合には，投薬のための追加の診察あるいは不安や物質乱用に対する専門の治療が始められる。簡便な自己申告尺度は，それらの障害をスクリーニングするものであり，その得点化の

詳細は，巻末の付録に記載している。

　これまでのところ，暴力死の後の心的外傷と別離が組み合わさった心的苦痛の存在ないしその深刻度を明らかにする，妥当性のある検査はない。近年，外傷性悲嘆についての自己申告尺度が開発されてきた（外傷性悲嘆目録；Prigerson et al., 1995）が，この尺度は，暴力死の後の者に対して用いられてきてはいない。

　リジリアンスについての客観的な尺度も，臨床的には役に立つであろうが，未だ使用可能なものはない。

精神科の診察

　遺族が，人口統計上のリスク要因と個人のリスク要因（特に，精神障害を伴っている確率が高い場合）を組み合わせて持っている場合，精神科医との診察によって，より包括的な治療を始めることができる。深刻な不安障害あるいはうつ病性障害に対する薬物治療は，その治療を補助する重要なものである（Shuchter & Zisook, 1996）。いくつかの綿密に計画された研究では，精神障害を伴った遺族に対して，心理療法が十分に検討された投薬と組み合わされると，良い結果が得られることを示している（Jacobs, 1999）。薬物は，悲嘆に直接的に影響を及ぼすことはなく，それは，継続的な心理療法やカウンセリングで治療されるものである。しかし，薬物は，そこに内在している障害に有意な臨床的効果をもたらす。事実，深刻な抑うつまたは不安を伴った人が薬物治療をされないままでいると，何もできなくさせてしまうリスクを高めてしまうということが，明らかにされている（Zisook & Shuchter, 1996）。

　自殺が起きることは滅多にないものの，それが起きて，その際，臨床医が薬物療法のための診察を考えていなかった場合には，臨床上の過失罪を負うことになりやすい。しかし，暴力死の後，併存する精神障害に対して投薬を求める遺族には，彼らの外傷的悲嘆に対して，同時に治療する必要がある。遺族に対して薬物以外の治療を何も行わない医者も，注意義務を怠っていると言えよう。

過去の治療歴

　診断名，時期，セラピーの種類を記録するだけでは，不十分である。遺族が

向精神薬を服用したこと，6カ月間個人療法でセラピストと会ったこと，1年以上ドメスティック・バイオレンスや物質依存の治療のための集団療法に参加したことを知っておくことは大切であるが，それらは，多くの洞察を提供するものではない。その人のセラピーの経験をより深く理解するには，やはり，開かれた質問をする必要がある。以下は，価値ある開かれた質問例である。

　なぜ治療を始めたのですか，何を変える必要があったのですか？
　治療は，彼らにとって，外界ないし内界とみなしている何を変える方法だったのか？　例えば，ドメスティック・バイオレンスのためのセラピーは，外界の変化（安全な住まい，警察の保護，離婚手続き）によって，始まるかもしれないが，内界の変化（高められた自尊心，自己効力感，彼らの原家族において虐待がおそらく黙認されていたとの認識）も含むことが望ましい。洞察的な内面の変化が伴わなければ，彼らが別の虐待的関係を始めてしまうリスクは，高いのである。

　そのセラピーで，自分について何を学びましたか？
　答え自体よりも，それに到達する過程—「自分の怒りを制御する必要がある」といった表面的なものから，「何も」と気付いていないもの，「それは答えにくいですね。どこから始めてほしいとあなたは思っています？」と細かく識別できるものまで—の方が，より本質を示すこともありうる。答え方はそれぞれに，セラピーの影響力やその人の自我関与や自発性について，洞察させてくれるであろう。自我関与や自発性がなければ，治療的な進展や変化はほとんどないので，これらをアセスメントすることは，重要である。

　以前のセラピストの許に戻ることを考えましたか？
　これは，質問であると同時に，提案であるかもしれない。良い結果をもたらす治療のコースがあって，「ドロップアウト」せずに，セラピストとともにそれを終えることができたのであるならば，なぜ，そのセラピストの所に戻ることを考えなかったのか？　臨床医は，治療の移行を助けたり予期される治療への抵抗があったかどうかを知ったりするために，許可を得て，以前のセラピス

トと話し合いを持つのが，賢明である。

治療の範囲と目標
あなたの治療において，どんな変化を目指して取り組みたいですか？

遺族は，暴力死に彼ら自身を適応させることのほかに，彼らが何を必要としているのかについて，要約できるであろうか？　これは，遺族にとって，自分の治療目標をはっきりさせる機会であるばかりではなく，臨床医にとっても，治療の範囲を明確にするものである。もし，遺族と臨床医の双方が，治療の目標に，併存する精神障害，長期間にわたった児童虐待やネグレクトの問題，物質乱用，破壊的な関係，人格の問題などに対する相談を含めることに同意するならば，その時点はまさに，臨床医が，一人でそのセラピストの役割を引き受けることに同意するか，より的を絞った治療を勧めるか，を決めるタイミングである。たいていの遺族や臨床医は，複雑なケースがしばしば必要とする長期的で徹底的なセラピーに，関与したがらない。しかし，複雑なケースには，組み合わされた治療が必要であり，その暫定的な治療計画とは，問題とそれに特化した供給源——薬物療法，児童虐待に対する支持的療法，物質乱用治療，夫婦療法など——をリストアップしたものとなるであろう。

複雑な治療は，支援を得ながら行うことが，賢明である。初めに「**われわれは他者からの助けを必要とするだろう**」と認めることは，臨床医を，ケアを行う主たる者といった非現実的な役割を引き受けることから，守ることになる。

治療の目標

暴力死の経験に対する治療目標のリストは短いものであり，その治療は，焦点を絞ったものとなっている。三つの主だった目標があり（Bonanno & Kaltman, 1999），それらは，危機介入のための先行セッションで基礎とした3Pを，拡大かつ入念化したものである。

心的苦痛と障害の緩和
心的苦痛と障害を緩和することは，単に自分を安心させるだけでなく，それ

以上のものをもたらすことから，鎮静化させる以上の，より包括的な目的を有するものである。治療では，洞察を始めるに当たって，理にかなったスキーマなり，もっともらしい説明なりを提供する。臨床医は，心的外傷と別離苦痛との違い，つまり障害と苦痛がどのように違うのかを，積極的に説明する（Rynearson, 1994）。苦痛と障害は，なぜそれほどまでに打ちのめされてしまうのかを理解させる以前の心的外傷や別離の経験と，関連している。彼らは，以前の心的外傷と別離の経験において，サポートされずに独りぼっちのままであったかもしれないので，臨床医は，彼らが非常に欲していた協力者に自分がなると言って安心させて，そのことを明確化する。しかし，この治療の目的は，最近起きた暴力死の出来事を乗り越えることにあり，過去の充足されていない欲求を満たすことではない。臨床医は，暴力死の脅威を緩和するべく適応的な反応を発達させるように，積極的な方向付けを行う。乗り越えることができ始めるようになるためには，以下のような臨床の技術なり方略なりがある。

鎮静化（Pacification）—自分を安心させることとは，**リラクゼーション**につながる身体活動を通して，取り戻されたり強化されたりする。深呼吸や瞑想をしながらさまざまな筋肉を漸進的に弛緩させていく方法は，不朽の技法である。また，自分を安心させることには，静かな場面を思い浮かべるように導くイメージ・エクササイズを含むこともあろう。内面が穏やかであると認識する中で，心的苦痛の緩和と生存の実感は，始まるのである。

分割（Partition）—イメージ・エクササイズと，自分の安全と領域を再び確立するような実際の行動を通して，暴力死からの自律性は，取り戻されることになる。私的領域ないし空間についての認識—自分の「どこ」か—は，自律性に対する基盤である。否定的または心的外傷を引き起こしている思考を，自信と独立心をもたらす思考に置き換える**認知的**エクササイズによって，安心するイメージや記憶に支えられて内的空間を探求することが積極的に行われることになる。自己確認的な行為を促す**行動的**エクササイズは，屈服してしまったり無力感を抱いてしまったりした結果何もしなくなってしまうことの代わりに，自己効力感を実感できる経験を提供することになる。

展望（Perspective）—自己超越とは，自己を，心的外傷の耐え難い直接性を越えた時空に位置付け直すことで，安定して自律的にしていく力のことである。この新たな位置付けをすることで，自己は，距離をとりながらも，その心的外傷とつながりを保つことになる。さらに，そうした自己は，変化するのを観察したり，さらには変化させることに寄与できたりするのである。この新たな位置付けは，自己を建設的に再統合するのに有用であり，そこには，その心的外傷を処理していくための時間もある。展望は，心的苦痛についての時空を共有でき，しかし，穏やかで観察的であり，それをその遺族も共有できると確信している臨床医の態度と役割の中で，もたらされるものである。展望は，**再曝露**(訳注5)の手続き，つまり，臨床医と遺族が，一緒に劇的な死を再現し語り直せるようにすることで，より直接的に強化される。また，劇的な死は，絵，文書，一緒に死が起きた場所を見に行く，などのより具体的なエクササイズを通して，語り直されることもできる。そうすることで，その劇的な死は，臨床医の安定した存在と故人の生前の記憶とともに，より分離して，より穏やかな見地から，語り直されることが可能になるのである。

展望は，リジリアンスの能力を最も取り込んだり含んだりするものであり，広げたり，深めたり，他の記憶と結び付けることができる死の物語を積極的に語るに当たって，不可欠なものである。

心理療法の技法（分析的，洞察的，対人関係的，実存的，セルフセラピーなど）は，自己超越を基本的な治療の目標であると考えているが，これらの心理療法は，心的外傷あるいは損なわれたリジリアンスの治療として，特に作られているわけではない。

打ちのめされてしまうような心的外傷（例えば，帰還兵，レイプの被害者，身体的・性的虐待の被害者）の後の介入のために計画されたセラピーでは，前

訳注5）恐怖を起こさせた体験への直面化を行わせるために，その恐怖を起こさせた刺激に曝すこと。直面化することは，その体験をもう一度自分の中に取り戻し，生存者としての今ある自分を再構成していくことが可能となる。その結果，不安が減り，また，再度その恐怖を体験しないようにとの逃避や回避の行動も減る効果がある。

言語的なリジリアンスを強化することが効果的なので，リラクゼーションや認知・行動の変容を含んでいる。これらのセラピーは，的を絞った簡潔なものであり，打ちのめされてしまうような心的外傷の後に効果的である（Foa & Meadows, 1997）が，暴力死による心的外傷の場合について，系統的に研究されてきてはいない。しかし，それらは重度の心的外傷苦痛に，明らかに効果的であるので，おそらく心的外傷を受けた遺族にも，かなりの安堵感を与えることであろう。

　心的外傷に対するセラピーの中には，眼球運動による脱感作処理・再構成化法（EMDR; Solomon & Shapiro, 1997）や思考場療法（TFT; Callahan & Callahan, 1997）など，神経生物学的特異性について，非常に推論的な主張をしているものがある。これらのセラピーでは，リラクゼーションや認知・行動の変容といったよく知られた技法の使用も，含んでいる。目を急速に動かしたり皮膚の圧点を刺激したりする技法は，心的外傷の記憶の神経生物学的な統合を高めると推測されている。明らかにされた技法を徹底的に用いた治療によって，改善がみられることは，驚きではない。最近の研究では，EMDRを行うことで見られる改善に，急速な眼球運動が重要でない，あるいは関連がないとされている（Pitman, Orr, & Altman, 1996）。EMDRやTFTの有効性は，改善するであろうとの高い期待を伴いながら，多様な感情や認知を活性化させる強烈で多感覚の様式に，おそらく関連しているのであろう。

　多くのセラピーには，「他の人に対しては成功しない方法であった」との苦情が寄せられている。たいていのものは，いくらかの成功を遂げてはいるものの，最も効果的であると証明するのは困難である。読者がそのような主張に関して健全な疑いを持ち続けることは賢明であり，臨床医は，ただ一つの方法に独断的にこだわるよりも，いくつかの技法についてしっかりした実用的な知識を持つべきである。

故人との関係の継続

　愛する人の暴力死には，喪失に対する心的苦痛が加わるので，他の心的外傷とは異なっている。故人の物理的存在を取り戻すことはできない。故人に触ったり触られたりといった機会は，もはやないのである。互いに変化し合うよう

な関係が，なくなるのである。

　もちろん，その関係は終わるのだが，その一方で，関係は終わらないとも言える。遺族は，故人についての永続的な記憶を思い起こそうとしたり，思い起こされたりし続けるのである。その関係は，共有された経験の深くて広い記憶として続く。その関係についての物理的（手続き的）で前言語的（エピソード的）経験の記憶は，言語的（意味的）記憶と同様に，強烈であり，とりわけ，乳幼児期の純粋に物理的かつ前言語的な養育を体験してきた親にとっては，強烈である。それは，慣れ親しんだ眼差し，しぐさ，感触，匂い，歌，味と一緒に，記憶が戻ってくるからであろう。これらの物理的な手がかりの一つ一つは，生前の記憶に密接に関連づけられうるのである。まず，これらの前言語的な記憶が強烈に思い出され，それが，故人のより具体的な記憶を呼び起こすようになるのである。

　これは，強力な神経生物学的反応の意識的な反応である。家族を「失った」と認識することは，思考，感情，行動についての，スムーズでバランスのとれた処理過程を破壊してしまう。無意識に故人を探してしまうのは，故人を見つけるための手掛かりを機敏かつ広範囲にわたって探そうとする記憶システムによって，行われるのである。暴力死の回避とは異なり，別離は，遺族に，彼らの生前の結び付きを元通りにさせようとする。思慕なり探索なりは，安心できて安定化した愛着関係を再構築しようとの無意識の行動なのである。

　故人の鮮明な記憶を伴った愛着に近づいたり再構築したりするということは，時間の経過とともに，弱まっていく。おそらく，空想上の愛着が再び生まれることで，思慕の情なり探索してしまうことは減っていき，落ち着いたり安定したりするのであろう。とは言え，その故人の記憶は，薄れはするものの残っているものであって，遺族は，ずっと忘れない。事実，記憶は，より内在化していき，その故人を思い起こさせる特定のもの（その人の誕生日，写真，文書）によって引き起こされるものの，その後，他の思い起こさせるものがその故人の記憶を喚起させるまでは，意識にのぼらない。それぞれの記憶に伴い，それに関連した内在化した記憶がよみがえるのである。その記憶は，消去されないし，その関係も，忘れられるものではない。その人の記憶は，絶え間ない安らぎと安定性をもたらす私的な愛着として，続くのである。その記憶が内在

化されようが思い起こされようが，それは，いつもそこにあるのである。

　もっと稀なことではあるが，故人の記憶が，非常にはっきりとしたままであり，固定化され内面化された関係性，すなわちとりつかれ，となることがある。遺族は，とりつかれている時，再び愛着関係を持とうとすること—生き返らそうとしたり，暴力死をなかったものとしようとしたりすること—を自分で止められなくなる。通常，とりつかれた空想なり，再会や取り消しの行動なりは，故人に対するその遺族の特徴的な役割を誇張したものとなる。

　再現のとりつかれ（そこには，遺族の役割がない）とは異なり，とりつかれについてのナラティブでは，彼らが，その故人の死における主役である。考慮に値する少なくとも四つに分けることができるとりつかれた関係性があり，それらは組み合わされて生じることもある。

1. 再会へのとりつかれ

　再会にとりつかれる人は，故人を思い出して，関わっていたいとの欲求が，支配的になる。彼らは，彼らの愛着対象を探したり，愛着関係を再構築させたりすることに，夢中になる。生前に存在していたと想像する非常に理想化された関係に戻るようにと，不釣合いなまでの思考，感情，行動が，費やされることになる。このとりつかれは，長い間，臨床医や悲嘆についての研究者の間で，**慢性的な悲嘆**—数カ月ではなく数年にもわたって，理想化された関係に対して，悲嘆に暮れながら思慕や探索をすること—として認識されてきた。この反応は，遺族が自分の安全のために，その関係に過度に依存するといった愛着障害の二次的なものであると，推測される。

　存在している愛着を脅かすことなく，このとりつかれた関係性に介入することは，難しい。そのような遺族は，再会にばかり目が向いており，故人との関係を見直そうとするよりも，むしろ魔法によってその関係が元通りになることが，解決であると思っている。このような遺族は，彼らの心的苦痛が内的に派生したとみなすことに，たいてい非常に抵抗—再会さえできれば，彼らの心的苦痛はなくなるであろう—し，新しい関係についての展望に，脅威を感じている。固執している愛着をなくしていくこととは，彼らを見捨てられて傷つきやすい気持ちにさせることであろう。このような反応をする遺

族に対して，他の遺族は，故人の代わりに彼らに向けられるようになった愛着の要求を重荷に感じ，カウンセリングを受けるようにと，しばしば主張するようになっていく。

2．自責の念へのとりつかれ

　自責の念にとりつかれた人は，破壊された愛着を，まるで個人の失敗であるかのように関連づける。彼らは，故人の記憶に思いを馳せたり，その記憶に慰められたりする代わりに，自らの不注意のために暴力死を防げなかったとみなすのである。彼らはしばしば，自己非難の思考，感情，行動に結び付く，～すべき（私は～すべきだった，私は～すべきでなかった）ということばかりに取り残されてしまう。そのような非常に統制的な役割を続けることで，その死をないものにしたいという彼らの欲求は，彼らを，心を安堵させる記憶から遠ざけてしまうことになっている。彼らが故人を思い出す時，彼らは，自分の無責任さに過度な罪悪感を抱き，自分の失敗を恥ずかしいと感じてしまう。このとりつかれは，その焦点とエネルギーが自虐的であり，また，自分が助けてもらうに値すると感じさせるのを困難にするため，心身を疲れさせることになる。

　再会は，その死についての空想上の取り消しであるが，自責の念へのとりつかれは，破壊的ではあるものの，自己を変えようとする積極的な努力が存在している。死は否定されず，自責の念で満たされた関係性の中で，自分が奇跡的に守られることはない。遺族は，暴力死の現実を受け入れるが，起こったことに対する償いとして，自分を犠牲にしようとする。自責の念に対する究極の償いは，想像上，自分を故人に置き換えることである。自責の念を抱いている遺族が，繰り返し「私が死ぬべきだった」と言うのは，よくあることである。

　このとりつかれには，そのナラティブにおいて自分の役割があるので，より建設的に自己修正していく可能性がある。こうした遺族は，故人の死と同様に，故人の生前の記憶に関連づける自分の役割を想定している。それゆえ，臨床医は，修正されうる役割でその遺族を含むナラティブになるよう，的を絞っていくことができるのである。

　介入での目標は，失敗と恥ずかしさの感覚に浸るのを少なくさせながら，

語りの中でのとりつかれた哀悼者の役割を，より創造的で再建的な役割へと広げていくことである。この自己拡大の作業は，遺族が，保護者ないし養護者としてうまくやっていた頃の過去の体験を語り直すことによって，始まる。それらの養育の記憶を語り直したり詳しく述べたりすることは，元気を取り戻させるかもしれず，とりわけ，積極的に献身してきた日々を思い出す親にとっては，そうであろう。とは言え，自己献身を思い起こすことは，欲求不満や怒りをも含んだ気持ち—保護したり養育してきたりした努力が，無視されたり感謝されず，ついには，無駄であったということ—を伴うことにもなる。

　これらの遺族にとっての，自責の念，罪悪感，羞恥心とは，暴力死が起きる以前からおそらく存在した特徴的な反応だったことであろう。何かストレスフルなことが起こった際，過度に自己統制したり直ちに自己非難したりしてきたことがあったかもしれない。自己統制的であり深く自責の念を抱いている遺族にとって，彼らの怒りなり非難なりは正しいかもしれないものの，そのすべてを自分に向けなくてよいと認められるようになることは，安堵感をもたらす。

3．過保護へのとりつかれ

　過保護にとりつかれた人は，あたかも破壊された愛着が彼ら自身や残された家族成員に内在しているかのように，その破壊された愛着と関係を持ってしまう。彼らは，暴力死が再び起きることを，強烈に執拗に心配する。彼らの思考，感情，行動は，再び起きることがないようにと，常態的に非常に用心深く警戒的になる。故人についての記憶よりも，再び起こりうる死の可能性から残された家族の安全を守られなければならないということに，関心が向いている。

　この過保護のナラティブにおいては，その遺族は，献身的ではあるものの意味のない見張り人の役割を引き受けることになる。その人の保護は，故人の記憶や遺族のニーズとは関係がなく，されている側の遺族はしばしば，侵入的でつきまとわれた感じの監視や近くにいてほしいとの要求に対して，抗議することになる。この強迫的な保護は，「私は，耐えることができないこと（われわれのうちの誰かも死ぬであろうこと）から，われわれを保護ないし

予防できる」と置き換えたものであり，恐れなり無力なりが，逆の形になって現れたものである。過保護は，暴力死の前からおそらく存在していた性格特徴であり，以前からの強迫性障害ないし不安障害と，関連しているかもしれない。

　そのような人々は，予防という外在化された強迫性にあまりに関与する結果，彼ら自身の心的苦痛に気付かない。他の遺族も失ってしまうリスクは皆無ではないので，彼らの過保護の思考，感情，行動を中断させるのは，難しい。彼らが安全であると感じられるようになるにつれて，心的苦痛は少なくなっていく。この過保護であることへのとりつかれは，子どもの暴力死を経験した親においては，頻繁に生じるものである。残された子どもは，非常に短い鎖につながれることになる。その子どもがある程度の年齢であるならば，彼らは，自分の独立性なり領域なりを失うことになり，異議を唱え始めることになる。

　過保護へのとりつかれに対しては，安全についてのきまりを家族全員が一緒に考案するのを助ける家族介入が，より効果的である。

4．報復へのとりつかれ

　報復したいとの思いにとりつかれた人が故人を思い出す時，彼らは，冷酷な怒りを感じる。この怒りは，その犯人を熱心に捜して殺害することで仕返しをしようと，外へ向けられる。その死に関わる彼らの思考，感情，行動が，警察や裁判所における捜査や判決に参加させることになるが，彼らは，刑事司法機関が熱心でないことに我慢できない。まるで，統制していくには，彼らがあらゆる細部を監視する必要があるかのように，かなり込み入った要求がなされる。

　彼らの復讐や報復への欲求が，あまりに彼らの注意を使い果たすことになり，それが，その死や彼ら自身の悲しみを認めることを妨げることもありうる。彼らは，訴訟についてあれこれ要求することに追われて，自分の脆弱さや痛みを受け入れることを，自分に許容しないのである。彼らはおそらく，故人が他界する際の無力さと不名誉を取り消すことで，自分自身，そして，その愛着を自分の思い通りにする役割を，取り戻そうとしているのである。

　自殺と報復は，相容れない関係にある。自殺の場合，報復心の強い遺族は，

捜し出して罰する生身の犯人がいない死によって，激怒したまま置き去りにされてしまうことになる。もちろん，自殺が起きる時にはいつでも，怒りが存在しているのであるが，報復が外的に強化されたりあるいは報復のために捜査されたりはしないのである。あまりに激怒して報復心が強い結果，その死を自殺として受け入れたがらない遺族もいる。当局と遺族の意見が一致せず，その死は殺人ないし事故であり，誰かを見つけて罰しなければならない，と主張する遺族もいる。

　臨床医が介入するのは，非常に難しい。報復にとりつかれた人は，自分を，過ちを正す訴訟代理人とみなしている。ある種全能的とも言えるこの関係性において，彼らは，その死における彼ら自身の役割をほとんど省みようとせず，そのナラティブを語り直す試みでは，捜査ないし未解決の裁判についての事実を列挙することになる。彼らは，司法取引の手続きや裁判の結果投獄された者が仮釈放されることに怒りを感じ，彼らを失望させた刑事司法制度に対して，痛烈な報復を始めることになるかもしれない。復讐と報復に対する過度の関心は，故人の記憶を曇らせてしまう。

　臨床医は，報復のナラティブに押し流されてしまわないようにして，遺族の表出されない悲しみや無力感を吐き出すよう，間接的に遺族に働きかけていく。この作業は，非常にうんざりする場合がある。力強くて統制力を有する報復者としての役割を止めさせて，悲しく圧倒されてしまう感情を認めるのを助けることは，至難の業である。

故人との関係の回避

　臨床医を最も困らせるのは，心的苦痛をまったく示さず，暴力死についての記憶をまったく語らない遺族である。

　回避は，暴力死を最小限認めた心の状態である。否認は，その経験のすべてを否定すること，つまり，暴力死が起きなかった，とすることである。したがって，否認と回避は，同じではない。否認は，成人の遺族ではきわめて稀であるが，非常に幼い子どもは，暴力死の記憶を消して，想像上で愛着を維持することができる。

　回避とは，暴力死を認識してはいるものの，その影響を認めない状態であり，

すなわち，その死を何の影響もないかのように扱うことである。彼らの思考，感情，行動のパターンは変わらず，自分や将来に対する見方も変わらない。その暴力死が非常に衝撃的であったのではないかと示唆しても，彼らは，それに同意しない。

暴力死の後の数日間ないし数週間，遺族が，自身を否認や回避で守ることはよくある。遺族は，自分が麻痺していることに気付いていないかもしれないが，「健忘」（全健忘または部分健忘）の状態は，おそらく暴力死の記憶を和らげたり無感覚にしたりして心を保護する麻痺なのであろう。薬物や酒にも，同様の効果がある。遺族の誰かや友人が，その人の反応性のなさなり，その出来事に対する無関心さなりを気にするようになるのは，否認あるいは回避（そして，時には物質乱用）が，何カ月あるいは何年も続いてからのことである。回避が続いていることが気付かれないまま，遺族は，しばしば何年も過ごしている。

否認と回避は，ともに取り消して感じられなくすることである。これらの取り消された状態については，いろいろと書かれているが，実際には，ほとんど分かっていない。心的苦痛を減らしたり消したりするこの過程を，説明したり測定したりするのは，困難である。「否認と回避は健康的でなく，それを止めさせるように直接的に働きかける必要がある」というのが，強力で広範囲で支持されている意見であり，中には，それが役立つ事例もある。しかし，直接的な働きかけはたいてい効果がなく，臨床医と回避的な遺族が，その目的を理解して，その機能を置き換えることができるようになる前に，急激な変化を要求することは，おそらく賢明ではないであろう。

暴力死の後，非常に回避的になった遺族の結果を明らかにした長期にわたる研究は，なされてこなかった。事例報告の中には，心的苦痛や暴力死の記憶と関連したものが（しばしば，その後の死の経験が引き金となって）数年後に表面化されたと記述しているものがあるが，これらの事例はおそらく，回避したままであったり心的苦痛を示さないままであったりした遺族のうちのごく一部について，示したものであろう。

激しい悲嘆と心的外傷の侵入に対するセラピーには，いろいろな方法がある一方，それとは別の臨床的問題として，回避の治療のための方法は，何もない。しばしばあることだが，回避と侵入が一緒に存在している場合，その遺族が，

ストレス緩和や侵入を減少させる再曝露に積極的に参加することで，回避が少なくなっていく。しかし，回避それ自体は，おそらく特定の神経生物学的現象なので，自然に収まるまでは，介入に抵抗し続けるのであろう。

意　味

意味の記述と定義は，非常に漠然として紛らわしいものになりうる。しかし，われわれの目的は，実践的かつ臨床的なものなので，暴力死の後の遺族が意味を再構築することに限定して，考えることにする。

証明できる事実や論理的な説明の正しさを客観的に調べることは，メディア，警察，裁判所では重要であるが，それは，完璧な意味ではない。遺族にとっての意味には，暴力死にもかかわらず，主観的には生きている感覚が含まれている。主観的な意味は，遺族に，彼ら自身が引き続いて生きていく力のなかで，暴力死の経験とのバランスをとったりそれを混ぜ合わせたりすること，すなわち，その死の記憶と一緒に生き続けること，を可能にする。意味は，その死の経験に没頭してしまうことから，肯定的な人生経験にしっかりと結び付くことまで，その展望に対して広がりをもたらすものである。

生きることの主観的な意味は，人生を確かなものにする本質的な価値，すなわち，尊敬，思いやり，信用，約束，利他主義，に基づいている。これらの人生の肯定的な価値は，行動に移されなければ，単に虚しいだけの言葉である。暴力死は，非道徳的である。つまり，それは何かが欠けているというだけなく，中傷，法律違反，破壊，生きることに対する憎悪または無関心といった行為を通して，価値の存在をも消滅させるのである。暴力死という行為によって，本質的な価値が崩壊させられてしまうので，暴力死は，生きる意味を傷つけることになるのである（Rynearson, 1981）。非常に破壊的で残酷な行為と結び付いた生を甘受することは，難しい。

重要でない死と重要な生との間に，意味のあるつながりを作っていく困難さを極端に示した例が，ホロコーストの生存者の口述証言において，記録されてきた。ローレンス・ランガー（Langer, 1991）は，何千もの視聴覚機器で記録されたものを検討し，これらの口述によるナラティブと，記述されたナラティブとを比較している。口述証言は，打ちのめされてしまうほどの直接性を備え

たホロコーストの記憶を示しており，すなわち，記述に伴う文体，比喩的描写，年代順の配列，首尾一貫性，道徳的見解による変容が含まれていない。彼は，これらの口述証言は，生存することよりもむしろ剥奪，すなわち，生きることに肯定的価値がないということ，についての語りであるとして，それらの口述証言がどんなものであるか―このような大規模な残虐行為についての記憶を伴った人々は，再度，生を信じたり生に関与したりできないということ―に耳を傾ける必要があると，主張している。彼らは，残虐行為によって著しく人間性を損なわれてしまった結果，修復できなくなってしまったのである。彼らは，いかに試みようとも，生きる喜びと十分に再びつくことができないのである。

とは言え，死の記憶を超えた主観的な意味を見つけたいとの欲求は，存続し続けている。主観的な意味は，現在生き続けていることに対して，構造と方向性を与えるものである。そして，この構造と方向性は，二つの特有の人間の能力，すなわち，言語の一貫性を通じての経験の意識的な整理と，行動を方向付ける意識的な選択，によって決まるのである。意識は，象徴的な言語や選択的な行動を通して，超越的な意味を生成する。これら人生の肯定的な言葉と行動が，意味のある修復的ナラティブの基礎である。意味は，暴力死のナラティブの結末を作ることはないものの，暴力死を含みながらも生き続けるナラティブを始めさせるのである。

言　語

暴力死は，その直接性と身体性ゆえ，人を打ちのめしてしまうものである。遺族は，表現しがたい恐れから自分を守るための距離なり枠組みを持っていないため，その想像上の再現で，疲れ果ててしまうのである。

恐れと暴力死が言語表現されない時，それらは，ばらばらの状態である。言語表現すること，主観的な意味，修復されることとの間には，密接な関連がある（Lakoff & Johnson, 1980）。恐れを言語表現したり，暴力死について語り直したりすることを通じて，直接性や身体性と独立した経験を含む象徴（ことば）やナラティブ（首尾一貫性）が，創造されるのである。言語表現したり語り直したりすることは，その経験に対して，仲介された関係性を与える。言語表現したり語り直しがなされたりすることで，その経験は存在し，かつ，存在しな

いものになる。言語を通じて，死の経験は，時空の配列の中に位置付けられ，客観化されるようになる。象徴的で想像上での見直しと修復を通じて，その経験は，主観的な意味とともに，変わりうるのである。

　臨床医は，遺族が恐れに耐えたり恐れの感情を抑えたりしていることを聴いて助けると言って，その暴力死を，言語表現してみたり語り直してみたりすることを勧めている。しかし，その暴力死を，繰り返し言語表現したり語り直したりするのは，とりつかれの形態である。修復的語り直しは，その死を取り囲んで相殺する活気があり人生の肯定的な経験を，言語表現したり語り直したりすることを含むものである。

行　動

　生命力は，生きることの相互作用の中で，表現されたり影響を受けたりする。慈しみ，利他主義，協力―すなわち，尊敬と信用の態度で支えられたもの―の行動は，主観的な意味を活性化する源であるかもしれない。

　極端な例として，暴力死の後，親は，子どもを失ったことに反応するだけでなく，ケアをする親でなくなってしまったことにも反応する。ある人にとっては，親であることが主たる生きがいであるかもしれない。そうした彼らが，彼らの未来に対して統一感や一貫性を持つためには，誰かのケアをする必要があり，このような関係性がないと，彼らは，弱くなってしまった，無用になってしまった，と感じてしまう。この極端な状況においては，彼らがそれまでに見出してきた他者関係の中での彼らの生の主観的な意味が，なくなってしまっているのである。

　暴力死に向けられた行動は，直接的には，人生の肯定的価値を含むことができない。報復しようとする親や残された家族を保護しようとする親は，その死を反対方向に向けたり予防したりすることに懸命になっているわけだが，その行動は，そのいずれの場合も，生きることに向けられてはいない。臨床医は，生きることを遠のけてしまうこれらの行動に加わることについて，自分がどれほど無意味で無益と感じているかを説明することができ，セラピーでは，その死以外の価値や生きることへの関わりの感覚を扱う，と力説できるのである。

　もっと一般的な例として，その他者の人生を重んじるに当たって，われわれ

がいかにすべきかについての知覚できる表現形態とは，敬意を表しながら誠実にしっかりと関与して，他者と交流することである。価値観は，生物学的な遺伝よりも意識的な選択によって，決められる。価値観は，自由意志によるものなので，その価値観に基づいた行動が，その現実性を確実なものにする。その人の価値観を確信できるようになるのは，ある人と時を越えて交流した後，すなわち，単に「話を話す」のではなく「歩道を歩く」といった行為の後である。言葉とは，その関係性の中で行動化されなくては，中身がないものである。

　修復とは，その故人の死と生についての私的語り直しの目標を超えて，外界に向かい，そのナラティブの記憶から離れていくことである。臨床医は，遺族に，彼ら自身とその暴力死についての記憶を越えて，生きていくことについての意味ある結び付きを修復するための生成的な相互作用に自分を再び関わらせるよう，励ましていくのである。この価値を確認して再び結び付く方法は，人それぞれである。バレリー，チャールズ，バーバラは，地域社会の人を助けることに意味を見つけたし，一方，ロバート，ラルフ，パットは，彼ら自身が新たに作った家族を養育することに専念し，また，マギーは，自分の家族にもはやしがみつくことなく，従前どおりに教会に行って重要な儀式に参加するようになっていった。

　ジュリーが死んだ後，私もまた，自分の価値を確認する関係性を見つけた。幸いなことに，私には，私に肯定観を与えて支えてくれる家族がいた。加えて，私の臨床医としての役割が，ジュリーやジュリーの死についての私の記憶に対して目的意識や一貫性の感覚を与えた。

　本書を綴ったり暴力死に関して教えたりすることが，私自身の一貫性のなさを相殺する言葉や行動を与えるもう一つの方法となっている。患者をケアしたり，他の臨床医のために暴力死の一貫性のなさを明確化させたりすることは，ジュリーやジュリーの死についての私の記憶に，意味を再構築することなのである。それが，彼女が覚えられていてほしいであろう方法なのである。

第7章

修復的語り直しに特化した介入

　以前は，愛する人の暴力死の後，非常に心的苦痛を感じた遺族が，彼ら自身どうしで助け合っていた。臨床医には，それに特化した介入方法がなく，セラピストの不適切な示唆，すなわち，遺族の苦痛はその暴力死の以前から存在していた何らかの根深い問題に関連しているということ，に多くの遺族が不満を抱いた。遺族は，その死にもっと関連した即座の助けを必要としたので，互いをサポートするためのミーティングを始めた。

　1960年代から70年代において，サポートグループを推進する社会的運動が広がった。心的苦痛を感じた人たちのグループは，共有された問題に対して相互に援助するために集まったが，そのグループは，犯罪被害者のほか，殺人，自殺，交通事故死による遺族をも含んでいた。こうしたグループは，主要都市に生まれていった。これらのグループで共有された目的とは，互いに助け合うことと同時に，政治的なものでもあった。ベトナム戦争時代の社会不安が，この政治的な積極的な活動を促進させたのかもしれない。人々はサポートグループに参加することで，語り直しに対する聴き手になったり他者を助けたりする好機を得ただけでなく，社会変革を起こす勇気も持つようになっていった。サポートグループのいくつか（例えば，飲酒運転反対の母の会，子どもを殺された親の会，自殺遺族の会）は，1970年代後半までに，多くの遺族を助けたり法律改正のためのロビー活動を助けたりする活動を行う全国組織のネットワークを持つまでに，発展していった。

　これらのグループにおける支援活動は，主に擁護すること―メディア，警察，被害者支援法，裁判，時に刑務所と対応する際，困惑したり無力になったりしてしまう遺族を擁護すること―であり続けている。その擁護や積極的な運動は，

故人や故人の死についての記憶に対する内的な見方よりも，むしろ現実的な外的変化に焦点を当てている。

　1980年代に，犯罪被害者のための基金を提供することや，警察や検察当局が被害者の擁護業務を行うことを義務化した法律が，制定された。今日，米国中の主たる刑事司法プログラムでは，犯罪の捜査と裁判の間，その遺族に対する擁護を提供しているが，それは，その範囲を超えるものではない。また，自殺という，故人が加害者でもある場合の暴力死の場合，その遺族に対する支援はない。被害者の支援ワーカーは，捜査や裁判の間，一時的に遺族をサポートする義務を負うが，それは，遺族の心的苦痛に主たる関心があるからではなく，法の処理過程において，その遺族に，目撃者なり参考人なりとして協力し続けてもらうためなのである。

　仲間どうしで行っているサポートプログラムでは，そのサービスはより包括的であり，月1回のメンバーを固定しない相互のサポートグループを提供している。参加者は，先月以降の経験を語り直すよう勧められる。しかし，その暴力死がいかに彼らを変えたかを考える時間は，十分でない。そのミーティングは，サポートを提供するものの，それは治療ではない。非常に心的苦痛を感じている遺族は，擁護と積極的な活動を通じてエンパワーメントされるかもしれないが，それらは，彼らの強烈な心的外傷と悲嘆を解決するには，十分でないかもしれない。

修復的語り直しのための集団介入
犯罪被害者遺族サポートグループと修復的語り直しグループ

　1978年，私は，シアトルで新たに作られた暴力死の遺族のためのサポートグループの代表に，接触する機会を得た。私は，そのグループのメンバーの一人を治療してきて，互いに助け合うそのグループの関与に，非常に感銘を受けた。話を聞いて，われわれはお互いから学べるかもしれないと思い，私は，彼らの互助グループのコンサルタントになることを買って出た。私は2年間，精神科のアセスメントのためにリファーされた何人かのメンバーを診察し，さらに，彼らの月例のサポートグループ・ミーティングに出席した。

精神科医として私は，セラピーにおけるグループの相互作用の強力な効果を確信していたので，これらのグループがいかに助けるのかを学ぶことに，熱意と意欲を持って参加した。私は，グループが，そのメンバーのためにいくつかの特有の経験を提供していると知り，その経験の中に，以下のようなものを見出した。

1. **普遍性**—すべてのメンバーが，暴力死で誰かを失っており，そのことが，仲間意識を浸透させ，スティグマを減らしていた。
2. **利他主義**—積極的に助けられたり助けたりして，すべてのメンバーが，互いに助け合うことができていた。
3. **代理学習**—自分が語り直したり，他のメンバーの語りを聴いたりして，すべてのメンバーの理解が深められていた。
4. **結束性**—メンバー一人ひとりの幸福が，他のメンバーにとっての関心事であり，その結果生じるグループの士気が，「一緒にこれを乗り切る」ことを確実にしていると，すべてのメンバーが認識していた。

ミーティングでは，ほぼ毎回，「このグループは，人とつながっていたり，人に理解されていたりすると，自分に感じさせてくれた」と，自発的に述べる者がいた。私は，15〜20人位の同じメンバーが，休むことなく参加していることにも気付いた。絶えず参加している人とは，その組織の職員（ミーティングは代表の家で開催されていた）と何年間もサポートミーティングに参加しているメンバーであった。

3〜4セッション参加して戻ってこなくなった一時的なメンバーがおり，1回しか参加しない人も多かった。明らかに，この種のサポートグループは，万人のためのものではなかったし，今後も決してそうではないであろう。グループに参加している見知らぬ人々の前で自分の私生活を明かすことを考えて引き起こされる予期不安が，サポートグループや集団療法の脱落率を高めているのである。新しいメンバーには，サポートグループに入る前に，このような方法で彼らを助けるということを，十分理解させておく必要がある。

私は，なぜ，あるメンバーが脱会できないのか，そして，メンバーになって

もよさそうな人がなぜ参加しないのか，と不思議に思った。ある長期にわたって参加していたメンバーは，暴力死に関係のない問題—社会のネットワークから被害を受け孤立しているという終生続いている問題—をどうにかしようと夢中になっており，そのサポートグループが，家族の代わりとして役立っているようであった。また，他の長期にわたって参加していたメンバーの中には，殺人事件に激怒し，自分自身のために報復と正義を見つけると決心して，政治上，立法上の変化をもたらすためのサブグループを結成する者もいた。一方，数セッション出席して，その殺人の話を簡潔に語り直すことができてよい気持ちになり安堵したと感じて，グループを去っていく遺族もいた。

　最も関心があったのは，ミーティングに1回しか参加せず，戻ってこなかった遺族についてであった。グループは，各メンバーの自己紹介の方法として，殺人について語り直したり他者のその話を聴いたりすることで始められるのであるが，彼らは，それを心地よく感じなかった。新しいメンバーの中には，他のメンバーの話を聴いて，非常に打ちのめされてしまい，彼ら自身のことを語るのを避けるために，グループから飛び出してしまう者もいた。

　自分の家族の暴力死によって非常に傷ついた新しいメンバーは，他の人が語る話に含まれている心的外傷を自分の場合と比べながら聴くことに耐えられないのではないか，耳障りなほどに報復を要求してみたり注意を引いてもらえるように哀れっぽく泣き言を言ったりするメンバーに支えられているとは感じられないのではないかと，私は思った。私が，そのグループのリーダーにこの印象を伝えたところ，彼女も同様に感じていたので，われわれは，心的苦痛をそれほどには感じていない人にはグループを，非常に心的外傷を負っている遺族にはサポートグループを検討する前に個別のサポートを勧めるよう，より選別を行っていくよう試みることにした。

　私は長年にわたって，このサポートグループとの関わりを保ってきたが，距離は置いている。彼らのリーダーシップは（たいていのピア主導の組織同様）変化してきており，彼らのサポートミーティングで起こることを予測するのは，困難である。ピアグループでは，その参加に当たって系統的なスクリーニングが行われず，参加するよう勧誘する以上の準備はされていないし，また，彼らの相互作用によって再現可能な理論的根拠，計画表，目標もないので，そのサ

ポートグループの介入において，現実に何が起こるかは，常に不確実なのである。メンバーを固定しないサポートグループは，誰に対しても開かれており誰をも歓迎し，自然発生的に出てきた話題は何でも，そのグループがその話題に注目することができる限り，一緒に考えようとする。しかし，ほとんど構造化されておらず，そこに参加する前の準備もほとんどなく，新たなメンバーすべてのニーズに合うサポートグループが見つかるかどうかは，疑わしい。

　この経験は，グループという形態が，暴力死についての話を語ったり語り直したりするに当たって，影響力のある設定であり，共感とリジリアンスの豊富な源を与えるということを，私に教えた。しかし，私は，その有効性は，より明確に述べられる焦点と目的を伴うことで，一層高められうると思った。医学や精神医学で訓練を受けた私は，臨床問題を扱う際，方略あるいは計画に従うようになっていた。私は，期間限定の形態の理にかなった計画表を伴った介入を体系化したが，それは，潜在的なグループメンバーに対する語り直しのための一貫した計画表を含むのみならず，他の臨床医でも，同様の介入を行えるようにしたものであった。また，私は，仲間どうしが行っているサポートグループのサービスの中に，「捜査や裁判の最中にメンバーを擁護するもの」と，「犯罪それ自体を超えて広がってしまったメンバーの心的外傷と別離苦痛に対して心理的サポートを行うもの」との間に，自然な分かれ目があることに気付いた。臨床医である私には，社会運動家の役割を引き受ける用意はなかった。法律や刑事司法制度における外的な変化を要請することは，私が行うことではなかった。

　私は，擁護と心理的サポートの目標を，時間と焦点の当て方から，おおよそ分離できるものとして思い描き，犯罪による死の直後には，擁護に重点を置いたグループを (Rynearson & Sinnema, 1999)，そして，その犯罪という出来事ばかりに気をとられることが減り，より自分に注意を払えるようになってきた時には，別の心理的サポートグループを提供することを提案した。擁護とは，犯罪による死（殺人，交通事故死，その他の事故死）の後の遺族のためのサービスであったが，心理的サポートグループは，自殺による遺族をも含んだサービスであった。

　私は，サービスと暴力死の後の遺族の適応についての自然論的な研究を提供

する，長期に及ぶ地域社会プロジェクトを思い描いた。長期間の不適応を予防するために，暴力死の数カ月以内に，非常に心的苦痛を呈する遺族を特定したいと思った。

　1988年，私は，暴力死の後の遺族のための地域密着型のサポートプログラムの展開に協力するとした警察，検察官，検死官，被害者サービス，ボランティアの聖職者，サポートグループ，精神衛生センター，緊急クリニック，犯罪被害者補償の代表を含めて，地域での会合を開催した。そして，彼らの合意と関与によって，1989年に不自然死に対するサポートプロジェクトを開始した。

　この10年間に，われわれは検死官の記録から，千人を超える暴力死の遺族に接触して，一緒に取り組んできた。この人数は，かなり多い印象かもしれないが，援助の対象となった遺族の，ほんの一部（10％未満）に過ぎない。援助を求めた人たちは，損害賠償請求やメディアや裁判に対する擁護に関してのガイダンスを必要としていた。一方，非常な心的苦痛のために，直接的な心理的サービスを求めたのは，ごく少数であった。

　暴力死の後の遺族の長期間の予測研究に従事した他の臨床研究者と同様，われわれは，その死が起きた1年目に遺族に見られる回避に対して，欲求不満を抱いた。われわれが接触する遺族の多くは，われわれの気遣いに感謝する一方で，われわれのサポートの申し出に興味を示さない。彼らの回避は，彼らにとって最善なことかもしれないが，研究者としての私には，欲求不満を起こさせるものである。なぜならば，それは，彼らがどのようにリジリアンスを残しているかについての私の理解を遠ざけてしまうからである。私は，彼らが対処できない時に介入を提供するのと同じ位に，彼らがいかにうまく対処しているかを定義することにも，興味を持っているのである。

　われわれのプログラムに参加することになった遺族には，彼らのリジリアンス，心的苦痛のレベル，緊急のニーズをアセスメントするために，半構造化面接がなされることになる。いつ，どのように介入するのかについて検討するのは，彼らが安定して，彼らの家族に面接してからである。もし，彼らが非常に心的苦痛を感じており，期間限定の集団介入への参加に同意するならば，彼らには，一連のベースライン・テストが行われることになる。グループに参加する前に，メンバーは全員，抑うつ，心的外傷，物質乱用，外傷性悲嘆の併存に

ついてのスクリーニングを行う標準化された自己申告尺度のテストバッテリーの測定（巻末の付録参照）を終えることになっている。これらの測定は，介入後，その変化を記録するために，再び行われている。われわれは，援助を求めてきた遺族に，強く持続する心的外傷苦痛と悲嘆苦痛が存在することを確証した数本の臨床論文を発表しており（Rynearson, 1984; Rynearson & McCreary, 1993），現在，われわれの介入の有効性についての結果データを，収集しているところである。

われわれのプロジェクトは，二つの構造化された時間制限のあるサポートグループ―擁護グループ（**犯罪被害者遺族サポートグループ**）と心理的再処理グループ（**修復的語り直しグループ**）―を開発し，そのマニュアルを作成した。各グループは，週1回2時間，計10セッションである。グループ定員は10人で，新しいメンバーが途中で入ってくることはない。そのグループが終わった後も，彼らが（捜査や裁判が継続中であるがゆえに）引き続き擁護を必要とするならば，あるいは（心的外傷苦痛または別離苦痛が持続しているため）非常に心的苦悩を抱えているままであるならば，新たなグループに，再び参加することもありうる。自殺の後の遺族は，犯罪被害者遺族サポートグループによる介入ではなく，修復的語り直しグループ（殺人，事故死，自殺によって心的苦痛を抱えている多種のメンバーで構成されているグループ）に入れられる。各介入のための計画表は，巻末の付録に記載されている。

これらの構造化された期間限定のグループには，以下のようないくつかの明白な利点がある。

1. スクリーニング過程は，非常な心的外傷を負ってリジリアンスがなくなってしまった遺族が，さらに心的外傷を負わせることになるかもしれないグループに入ることから，守ることになる。加えて，それは，臨床医が別の介入を必要とする併存障害を同定することにもなる。
2. 構造化された時間制限のあるプログラムにおいて，遺族は，そのグループの明確な作業モデルと計画表，さらには定められた期間内での達成目標を与えられることになる。これは，心的苦痛を感じている際，非常に安心できるものである。メンバーは，「**グループを始める前に，これか**

らの10週間で，話し合うこと，そして，それがどのようにあなたを助けるのかについて，あなたに理解してもらいたい」と言われる。
3. 短期間のグループは，暴力死の影響以外の問題を含めないことにしている。メンバーは，「われわれは，暴力死の危機に対してあなたを助けるために，ここにいる。他の心的外傷を無視するわけではないが，われわれには，それらの心的外傷に時間をかけたり注意を払ったりはできない。だから，このグループ外で，その問題についてあなたを助けてくれるような誰か他の人をも，準備しよう」と言われる。
4. 介入には，はっきりとした始まり，中盤，終わりがあるが，その介入とは，終わりではなく始まりであり，すなわち，彼らの修復は，これらのグループによって終わるというよりも始まること，そして，そのグループが終わった後も，新たなグループに再び参加しうることを，メンバーは知ってから，グループに参加する。

これらの特化した介入は，同時進行の個人療法や集団療法と組み合わせられたり，持続する心的苦痛の緩和のために，それほど頻繁には会わない長期間のサポートグループに引き継がれたりするかもしれない。

いずれの介入についても，その計画表と形態は，強制的に従わされる固定した枠組みではなく，むしろ枠組みを再構築していく方法になっている。グループには，それ自体のバランスを保ったり見つけたりするために，それ自体の自由が必要である。しかし，セッションの秩序を監視しておくことは，重要である。この介入は，リジリアンスと結束力を強化する初期のセッションから，困惑を明らかにしていくセッション（刑事司法制度に対するオリエンテーションまたは心的苦痛のモデル），ストレッサーに各メンバーを再曝露させるセッション（実際の裁判への出廷，衝撃的な発言や追悼や死についてのイメージを含む），変化を統合する最終セッション（家族の強化とお別れの儀式）へと，進んでいくものである。

修復的語り直しのための個別介入

　暴力死は稀なことなので，臨床医一人で，暴力死の後の遺族へのサポートグループを始めるのは，困難である。加えて，多くの遺族が，グループを自分たちの支えになると考えているとみなすのも，不自然である。むしろ彼らは，個別のサポートを好むのである。個人療法は最も一般的な介入であるが，暴力死の後の遺族に対するその有効性を検証した研究は，なされてきていない。暴力死に特有の影響なりその取り扱いについての訓練を受けた臨床医はほとんどおらず，彼らはおそらく，信頼関係と語り直しをするための安全な設定を介して，遺族をサポートしているのであって，愛する人の暴力死に伴う悲嘆の特有の影響に対して，構造化された働きかけを伴ってはいないであろう。十分なリジリアンスとは，信頼関係と，特別に注意を払わなくても修復ができる安全性に支えられて，再構築されるのである。われわれは，自然死でない人々のサポートプロジェクトにおいて，自分から問い合わせてきたり，あるいは，特化していないサポート的な個人療法で効果が見られなかったために，その結果その担当のセラピストからリファーされてきたりしたリジリアンスのない遺族を，治療してきた。もし，彼らの個別介入において，心的外傷苦痛と修復の効果にもっと焦点を絞っていたならば，その介入は，もう少しうまくいっていたかもしれない。

　個別サポートにおいても，グループにおいてと同様，修復的語り直しの枠組みを，時間制限のある計画表として使うことができる。われわれのプロジェクトは，個別介入としての修復的語り直しを提示するマニュアルを開発してきた。個別介入は，修復的語り直しの集団介入とほぼ同様のスクリーニング過程と計画表に従うものである。個別セッションは1時間であり，リジリアンスを強化するセッションで始まり，修復の目標を明確にするセッション，追悼と死のイメージ（再曝露）のセッション，生きることの意味づけと生きていくことを強化する最終セッションへと，続くことになる。この個別介入は，グループで見られる相互作用の利点（普遍性，利他主義，代理学習，結束性）を欠いているが，その一方で，より適用しやすく，同程度に効果的であろう。それは，時間

制限のある介入であり，しばしば参加者が好む明確な目標と終わりが示されているといった点で，グループ同様の長所がある。

個別介入のための計画表

構造化面接とスクリーニングの測定は，以下のとおりである。

- セッション１：リジリアンス―定義とそれに関わるスキルの向上
- セッション２：解決の鍵となる概念―心的外傷苦痛と別離苦痛の定義
    1. 修復的語り直し（モデルと目標）
    2. 追悼のための準備
- セッション３：故人の生前の話（写真，文書，ビデオなど）
- セッション４：故人との関係（始まり，中盤，終わり）
    1. 死の概念（自分と故人）
    2. 精神性？の概念（意味）
    3. 死のイメージに対する準備
- セッション５：修復を始めるために，死のイメージについての描画を検討（救出，再会，諦め）
- セッション６：死の記憶との関係
    1. 克服 対 回復または報復
    2. 生きて再び取り組むこと 対 崩壊
- セッション７：生きることの意味と生きることに再び取り組むこと
    1. 書くこと，描くこと，読むこと
    2. 活力をもたらす社会資源
- セッション８：語り直しを統合し強化するための家族ミーティング
- セッション９：再び結び付ける儀式（頻繁な追悼）―家族を含むこともある
- セッション10：終了
    1. 修復的語り直しに対する現在進行中の「計画表」
    2. スクリーニング測定を繰り返して（結果を）比較

この計画表は，その有効性が検証されたプロトコールとして，提示すること

はできない。これらの話題や課題が改善に役立っているのか，役立っているとして，そのそれぞれがいかに役立っているのか，については分かっていない。しかし，この要約したセッションの順序は，心的外傷苦痛に対する短期間の介入に似た形態と構造となっている。修復的語り直しは，その解決の鍵となる考えやテクニックにおいては，特化しているかもしれないが，その構造は，時間制限のある心的外傷治療に本来的に備わっている直感的なパターンや順序に，類似している。

心的外傷に対する時間制限のある介入は，特定の外的ストレッサー（身体的虐待または性的虐待，自然災害または人為災害，暴行または暴力死）の影響に焦点を当てるものであり，限られた時間で行うことから，少なくとも次の二つのテクニックと局面を用いて行っている。

1. （信頼関係と安全な場の設定を通じて）心的苦痛を緩和すること
2. （徴候を説明する理にかなったスキーマと健康を取り戻すための積極的な手続きを通じて）ストレッサーに再曝露すること

時間制限のあるあらゆる心的外傷介入と同様，修復的語り直しは，安全の感覚を再び確立させることに焦点を当てるセッション（リジリアンスの強化とストレスの軽減）で始まり，説明的なスキーマ（解決の鍵となる考え）を明確化させるセッション，再曝露に焦点を当てるセッション（追悼と死のイメージの双方を通じて修復していく積極的な手続き）が続く。同時に目標とされることには，死に伴ったストレッサーである，別離苦痛（故人との関係）を処理することも含まれる。

おそらく，心的苦痛の緩和と積極的な再曝露は，相互作用することで，どんな特化したテクニックや方略よりも，心的外傷治療を成功させると予測される。そして，このことが真実であるならば，心的苦痛の緩和や暴力死の回避と侵入を相殺する再曝露を取り入れない臨床医は，おそらく，きわめて重要な治療法の要素を無視していることになる。非常に心的外傷を負った人たちは，治療において，起こった出来事についての彼らの記憶を追体験しながら彼ら自身の心的苦痛を和らげる計画に関わらなければ，そして，関わるまでは，進歩が期待

できない。患者が自発的に追体験し修復するのをただ待つだけであったり,過去からの未解決の葛藤があると主張したりする臨床医は,治療を誤った方向へ導いてしまう。心的外傷なり無意識の葛藤なりがあるかもしれないが,ひどく心的外傷を負った人にとって,これらは関係ないのである。ひどく心的外傷を負った人は誰でも,この種の複雑な仕事を始めるエネルギーや集中力を持ち合わせていない。口に出せないこの出来事に適応させることで,十分なのである。

特化した介入の拡大

1997年,司法省犯罪被害者対策室の助成金によって,われわれは殺人被害者遺族に特化したプログラム,殺人被害者遺族サポートプロジェクトを立ち上げた。助成金は,われわれのシアトル・プログラムを他の地域でも行えるようにするための臨床訓練に拠出されている。1997年以来,われわれは,米国のいくつかの都市の臨床医チームに,われわれのスクリーニングと焦点を絞った短期集団介入方法を適用できるよう,研修を行ってきた。これらの地域と,その後さらに追加された地域は,複数地域でわれわれが行っている介入効果の結果研究を行うに当たって,その基盤となっている。地域間が提携していることで,現在進行中のことの相談に乗ったり,定期的に再教育を行ったりすることが,容易になっている。

有効性についての実証的エビデンス

われわれの特化した介入は,他の臨床医によって,適切に記述され,繰り返し実施されているが,われわれの複数地域での結果研究は,その完了までに数年かかるであろう。その研究では,遺族に対して修復的効果を示すであろうこと,しかし,われわれの介入がその測定可能な変化を必ずもたらしているとは証明できないこと,といった結果になると予想している。われわれの研究デザインには,測定を行うだけで治療されない類似の遺族,いわゆる統制群との比較がないからである。統制群を含む比較研究では,10セッションの介入にお

ける測定可能な改善が示されるだけでなく，統制群で得点を比較しても有意な改善が示されないことから，介入での変化が，われわれの治療によってもたらされたと証明することになろう。しかし，そのような厳密な研究デザインは，われわれの地域密着型のサポートプロジェクトで扱える範囲を超えてしまっている。われわれには，助けを求めるすべての人に，直ちにサービスを提供する責務がある。われわれの第一の目的は，研究よりも臨床であるから，遺族を統制群に入れられないのである。

　暴力死の後の成人に対する介入効果について，唯一十分に計画された調査研究があり，その結果は，期待できるものである（Murphy, 1998）。それは，ワシントン大学看護学部のシャリー・マーフィらが，暴力死（殺人，自殺，事故死）で子どもを失った親の縦断研究を実施したものである。彼らは，検死官の記録を通じて，子どもの暴力死の1カ月以内にその親に接触し，研究への参加を求めた。261人の親（総標本の62％）が，参加することに同意し，非介入の統制群（70人の母親と38人の父親）ないし10セッションのサポートグループ（101人の母親と52人の父親）に，無作為に割り当てられた。心的外傷，悲嘆，身体面の健康，夫婦間の緊張，心的苦痛が，前と後に測定され，さらに，時間制限のある集団介入の実施後6カ月の時点で，繰り返し測定された。これは，臨床群ではなく，かなりの多人数の一般人を標本とした意欲的な研究である。

　それぞれの介入グループは，5～10人のメンバーで構成され，2時間のセッションを10回行った。最初の1時間は，グループリーダーが，話題（心的外傷，悲嘆，健康，親の役割の喪失，法的な関心事，夫婦間の緊張，家族関係，他者への感情，将来への期待）についての計画表に関する情報を提供した。残りの1時間は，その死についての情動的衝撃をグループでサポートしながら話し合うもので，その話し合いが，メンバーに情緒的サポートを与えた。この計画表は，研究者が，認知の明確化（関連がある問題についての明確なスキーマとその解決方法）と心的苦痛の緩和（サポート的な語り直しと情動のやりとり）を組み合わせて提供していたことを示している。

　介入を終えた親たちは，その経験に感謝し，心的外傷，悲嘆，心的苦痛の得点に，改善が見られた。父親たちよりも母親たちの方が，その介入に反応し，統制群の母親たちに比べて介入群の人たちの方が，有意な治療効果を示した。

殺害されて子どもを亡くした親は，自殺や事故死で子どもを亡くした親よりも，有意に深刻な心的外傷を負っていた。介入群も統制群も，離脱者はほとんどいなかった。その親たちは，臨床群からではなく一般人の標本から集められたので，彼らは，臨床群の母集団から集められた親たちよりも，よりリジリアンスを有し，併存も少なかったのであろう。

　この研究[訳注6]（5年後の追跡調査のデータを集めているところである）は，暴力死の後の遺族に対する時間制限のある焦点を絞った集団介入の有効性について，客観的に検証している。この結果は，臨床医が長期にわたって報告してきたこと—短期間の焦点を絞った治療が，変化するよう動機づけされた遺族に，実質的な安堵感をもたらすことができる—が正しいことを立証している。この研究は，介入のどの要素が最も有益であったかについては特定していない。おそらくは，各セッションの後半1時間のその死の物語を語ったり語り直したりする方が，前半1時間の情報提供とそれに関する話し合いよりも，修復に向かわせるものであったろう。これらの結果は，介入が効果を与えることをわれわれに確信させるものである。しかし，なぜ，あるいは，いかに，効果をもたらすのかを説明できてはいない。

介入についてのガイダンス

　治療についての専門的な判断が求められる際，いつ，どのように介入するかを知ることに導くような一定不変のものはないと了解してもらうことから，私は始めることにしている。こういった導入をすることで，私は，役立つかもしれないものを決める際の高いレベルの曖昧性や不確実性を受け入れやすくするよう，試みているのである。以下は，治療に関してよく尋ねられる質問及びそれへの私の答えである。

　訳注6）結果は，Rynearson, E. K.編：Violent Death：Resilience and Intervention Beyond the Crisis（2006）の第10章（Murphy, S.：Evidence-Based Interventions for Parents Following Their Children's Violent Deaths, pp.175-194）に記載されている。

「どんな種類の治療が私を助けるだろうか？」
　さまざまな治療法を選択することができる。仲間どうしによるサポートグループ，臨床医による集団ないし個人療法，のいずれに決めようとも，暴力死の影響について扱う必要がある。期間が決められていない治療，あるいは，あなたが死を扱うことを積極的に助けてくれない治療は，始めたり続けたりするべきではない。

「どのように治療を始めるべきか？」
　あなたの長所と適応的なスキルについて見直したり強化したりすること，及び，あなた自身がどのような変化を望んでいるのかを明確にしてから始めることが，最も賢明である。熟練した臨床家は，アセスメントにおいてあなたを助ける必要があり，薬物療法で効果が現れるかもしれない死の心的苦痛以上の障害を診断することもできる。治療は，リジリアンスとリスクについて，全般的に見直すことで始めるべきである。あなたを一人の人間として理解しようとせず，あなたの語り直しをせき立てる臨床医には，注意すべきである。

「治療はどのくらいの期間なのか？」
　10回ないし12回のセッションの後，何らかの改善を感じるはずである。その時点で，あなたとあなたの臨床医は，あなた一人で修復をし続けていくことができるかどうかを，決めることができる。

「良くなっていることは，どのようにして分かるのか？」
　再現，自責の念，報復，過保護といった直接的な思いに，脅かされたりとりつかれたりすることなく，あなたの大切な人を思い出すことができるようになるであろう。故人の生の記憶をより身近に感じ，一方，その死の記憶から距離を感じるようになるであろう。

「私は，元通りになれるだろうか？」
　「なれる」とも「なれない」とも言える。死の記憶は，次第に薄れていくものの，あなたがその死について考える時，その死を経験していなかった以前のあなたに戻ることはできない。治療では，その現実を取り除いたり取り消したりすることで，あなたを癒すことはできない。取り組むべきは，その死の記憶

に，あなたの思考が支配されたり活力が奪われたりすることなく，その死の記憶を伴いながら，そしてそれを通して，あなたが生き続けるということである。そうできる機会があるのは，とてもよいことである。

第8章

暴力死に関する先行文献についての語り直し

　本書を通じて強調してきたように，私は，暴力死について特化した理論よりも，その語り直しによって修復していく方法を明らかにすることに，興味がある。それはあまりに多様なので，理論化ができない。いくつかの二次的影響（ナラティブの一貫性のなさ，心を崩壊してしまう心的外傷苦痛，死者の最期を同定しようとすること，心的外傷の記憶についての不十分な処理）について取り上げたが，ある統一化した理論を探し求めてきたわけではない。語り直しについての私のモデルでは，個々人に，語り直しの過程の中で自分を変化させるようにと，勇気づけている。その種の変化とは，きわめて主観的で唯一無二のものなので，一つの理論なりプロトコールなりによって，証明されたり反証されたりすることはできない。その理論的枠組みを提示するよりも前に，まず，修復的語り直しの実際について提示してきたのは，私のモデルが，確固とした理論に基づいてはいないからである。

　私の暴力死についての文献レビューでは，ある統一化した理論を総合的に扱うためにレビューするのではなく，修復的語り直しに対して基礎となった研究を扱うことにする。私が語り直す先行文献のレビューは，網羅的なレビューとは違う。多くの研究を引用することも，可能であろう。先行文献リストを提示すれば情報を提示することにはなろうが，その場合に引用される多くは，既に繰り返し提示されてきたものであり，しかも，修復的語り直しに対しては，ほとんど関連がなく，関連があったとしてもきわめて限定的でしかない。そこで，私のレビューでは，そうした文献に繰り返し言及するのではなく，修復的語り直しにつながるテーマを含んだものを選択して引用することにする。年代を追ってそれらの研究を語り直すことは，彼らの洞察がどのように取り入れられた

のか,そして互いに統合されたのか,を示すことになろう。

　本書の始めの部分では,タペストリーのように暴力死の概観を理解し,中盤では,そこに内在しているいくつかのパターンを切り離して見てきたが,本章では,何人かの独創的な研究者について,その特色を見ていくこととする。

歴史的起源と発展:フロイトとジャネ

　19世紀から20世紀への移行期において,2人のセラピストのみが死と心的外傷について書いているが,いずれも,暴力死に伴う悲嘆と心的外傷についての複合的な影響を問題にしてはいなかった。すなわち,ジークムント・フロイト(1856-1939)は,死についての精神力動の説明モデルを初めて作り,ピエール・ジャネ(1859-1947)は,心的外傷に関する理論と治療について広範囲にわたって執筆した。

　この2人の革新的な思想家は,心的外傷を抱えた患者に会ってその研究を一緒に行ったが,お互いの業績なり洞察なりを認め合ったりはしなかった。ジャネは,パリの神経疾患専門の病院サルペトリエールの医長ジャン・マルタン・シャルコーの弟子で,後に同僚となった人である。フロイトも,1895年10月から1896年2月まで,シャルコーやジャネと一緒に,そこで研究した。おそらくジャネもフロイトも,シャルコーの臨床的な才能や催眠の技法に深く影響されたのであろう。シャルコーのヒステリー状態の神経学的反応に対する催眠による劇的な治療,及びヒステリー反応が心的外傷に関連しているとの提言こそが,彼の心理学的思索を拡張しようと,ジャネやフロイトを突き動かしたのであろう。

　ジャネは,心的外傷について広範囲にわたって著し,人は無力感や恐怖を伴った耐えられない感情を体験した時,その出来事の記憶を処理できないということを,理論化した。そして,その代わりに,そこで引き起こされた記憶や感情は,「解離」,すなわち,心理的に存在しない状態となるとした。彼のモデルでは,解離と逃げられない恐怖との間に,直接的な関連性がある,と仮定していた。彼は,心的外傷を負った患者たちの臨床的治療において,恐怖の感情を単に表現させるだけでは不十分であることを立証した。患者たちは,心的外傷

となった記憶からの回避を乗り越え，自分をその記憶に曝露させて，その心的外傷の記憶を意識し受け入れる必要があった（Van der Kolk, 1989）。

　フロイトは，初期の論文では，この同じ心的外傷の精神力動，すなわち，解離を外的事象に対する直接的反応とみなしていたが，後年，もっと複雑な心的外傷の精神力動を想定するようになっていった。彼はもはや，心的外傷と解離との間に直接的な因果関係を認めず，その代わりに，解離に介在するメカニズムとして，無意識の葛藤の存在を主張した。最終的に彼は，解離は主として，抑圧された性的あるいは敵意の感情—人生初期の心的外傷や抑圧された願望が生み出したもの—によって引き起こされる，と考えた。このモデルによる治療では，心的外傷を負った患者は，彼らの原家族内での幼少期のやりとりから心的外傷となった記憶を思い出して受け入れなければならず，すなわち，ジャネの治療目標よりも，野心的な目標を掲げるものであった。

　1917年，フロイトは『悲哀とメランコリー』を発表し（Freud, 1957），その短い論文の中で，無意識の葛藤がメランコリー（病的な悲嘆）の原因であると提言した。メランコリーは，怒りの矛先が無意識に自分に向いたものとしてフロイトが説明した強い罪悪感，自己嫌悪，自殺念慮の症状によって，悲哀とは区別されるとした。これは，彼の心的外傷についての複雑なモデルをごく自然に拡張したもので，すなわち，死が「心的外傷」となるのは，故人の記憶に関して，解決できない性的あるいは攻撃的な葛藤があるからであり，したがって，病的な悲嘆は，抑圧された感情複合体を分析することによって治療されるべきである，としたのである。

　フロイトは後年，死を「本能」—彼の理論において，それは，性的衝動と同程度の臨床的価値をもたらさなかった—，すなわち生まれながらの衝動と仮定するようになった。彼の死の本能という概念は，彼の理論に十分統合されることなく，治療との関連性も少ない不可解な追加物として残ってしまったわけだが，無意識の葛藤と長びく悲嘆との関係についてのこの初期の見解は，何世代にもわたって，臨床医に多大な影響を与えた。

　心的外傷と悲嘆についてのこれら二つのモデルは，20世紀はじめの数十年間，後続の学者や臨床医たちを導く原理であり続けた。ジャネの支持者は，ジャネの理論の中に，時には誤って拡張してしまっているフロイト派の精神分析

の理論の応用やそれに基づいた治療を，見出すことはなかった。ジャネの作業モデルは，必要最小限のもので構成されており，無意識の葛藤という非常に憶測したものを公式化することはなく，心的外傷記憶についての異常な処理に焦点を絞っていた。

この双方の理論家は，非常に知的興味が寄せられた時期に，執筆したり実践したりしていた。彼らのモデルの土台には，鮮明なメタファーが含まれており，彼らの学説を反証することはできなかった。彼らの理論は，客観的なデータで手堅く測定されたというよりは，むしろ独創性に富んだ彼らの思索を元にしていた。当時，理論の力や普遍性は，理論として語り直されるメタファーやナラティブの力や普遍性と同義であり，特に古典的学者であるフロイトのナラティブモデルの多くは，ギリシャ神話を元にしており，無意識の葛藤についての彼のモデルは，ギリシャ神話の劇的な出来事（特に，オイディプス，エレクトラ，ナルキッソス）が元になっていた。その時代の他の主要な理論家たち（ユング，アドラー，ランク，ドイッチュ，アブラハム）も，彼ら自身のナラティブの洞察を，説得力を持って美しく飾り立てたが，それらが，心的外傷や悲嘆に特化したテーマを新たに加えることはなかった。

フロイトのより複雑な無意識のモデルは，次第に，ジャネの心的外傷についての単純なモデルをも含めて，他のモデルを覆い隠すようになっていった。無意識の重要性についてのフロイト派の思索は，臨床実践領域にとどまらず，1920年代から30年代の芸術，文学，社会思想にまで広がっていった。フロイトのモデルは，真実と治療の見込みについての測定を含むだけでなく，形而上学や神話からの力も取り入れていたので，それは当然のこととも言えた。したがって，フロイトの無意識のモデルが，何十年にもわたって臨床家たちの観察結果を偏らせるに至ったことは，驚くことではない。

暴力死についての初期の研究：ココナッツグローブ火災

491人が火災で亡くなったその出来事は，人を打ちのめしてしまうような心的外傷と悲嘆との組み合わせ，すなわち，そのいずれかではなく双方をもたらした。この火災については詳しく公表されているナラティブがあり，そこから

は，ジャネの洞察とフロイトの洞察を統合する機会を逃したことが，十分にうかがえる。ココナッツグローブ火災の生存者を治療した臨床家であるアレクサンドラ・アドラーとエリック・リンデマンは，別々に論文を書き，それらはその後40年間，これら二つのモデルの違いを存続させることになったのである。

　その物語は，1942年11月のある晩，千人近くの客でいっぱいのボストンのダウンタウンにあるナイトクラブ，ココナッツグローブで始まった。たった1万1千フィート四方の多層階の建物に大勢が入っていたことについては，「詰め込まれていた」という表現がより適切であろう。その日の午後，地元のホーリークロスチームがアメフトの試合で勝ち，そこには，彼らの勝利を華々しく祝っている人々がいた。当時，ボストンは戦争に備えて，医療関係者を含めて多くのサービスに携わる人材が，配置されていた。海軍による攻撃や大火災に備えて，火傷の専門治療室が，マサチューセッツ総合病院とボストン市立病院に設置されていた。

　地下室の装飾された照明器具が発火して，火は，建物全体に燃え広がった。非常口はなく，出口は，調理室に通じるドアと，客が詰め込まれた建物正面にある回転扉しかなかった。脱出する方法はなかった。この場で亡くなった何百人もの人を救う手立てはなかった。換気口や出口がなく，その火災で高温になった気体が充満した中，生き残った人間がいたことの方が，むしろ驚きであった。この状況下，犠牲になった人たちは，急性肺熱症と急性肺水腫で，すぐさま窒息死していった。

　祝賀会が悪夢に化したのであった。生存者たちは，真っ暗な部屋に充満した恐怖に怯えた悲鳴や，脱出しようとして扉や階段に向かおうとしても他の人に投げ飛ばされたり押しつぶされたりするだけの絶望的な状況を，鮮烈に描写した。テーブルの下にもぐり込んで，生き延びることができる程度の空気を見つけて，どうにか死を免れた者もいた。

　タクシーと救急車が，死傷者をボストン地区のあらゆる緊急施設に運んだ。ボストン市立病院とマサチューセッツ総合病院が，火傷の患者の大半を受け入れた。治療の優先順位が決められ，死者と瀕死の者が玄関ホールに収まりきらず，病院の庭先にまであふれ出た。近くのビルに緊急の遺体安置所が設けられ，そこでは，遺族らが長蛇の列を成し，横たえられた多くの遺体の中から家族を

見つけようとしていた。

　マサチューセッツ総合病院が認めた生存者が39名であったのに対して，ボストン市立病院の方は131名と多かった。外科医と（神経精神病学を含む）医療スタッフたちは，戦争による惨事を想定して作られたプロトコールのとおりに治療にあたった。初めの2週間の彼らの第一の課題は，肌と肺の火傷に対して身体機能を安定させることであった。致死率は高く，火傷が原因で25％の人が死んでいった。神経精神科医が，病院に残っている人たちに対してアセスメントをし始めた頃には，生存者の多くは，既に退院していた。

　精神面での評価が，ボストン市立病院では54人の生存者に，マサチューセッツ総合病院では17人の生存者に対して行われた。ボストン市立病院のアドラーとマサチューセッツ総合病院のリンデマンは，生存者における暴力死の精神的影響について，それぞれ別々に研究を行った。2人は，同じ事件の生存者を研究したのだが，彼らの発見についての説明は，これ以上ないというくらい異なっていた。

　アドラーの研究（Adler, 1943）では「心的外傷後精神合併症」と彼女が名付けたものに焦点が当てられ，54人中46人に対して9カ月間追跡したアセスメントが含まれていた。アドラーは，その研究で会った誰に対しても，心理的治療を勧めなかった。リンデマンの研究では，彼が「病的悲嘆」と呼んだものに焦点が当てられていた。彼は，7人の生存者について，詳細な観察によってアセスメントを行い，「危機介入」の技法で治療した。

　彼らの観察結果や説明の偏りについては，彼らの2人の生存者のナラティブの報告に，例示されている。これらの若い男性はいずれも，その状況で亡くなった妻を助けようとしたものの，自分のみが生き残ってしまった。同じ出来事がもたらしたほぼ同一とも言える事例であるにもかかわらず，それぞれが思い描いた暴力死のモデル（アドラーの心的外傷についての単一モデルとリンデマンの悲嘆についての単一モデル）が，彼らの観察結果や解釈をどれほど歪めているかについては，注目に値する。

アドラーの事例

　事務員をしていた20歳のある若者は，その火傷を負う前から，いくらか激

第 8 章　暴力死に関する先行文献についての語り直し　157

しやすくちょっとしたことで怒るところはあったものの，それを除けば職場でも結婚生活でもよく適応していた。その火災が起きた夜，彼はそのナイトクラブを出ようとしており，妻を待つために出口近くに立っていた。妻は妊娠 4 カ月だった。彼が突然炎を見た時，酔っぱらっており，妻を見失い，出口からすぐに逃げた。彼は顔，首，手に第 II 度の火傷を負い，それは全皮膚の 5 ％程度であった。彼は病院を退院する少し前に，妻がその火災で亡くなったことを，牧師から知らされた。それまで彼は，妻が助かったと思っていた。彼は非常な抑うつ状態となり，以来，その状態が続いている。彼は職場復帰したものの，仕事に支障を来たすようになった。彼は非常に緩慢になり，仕事への興味をすべて失ってしまった。暇な時間には，その火災や妻のことを思い出し，別の女性に興味を持つことはもはやないであろうと感じている。物事に集中できなくなり，ちょっとした諍いのたびに，すっかり動揺してしまうようになった。常に火を怖がるようになり，ナイトクラブには二度と行かないであろうし，映画館でも，素早く建物から出ることができる一番後ろの列に席が空いていなければ，座ろうとしない。ダイニングルームでも同様に，用心深い。夜，暖房機の音で，目を覚ましてしまう。入院中は悪夢を見なかったものの，退院後 1 週間経った頃から，見るようになった。続く数カ月の内に，五つの怖い夢の中で，その火事の光景が再現された。稀にはなっているものの，未だにそれを見る。彼は 1943 年 3 月に神経症と診断されて，軍の入隊を断られた。彼は，軍隊の精力的な生活の中で，この出来事を忘れられるのではないかと期待していたので，このことは彼をさらに落ちこませている。彼は再び軍隊に入ろうと試みており，再度却下された場合には，海運業に携わろうと考えている（Adler, 1943, p.1100）。

　この報告は，アドラーが診た生存者において，悲嘆が非常に重要であるとはみなされていなかったことを，例示している。彼女の研究では，9 カ月で回復しなかった生存者の半数が，その火災で，家族や近しい友人を失っていなかったと報告しており，その災害の直接的影響に比べれば，悲嘆は重要なストレッサーではないと，示唆している。その代わりに，彼女は，その災害の心的外傷に対する侵入的かつ回避的反応を，その人を無力にさせてしまうものとみなした。さらに，彼女は，これらの影響を心理学的というよりも生物学的なものとみなし，時間経過に伴う自然治癒を予測した。彼女の研究においては，いかなる治療も，勧めていなかった。

これが，この話題について彼女が書いた唯一の論文であった。アドラーの研究は，情熱や興味を抱かせるものではなかった。多くの生存者に対して，測定や追跡調査に対する厳密なプロトコールで，3度アセスメントがなされたにもかかわらず，彼女の論文は，実質的には，ないがしろにされた。

リンデマンの事例

32歳のある男性は，わずかな火傷を負っただけで回復の兆しが見えたため，その災害の被害者への精神医学的調査が行われる前に退院した。彼は5日目に，妻が亡くなったと知らされた。それを聞いた彼は，彼女の運命について自分が心配しないで済む，といくらか安堵したかのようにうかがえた。短期間の入院中，外科医から尋常とは思えないほど制限されたことが，彼には焼きついていたためである。

1月1日，彼は，家族によって病院に連れ戻された。彼は，家に戻って間もなく落ち着かなくなり，家に居たがらなくなり，休養のために親戚宅に行ったもののうまくいかず，著しい興奮，とりつかれた様子，怯え，いかなる活動にも集中できないという状態で，家に戻ってきたのであった。

彼と会話を試みようとしても，彼はそれを唐突に中断させ，「誰も私を助けられない。それはいつ起きるんだ？　私はもうダメなんだろう？」とぶつぶつ繰り返した。

彼は，強い病的な罪悪感を伴って，その火事の出来事をひっきりなしに回想していた。彼の妻は，彼の後ろにいた。彼が彼女を外へ引っぱり出そうとした時，彼は気を失って，人だかりによって外に押し出されることになった。彼が助け出されている間，妻は生きたまま焼かれたのだが，「私は彼女を助けなければならなかった，または，私も彼女と一緒に死ぬべきだった」としていた。彼は，非常に暴力的な感情に支配され，それをどうすればいいのか分からないと訴えた。彼との間に築いたラポールは，短時間しか続かなかった。強烈な興奮状態とぶつぶつと言葉を発する状態に，彼はすぐに戻ってしまった。強い鎮静剤を投与しても，彼の眠りは浅かった。4日間の治療で，彼はいくらか落ち着き，以前よりも長い時間，精神科医と接触を保てるようになり，自分のことを医者が理解してくれており，病的な罪悪感と暴力的な衝動に対処できるかもしれないと感じているように思われた。しかし，入院して6日目，彼は，担当看護師の注意を巧みにそらせて，閉めてあった窓から飛び降りて，自殺した (Lindemann, 1944, p.146)。

この若い男性が，アドラーの研究で引用された若い男性に比べて，より深刻な抑うつ状態（おそらく精神疾患としてのうつ病）であったことは疑いなく，彼は，自分による暴力死という劇的な出来事で，自分の人生を終わらせてしまった。しかし，リンデマンのこの失敗した治療についての回顧的報告において，「病的な罪悪感」と「非常に暴力的な感情に支配される」と繰り返し言及しているのは，フロイトの病的悲嘆の理論を鸚鵡返しのように繰り返したものである。リンデマンは，患者が自殺したのは，患者の抑圧された自分へ向けられた怒りが原因であって，妻が生きたまま焼かれたという心的外傷のイメージのためではない，と示唆している。リンデマンは，おそらくこの男性が最も強く経験したであろう恐怖のイメージに注意を払わず，その火災によって彼につきつけられた無力感や恐怖の直接的影響を認めることに，失敗してしまっている。

　リンデマンが積極的に追跡し治療した7人の生存者におけるアセスメントでの重要な変数は，心的外傷ではなく悲嘆であり，治療されなかった生存者に対する追跡の比較はなかった。彼は，病的悲嘆と抑圧された感情との因果関係（フロイトのモデル）を確信していたので，8回ないし10回の個人療法のセッションを行うことで，これらの抑圧された感情を直ちに解放する臨床上の必要性を主張した。「危機」としての急性の悲嘆に対して，時間制限のある焦点を絞った心理療法がよく効くとする彼の見解は，ある生存者にはおそらく当てはまったであろうが，生存者すべてに当てはまるわけではなかった。1942年とは，戦争に対して盛んに準備がなされていた時期であったため，おそらく危機療法が必須のものとして扱われることになったのであろう。リンデマンは，自分が戦時下の死におそらく関与するであろうと覚悟していた臨床医であり，実践的アプローチの要点を述べようとの支配観念を有していたかもしれない，と認めている。

　リンデマンの最初の研究は，暴力死の101人の生存者—ココナッツグローブ火災から17人，残りは彼の外来患者や入院患者—を元に，その翌年，より拡張された論文になっている（Lindemann, 1944）。そして，リンデマンは，この二つ目の論文によって，病的悲嘆についての拡張された定義と治療によって，その権威者であるとみなされるようになったのである。彼の両論文が，暴力死の生存者からの臨床的発見を元にしており，彼のその解釈に，彼らの心的外傷

苦痛が認識されていない，ないし，含まれていないのは，興味深いことである。

　彼は，悲嘆とその治療について，広範囲に執筆したり講義したりし続けた。彼が生存者に彼らの抑圧された悲しみや怒りを表現させることを執拗に勧めた結果，治療現場では，それが公理のようになっていった。

　20年近く前，私はココナッツグローブ火災について分かることすべてを理解しようとした。なぜならば，悲嘆に言及する理論家はみんな，その事件の生存者についての心理学的研究に言及していたからである。私がこの初期の研究者たちに接触を図ろうとした時，リンデマンは既に亡くなっていたが，アドラーはニューヨークで存命であった。私たちは文通し，数回会った。私の最初の質問は，彼らの報告の不一致に対するものであり，すなわち，彼女とリンデマンがその火災の後に話し合ったのか，共同研究を考えなかったのか，それぞれが発見したものを相互に提示しなかったのか，というものであった。

　アドラーはリンデマンと交流を持とうとしたが，拒絶された。アドラーによると，彼女はアルフレッド・アドラー（ウィーンにおけるフロイトの同僚の一人）の娘であり，リンデマンは彼女の「アドラー派」の見解を重んじておらず，また，互いに所属していた学派別の教育センターどうしが競い合っており，その境界線を越えるという問題も抱えていた。このような個人的要因と政治的要因が，2人に別々の研究を発表させていたのである。彼女は，臨床医としてリンデマンを尊敬していたが，無意識についての彼のフロイト派の理論には「魅了」（彼女の言葉による）されなかった。彼女は，彼女の父親同様，無意識の怒りと性についてのフロイトのとりつかれは誤りだと感じており，彼の理論が米国でなぜこれほど人気があるのかを理解できなかった。一方，彼女は，自分の論文にジャネを引用してはいなかったが，彼のモデルを認識しており，これがその火事についての心的外傷を理解するに当たっての基礎となっていた。

　ココナッツグローブ火災とその2人の研究者についての詳細な語り直しからは，身体のメタファー（心的外傷の生理学）と心のメタファー（無意識の心理学）を通じたナラティブモデルが競い合っていたことがうかがえる。残念なことに，領土の統治権を巡った争いのように，誤ったこの理論の二分化は，その後も続いており，60年を経た今日，ボストンあるいは他の主要都市で，ココ

ナッツグローブ火災の生存者が，どのような診断を受けたり治療を受けたりすることになるのか，私には分からない。次章でこの疑問に戻ることにするが，私のここでのレビューは，心的外傷と別離のモデルを統合することの歴史的及び臨床的抵抗について，示すことになる。ココナッツグローブ火災は，それへの多くの好機を提供したが，アドラーとリンデマンは，暴力死に対して包括的に理解するために彼らの洞察を協力しあって一つのものにすることよりも，彼ら自身のモデルを擁護したり推進させたりすることに熱心であった。これは，ジャネとフロイトのエゴイズムと狭量さについての不幸な遺産であったと言えよう。

戦争と大虐殺：フランクル，クリスタル，リフトン

　第一次世界大戦の後，戦闘や死にさらされた若年兵士の心的外傷の影響について描写したいくつかの心理学的報告書が書かれた。記憶喪失，急性精神病，恐怖，回避などの心的外傷反応が十分に描写され，これらはすべて「シェルショック」という診断名に組み込まれた。これらの兵士がなぜ激しい機能不全に陥ったのかについては，塹壕に閉じ込められ，マスタードガスでぐったりして，銃弾，榴散弾，狂気じみた銃剣武装兵の攻撃を目の当たりにして，持続的な恐怖や暴力死にさらされるという状況が，彼らの適応力を超えたためという以上に，それを説明する理論の必要はなかった。「人間らしさ」を失った人間が，うまく対処できなくなることは，自明で直感できることである。戦場にいる一般の内科医は，精神医学にあまり明るくなく，特化していない治療方法，すなわち，休息，鎮静剤，催眠，水治療法などを行っていた。
　第二次世界大戦は，精神医学が正当な副専門として認められ，入院患者同様，通院患者にもその治療が実践され，一般からも医療現場でも，その治療が実践的な価値のあるものとして受け入れられるようになった時代に生じた。すべての軍隊には，兵士のための精神科があり，治療方法も特化して革新的なものであった。軍の精神科医たちは，非常に心的外傷を抱えた人の回復を助けようとして，再曝露，集団療法，地域精神医学などのテクニックを使い始めたが，彼らの報告書の中に，独創的，あるいは革新的な理論はほとんどなかった。

戦争においては，暴力死がいたるところにあるため，おそらくその影響についての特別の理論や説明は，必要なかったのであろう。戦争では，暴力死の不可避性が予期され受け入れられるもの，すなわち嫌悪的なものではなく，むしろリスクとされてきた。結局，敵を殺すことが最終的な目標であり，兵士たちは，殺すことについての勇敢さで，評価された。戦闘員は疑問を持つことなく敵を殺すことを要求され，戦いでの死は，英雄のように語り直された。戦争で積極的に戦っているのだから，たとえ兵士は殺されても，被害者とはみなされない。戦争においては，暴力死も「公正なゲーム」なのである。

おそらく，戦争中の暴力死は，殺人，自殺，事故による家族の暴力死よりも，予期され没個性的であるということが，その死に対して，より一貫性をもたらすのであろう。戦闘で暴力死に直接さらされた軍人は心的外傷を受ける危険性があるが，そのごく少数の者のみが，暴力死を目撃したり自分で実行したりすることで機能不全になるのであって，現在でもその障害が残ったままの者には，高い比率で併存，特に物質乱用が認められる（Kulka et al., 1990）。

市民や非戦闘員が巻きこまれない限り，戦争での暴力死が，犯罪とみなされたりその捜査や裁判が行われたりすることは，稀である。戦争での暴力死には，社会的尋問，非難，刑罰がないということが，戦争における暴力死と，一般社会における暴力死とを異ならせているのである。

他の戦争と同様，第二次世界大戦では，多くの一般市民が死に追いやられた。戦争には，非戦闘員の暴力死がいつも伴い，生存者や家族を亡くした遺族がいる地域におけるその影響は，正当化できない残虐性ゆえに，複雑なものになってしまっている。非戦闘員にとって，公正なゲームではありえない。もし戦争について何か法律で定めることができるならば，「活動中の敵に対してのみ殺すことを認める」とするべきである。

ホロコーストと広島の原爆は，第二次世界大戦中，特に目に余る集団殺戮という残虐行為であった。集団殺戮のような行為は，理想化された目標——優位性及び「浄化」についての精神病的な理想や，町全体を核で犠牲にするのは勝利を確実にするためであるとの押しつけられた理想——で正当化した，グループ全体の人々に対する大規模に標的を定めて故意に抹消する暴力死であるため，他の暴力死とは区別されるものである。

ホロコーストや広島の生存者は、ココナッツグローブ火災の場合とは異なり、故意に、何日も、何週間も、何カ月も、あるいは何年も、グロテスクな死に様にさらされ続けることを強いられた。何人かの研究者たちが、体系的な臨床研究の枠組みで、これらの非戦闘員における集団殺戮についての特化した影響に焦点を当てた。そして、これらが、暴力死についての固有の臨床の影響を認識した初の臨床的研究となった。暴力死があまりに広まっていたので、生存者のそれぞれは、自分の暴力死を予期したし、研究者たちも生存者同様に、殺人の極悪非道さに、すっかり引きつけられてしまった。そこで、ホロコーストの臨床研究者 (Frankl, 1959; Krystal, 1968) と広島の臨床研究者 (Lifton, 1968) は、ココナッツグローブ火災でアドラーやリンデマンが研究した心的外傷の生理学的影響や悲嘆の無意識の精神力動よりも、生存者の暴力死の直接的な影響に、焦点を当てたのである。フランクル、クリスタル、リフトンの独創的な洞察は、暴力死といった心的外傷を引き起こす死別についてのわれわれの理論的理解の基礎になっているもので、彼らのこの初期の報告は、注目に値する。

ビクトル・フランクルは、第二次世界大戦中、強制収容所に収容されるまでは、精神科医であった。彼の薄い本『**夜と霧**』(Frankl, 1959) は、最初、1946年にドイツ語で出版されたが、これには、彼自身が収容された体験についてのナラティブな説明が含まれている。彼は、妻と実質的な親族すべてを含めて、何もかも失ってしまった。彼は、その93ページの中で、参与観察者及び精神科医として、暴力死に伴う恐怖や無力感の反応について、概説した。最初の数日間のうちに、彼を始めとして人々は絶望の悲鳴を上げ、その後、憤慨し、家庭や家族に対する強い思慕の情がそれに置き換わり、最後は「非人格化」の反応、すなわち、存在はしているものの反応しない状態になっていった。この死が蔓延している状態の中で、希望や目的を見つけられなかった者は、無抵抗のまま諦め、引きこもり、そして死んでいった。フランクルは、彼を始め生き延びた者たちの、人生に対する態度に基本的変化を生じさせるリジリアンスの力について、以下のように記している。

　　われわれが人生から何を期待できるかが実際の問題なのではなく、むしろ人生がわれわれに何を期待しているのかが問題であることを、われわれは知らな

ければならず，また，絶望している人に教えなければならない。人生の意味を問うのを止め，その代わりに，毎日毎時，人生から問いを提示されている人間として，自分のことを考える必要がある。われわれは，話や思索においてではなく，正しい行動や正しい行為で，答えなければならない（Frankl, 1959, p.77）。

フランクルは，積極的に他者と関わり，ある目的や将来の目標を提供するその時々の行動に意味を見つけることで，今すぐ起こるかもしれない死からの自律性を発見した。そして，この超越的態度とそれに続く目的のあるものに関わることが，彼がロゴセラピーと呼んだもの——人間の動因の中で最も本質的な意味を探す意志に基づいたサイコセラピー——に対する体験的土台となった。価値は，苦難，罪悪感，死の三つに対する態度に関する反応とされた。

　一つを除いてすべてを人から奪うことができるが，その最後の一つとは，いつでもどんな状況でも，自分の態度を選択できるという人間の自由である（Frankl, 1962, p.110）。

フランクルにとって，絶望とは，意味が減じたことに苦しむことであった。不可避の苦痛に直面した場合，固有の自己超越的反応を自由に選ぶことは，強力な埋め合わせになるのである。

ヘンリー・クリスタルも，強制収容所の生存者であった。彼は，強制収容所で青年期を過ごし，その経験が，彼のその後の精神科医としての実践や著述に大きな影響を与えている。彼は，ホロコーストの生存者を評定したり処遇したりする中で，収容所での「壊滅的な心的外傷」に対する不適応反応と彼がみなした感情の「麻痺」が，共通に見られることに注目した。彼の初期のモデルは，ジャネのモデルとおおよそ一致しており，ばらばらになってしまいそうなほどの恐怖の感情に耐えるために般化させた適応的な機能停止の機制を提示するものであった。彼は，記憶喪失や否認を，解離の代わりに，「脱力発作的受動性」と名付けた。

　生存者における暴力死の影響を理解するに当たって，クリスタルの最も恒久的な洞察と理論的構成概念は，障害を抱えた生存者が，自分を安心させられな

くなることについてであった（Krystal, 1978）。彼は，彼のモデルにおいて，心的外傷を負った生存者は，心的機能において退行するので，自分を安心させる機能が弱まると示唆した。自分を落ち着かせる力がないので，彼らは，安定的で正確な方法で，経験を処理できなかった。そこで，彼らは，物質乱用による強い覚醒状態，ないしは喜びや痛みを含みあらゆる種類の感情から距離を置くこと（「失感情症」）で，対処した。

　クリスタルは，心的外傷を抱えて感情を和らげることができないこれらの人たちに対するセラピーの初期の目標は，直接的に関与したりサポートしたりして，彼らのセルフ・ケアの力を取り戻すことであるとした。彼は，後の論文で，他の主要な精神障害を含む非常に複雑なシステムの中でこの心的外傷のモデルを，そして子どもにとっての心的外傷の影響についての別個の発達モデルを，詳しく説明している。

　ロバート・リフトンは，広島の原爆の生存者を研究した。彼は，「自己形成的な」精神機能―生存に適した内的枠組みを作る過程―に対する本能的な欲求を元に，人間の順応のモデルを作った。都市の壊滅を見た後，その極度の不条理や生存者の死のイメージで心が粉砕されてしまうのを相殺するには，新たに何かを作っていくことについての象徴を作り出していく力が，きわめて重要であった。このモデルにおいて，破壊的な死のイメージは，人生が続いているという現在進行中のイメージを打ちのめすものである，としていた。生存者は，自己形成的なイメージの歪みを伴って，症候群的な反応―「精神の麻痺」，生き残ったことに対する罪悪感，やさしさに対する疑念ないし「みせかけの親切」，自己形成的な内的象徴を再び構築しようとするもがき―を示すとした。この打ちのめされてしまうようなストレス状態でのモデルとして，リフトンは（自身は精神分析家としての訓練を受けているのだが）フロイトの無意識のモデルをはっきりと却下し，エリクソン，カッシラー，ランガー，ボールディングの業績や彼らの象徴化の研究を参考にするようになっていった（Lifton, 1976, pp.13-20）。

　リフトンは，個人療法や集団療法で，生存者の死のイメージを直接扱い，このモデルは後に，戦闘員として心的外傷を負ったベトナム兵士たちに対して用いられた。彼の治療的スタンスは，彼の患者の当然の怒りと報復の欲求を支持

するために擁護したり，その活動に患者とともに参加することを含むものであった。彼は活動家であり，核兵器とベトナム戦争に反対の声を上げた。

　フランクル，クリスタル，リフトンのこれらの初期の論文—生存者における集団殺戮の直接的影響に対して，しっかりと焦点を当てることを試みたもの—は，暴力死とその治療に対する最初の精神力動論的洞察であった。アドラーやリンデマンと異なり，彼らは，暴力死を，耐え難い一貫性のなさ（フランクル），耐え難い感情（クリスタル），耐え難いイメージ（リフトン）と，特別に結び付いたものとみなしたのである。その反応についての彼らの記述や命名は，それぞれに独自のものであり，フランクルは「非人格化」，クリスタルは「麻痺」，リフトンは「精神の麻痺」であり，今日それは，回避と呼ばれているものである。また，リフトンは，残りの2人に比べて，暴力死に不随意的に伴う反応としての死のイメージ—今日，侵入と呼ばれているもの—の重要性に，焦点を当てていた。

　暴力死から生き延びた者に共通する精神力動についての洞察，理論，治療方法は，必須であった。彼らは，暴力死の心的影響についての精神力動を理解しようと研究し，それを明らかにした最初の研究者たちであったが，同時に，彼らが発見したものを説明するために精神力動論を発表した最後の研究者でもあった。

DSM I〜IVと精神力動論についての低価値化

　1950年代，60年代，70年代の著述や精神科における指導は，心理的問題の精神力動を理解することを研究者たちに奨励した最後の時代であった。1980年代初頭，精神力動の理論と実践に価値を置くことから，精神障害を高い信頼性でもって測定しうる客観的なプロトコールを強く主張することへと，大きな変化が生じた。DSMとその改訂版（例えばDSM-IV）が，そのモデルの定義についての原典となっている。

　DSMは，観察可能な徴候や症状が特定期間続いたかどうかを元に，精神障害を定義するものであるが，その徴候や症状は，妥当な診断を保証するパターンや期間の基準に合致した，統計的に有意な群の中にあるものである。退屈な

文章であるが，それは，その唯一の（そして魂のない）目的が，内的に経験することよりも，むしろ外的に観察されうることについての描写だからである。それは，家族成員との死別（「関係のある」ストレッサーとして，別途コード化される）が（大うつ病のような）主たる精神障害の徴候や症状を含まない限りは，（家族成員の死のような）喪失を問題として考慮することを，恣意的に排除するものである。

　DSMには，暴力死についての家族成員の内的経験が，いつどのように問題なのかを考える余地がない。事実，個人が，大うつ病，PTSD，物質乱用のような，併存しているが別の障害に対する診断基準に合致するのに十分な徴候や症状を一定期間にわたって示さない限りは，「問題」ないのである。

　急性や慢性の心的外傷苦痛は，妥当な精神障害として法律で認められている。暴力死の後，遺族がもしPTSDの基準を満たすようであれば，彼らは，裁判所や保険会社によって，賠償金や治療費が支払われるのに値する健康状態である，と認められる。一方，DSMにおける「悲嘆障害」が現れなければ，悲嘆は存在しないことになるのである。

　DSMモデルが容認されるようになって以来，暴力死に関する論文は，「客観性」の波に，一掃されてしまった。不幸なことに，現代の研究者たちは，測定に熱中するばかりで，彼らが発見したことを理解したり説明したりしようとする気持ちを失ってしまった。データ駆動型研究の文章は，方法，測定，結果の記述で埋めつくされており，実質的な説明がない貧弱なまとめの段落が，それに続くだけとなっている。

　あまりに多くの客観的なデータとあまりに少ない説明に関して，私は時に，自分が何を探しているのかを知っており，自分の患者のナラティブな事例提示の中でそれを見つけられていた以前の研究者たちの主観に基づいた確信に対して，思慕の情を抱く。彼らの主観に基づいた確信に私は騙されないであろうが，彼らの創造的な思索，すなわちデータを超えた彼ら自身の考えの何かによって，少なくとも新鮮な気持ちになれるのである。

　暴力死から生き延びることに対する精神力動的理解についてのこの低価値化は，おかしなことである。生き延びるには，精神力動的なモデルが必要である。DSMの静的なアプローチは，過去の研究者たちが導いてきた洞察を無視する

ものであり，80年ないし90年前のかなり退屈な理解――第一次世界大戦で暴力死に対処できなかった兵士は，「性格」ないし神経生物学的に何かが欠けていると理解されていた――にまで，われわれを戻してしまうことになろう。

　おそらくDSMの客観性に対する主張は，過去の研究者たちの，とめどもない主観的な思索に対する反動なのであろう。これをいくらか正していくことには理にかなっていようが，DSM-IVは，明らかに反応性である，ある種の障害に対して，あまりに限定し過ぎたものになってしまっており，客観か主観かという誤った二分法――治療の理解のためには両方が必要なのであって，一掃すべき方法――を続けさせてしまっている。DSMモデルはわれわれの診断の客観性を強めたが，客観的知識のために主観的理解を犠牲にするというDSMのイデオロギーは誤っており，暴力死を経験した人を理解したり助けたりするに際して，誤った方向に導いてしまっている。

暴力死についての最近の研究

　1980年代以降，家族成員の殺人，自殺，事故による死の影響に，特に焦点を当てた臨床研究者が増えた。しかし残念なことに，その焦点は，狭く排他的なものとなっている。われわれがここでレビューした精神分析的な理論家の歴史的研究に言及した者はほとんどおらず，また，その研究者本人が焦点を当てている特定の暴力死のカテゴリー以外の暴力死について，他の人の研究に言及している者はほとんどいない。暴力死を共通する反応の共通する原因とみなす代わりに，それぞれの種類の暴力死は，彼ら自身の文献において，別々の臨床群とみなされている。しかし，死に至った方法以外に，その区別をする根拠はほとんどない。自殺，事故，殺人，自然災害ないし人為災害，戦争，集団殺戮のいずれの暴力死であっても，その反応には，異なるところよりも類似しているところの方が多いのである。いかなる種類の暴力死を経験した者も，修復的な適応を試みようとして，その死の方法について語り直し，心的外傷と別離苦痛に適応していくのである。暴力死の様相で単にカテゴリー化することは，生存者の変数（例えば，性別，親族関係，愛着の程度，ケアしていた程度）を無視してしまうが，これらの変数は，人がどのように死んだのかよりも重要であ

る可能性もある。

　死に方で遺族を分類することは，おそらく自己選択的である。地元のサポートグループは，特定の死に方でもって，集まる傾向がある。自殺遺族の会，子どもを殺された親の会，飲酒運転反対の母の会等は，暴力死の方法によって，お互いを容易に同定できる。サンプルを集める研究者たちも，研究のために同質のグループを探す傾向があり，異なった暴力死の方法で愛する人を失った経験のある遺族をまとめて扱うことを，躊躇している。

　暴力死の遺族への影響についての臨床論文も，これらと同様に分割できるサブグループとなっているので，私のレビューもそれに従い，その初期のものからたどることにする。当初の研究は，治療に現れた患者の主観的な反応についての純粋な描写であった。これらの研究者たちは，標準化尺度で測定できない微妙な違いはあるにせよ，殺人，自殺，事故かにかかわらず，その死が引き起こす心的外傷苦痛や刑事裁判の結果へのとりつかれなどの類似の反応に，注目していた。群比較のために標準化された尺度を用いることはなく，大半の調査は，記述的で，個人の経験談を記録したものであった。

殺人で家族を亡くした遺族

　殺人は，暴力死の中で最も起こりにくいものであるが，遺族にとっては，非常に衝撃を与えるものである。殺人は，しばしば意図的で逸脱した行為を伴うため，犯人に対して重い刑事罰が下されることになる。

　精神分析の訓練を受けた研究者アン・バージェスは，まず1975年に，殺人による9家族成員の反応について記述した試験的研究を発表した（Burgess, 1975）。レイプされた女性についての研究の先駆者であるバージェスは，家族を殺されたことで心的外傷も負ったサブグループを見つけた。治療のために現れた9家族成員についての彼女の短い報告は，強烈な恐怖，恐怖による回避，死についてのフラッシュバックや夢，強烈なストレスと裁判結果についての気晴らし，その悲劇に対する家族全体の長期にわたる調整，について概説している。彼女は，この反応を「殺人による心的外傷症候群」と名付け，背景にある「被害者志向の思考」ないし愛する者の殺され方へのとりつかれに内在している精神力動について，提示した。危機介入的カウンセリングで直ちにサポート

を行う以外に，特に勧められる治療法はなかった。バージェスの論文では，本質的な記述的特徴（心的外傷苦痛，刑事裁判や地域社会にとりつかれること，長期にわたる込み入った悲嘆）が示されていた。

殺人による精神への影響についての類似の記述は，何人かの研究者たちの実証研究によって，支持されたり広げられたりしてきている（Amick-McMullen et al., 1989; Parkes, 1993; Rinear, 1988; Rynearson, 1984）。しかし，これらの後続の研究は，彼女が最初に明らかにしたことと一致しているだけである。彼女の元々の観察結果が，土台であり続けている。

暴力死によって死別した親についてのシャーリー・マーフィの最近の研究（Murphy, 1999）は，急性と慢性の強い心的苦痛についてのこれらの臨床的描写に対して客観的に検証したものであり，殺人による死が，自殺や事故による死よりも，強い悲嘆と結び付いていることを明らかにしている。これは，死に方による違いを初めて指摘した研究であり，この発見は，暴力死についての他の自然主義的研究によって，確認される必要がある。

殺人事件では，遺族は，刑事司法機関と接触することになり，その結果，混乱させられたり欲求不満状態に陥らされたりする。法律用語の定義と被害者擁護サービスについて記した2冊の本（Redmond, 1989; Spungen, 1998）がある。これらの本は，非常に複雑な刑事司法の過程を，1冊で理解させてくれるものとなっている。

自殺で家族を亡くした遺族

この方法は，暴力死の中で，殺人よりも頻繁に生じるものであり，遺族は愛する者の死んだ理由を説明しようとして，孤独なジレンマを感じるようになる。この死は，非常に意図的なものであるが，殺人者と被害者が同一行為によって，消えてしまうものである。逮捕されたり罰を受けたりするために，この世に残された者は，いないのである。

おそらく自殺に関する本の中で最も広く読まれているのは，アルフレッド・アルヴァレズによって1971年に書かれ，1990年に改訂された『残酷な神』（Alvarez, 1990）であろう。それには，自殺の社会文化的歴史と筆者を含めた芸術や芸術家に与えた影響について，みごとに綴られている。この詩人であり

エッセイストでもある彼は，31歳の時，命取りになるような自殺未遂をしたが，彼はその自己破壊の欲求について，自身に課されたもの，すなわち，「時折，自分に対して生じる，緊迫して狭量で不自然な必要性に対しての，不快ではあるが完全に自然な反応（Alvarez, 1990, p.307）」とみなしている。

　自殺傾向にある人の治療については，多くの本があるが，自殺が遺族に与える影響についての本は，ほとんどない。死別における自殺の影響についての最近の文献レビュー（Ness & Pfeffer, 1990）には，たった70の発表論文しか含まれておらず，それでは，恐怖，回避，侵入的フラッシュバック，夢を伴った急性の心的外傷反応についての多様な報告に，注目している。そのレビューで強調されている自殺による死の影響についてのより素晴らしい発見は，自殺の受容とコミュニケーションを複雑にする強いスティグマについてである。遺族たちは時々，自己破壊に伴う恥や不名誉に耐えられなくなって，その死が事故や殺人であると主張していた。このスティグマは，警察や裁判所による捜査がほとんどないことや，自殺した者をサポートしたり敬意を払ったりする地域社会の人々の反応がほとんどないことによって，一層強化されていた。自殺は，他の暴力死のあり方よりも，この悲劇の説明を探すに当たって，遺族を孤立させてしまうのである。この著者たちのレビューでは，心的外傷苦痛，社会的スティグマ，回避についての発見が長年続いていること，しかしその一方で，これらの違いを実証するための，個人の経験談についての報告を超えた客観的データはほとんどないことをも，示唆している。

　精神科医であり作家でもあるスー・チャンスは，彼女の息子の自殺による死別の主観的経験について，説得力があり洞察力のある本を著した（Chance, 1992）。その薄い本の中で，彼女は，自分が綴った日記を引用して，混乱した考えや感情の迷路から，書くことで自分に語り直すことがナラティブを再構成するのを助けた，としている。そして，その本の終わりの部分で，彼女は，自分が永久的に変わったこと，しかし，息子が自殺したことでの絶望から彼女自身を救う方法として，生きて他者を救っていくことに関わろうと決心したこと，を明らかにしている。

事故で家族を亡くした遺族

　自動車による事故死は，暴力死の中で最も頻繁に生じるものである。遺族は，家族を失ったことと刑事司法制度への怒りから，急性・慢性の精神症状を出すリスクがある。

　自動車による事故死は，（戦争における兵士の死のように）予期されたリスクではあって，殺人や自殺による死よりは理解可能であるが，にもかかわらず心的外傷を負うものである。その事故が，他者の不注意や酩酊状態で引き起こされた場合，遺族はその死を特に逸脱したものと捉え，亡くなった者は被害者とみなされる。相手の運転手に明らかに過ちがあれば，刑事司法機関において判決が下るが，その刑罰は，故意の殺人に比べて，明らかに軽いものである。

　遺族たちは，自動車事故による死亡に対する刑事司法の反応が不十分であると怒り，1980年代，共同でサポートしたり抗議したりする会を自分たちで結成するようになった。飲酒運転反対の母の会（MADD）は，飲酒運転に対してもっと予防的で厳しい罰則，そして，自動車による殺人に対してもっと相応の刑罰を法律で定めるよう主張し，効果を上げた注目に値する組織となってきた。ジャニス・ロードは，MDAAの臨床サービスの長であった時，愛する人を事故死で失くした遺族のために『さよならの時間がない』（Lord, 1987）を著したが，同書は，心的外傷や悲嘆の心的苦痛を明らかにした簡潔で読みやすい手引書であり，正義や応報を求めようとしてしばしば経験する無力さをどのように扱うかについての実用的なアドバイスも，付け加えられている。

　急性・慢性の影響を立証する客観的測定でもって，事故死による死別についての心的外傷や悲嘆の心的苦痛の激しい反応を検証した臨床研究の最近のレビュー（Malt, 1994）がある。これらの客観的発見は驚くものではなく，すなわち，臨床場面で見られてきたものと一致している。

　事故死に関する文献において，死が突然であることや応報や刑罰が十分でないこと以外で，激しい心的苦痛を説明する理論を含んだものは，ほとんどない。事故死には，比較的意図が伴っていないことが，おそらく想像上の再現を少なくさせているのであろう。その死は，計画されたり目的があったりしないので，その語り直しにも，それほど入念さを要しないのである。その故人が運転しており，しかもその故人が事故の責任の一端を負う場合は，とりわけそうである。

心的外傷を伴う死別：心的外傷と死別の融合

　心的外傷と死別の臨床的文献は，第二次世界大戦以来，この同じ区分がなされたままであり，その間，それぞれの研究はかなり熟したものになってきているものの，それらは平行線をたどったままとなっている。この分裂を補修していくには，かなりの時間がかかるであろう。

　1960年代，70年代，80年代における死別に関する文献（例えばBowlby, Parkes, Raphael, Jacobs, Zisook, Shuchter）は，よく練られた前途有望なものであり，それらは，配偶者との死別に対する反応の頻度や軌跡と新たな理論的洞察—死別に対する反応とは，無意識のメカニズムではなく，愛着ないし養育に対する普遍的な欲求を中断させられたことに基づくとするもの—を提示している。自然死の臨床的影響やその処遇についての詳細の情報についての最近の素晴らしいレビューとしては，悲嘆についての理論や分類（Jacobs, 1993）やその処遇（Rando, 1993）がある。

　この同じ時期に，心的外傷について研究した臨床家たちは，虐待（Foa & Rothbaum, 1998; Herman, 1992），戦争（Van del Kolk, McFarlane, & Weisaeth, 1996），災害（Green, Grace, & Lindy, 1990; McFarlane, Clayer, & Bookless, 1997）によって心的外傷を負った人々についての前途有望な研究を行い，持続する心的外傷反応の精神・生物学的な基盤について，力説した。また，薬物療法を組み合わせて心的に安定させた後に，心的外傷の記憶に再曝露させる認知療法に焦点を当てた新しい方法が開発された（Foa, Keane, & Friedman, 2000; Meichenbaum, 1994）。

　この同じ時期，喪失を，死別の反応と結び付けるのみならず，心的外傷反応とも結び付いているとして概念化した研究者たち（Figley, 1999; Horowitz, 1976; Rando, 1993）もいた。ホロヴィッツは，心的外傷の精神力動に関する悲嘆についての彼の概念モデル—情緒的に価値のある人を喪失することは，侵入と回避のいずれかの反応によって処理される非常なストレッサーであるとするもの—を基に，この多次元の視点を，初めて明確にした人である。彼と彼の同僚は，出来事インパクト尺度と，その死によって非常に心的苦痛を経験してい

る遺族に対する短期的な個人治療を開発した。ただし，彼らは，暴力死を視野に入れてはいなかった。

　最近の5年間，心的外傷と死別反応を，死後に共存する反応として考える新たな文献が登場するようになってきた。これは，1世紀以上前にフロイトとジャネが始めた概念的分裂に，新たに橋を渡すという刺激的なことを意味している。プリガーソンとジャコブ（Prigerson & Jacobs, 2001）は，心的外傷性悲嘆と呼ばれる，死に続いて起こる心的外傷と別離苦痛とが合わさった症候群について，信頼性の高い尺度（外傷性悲嘆目録）を作成した。この症候群は，自然死の後の遺族についての調査を元にしたものであり，おそらくは，内在する愛着の脆弱性に基づいたものなのであろう。心的外傷を伴う死別を経験した者は，故人がいなくなって養育する対象を失ってしまったことで，その死に対して，侵入的ないし回避的な反応を伴うのであろう。シーア（Shear, 2001）は，心的外傷性悲嘆に対する短期の個人療法（心的外傷悲嘆療法）を開発し，自然死の後の10人の患者に試して，測定可能な効果を得ている。ただし，これらの研究者も，ホロヴィッツやその同僚（Horowitz et al., 1997）と同様，心的外傷苦痛に暴力死が特有に及ぼすであろう影響については，考慮していない。

要　　約

　暴力死の研究についての私のレビューは，今日に至るまで，紆余曲折があったことを示している。それは，心的外傷と悲嘆についてのジャネとフロイトの鋭い洞察，すなわち，外的か無意識の葛藤かについての彼らの対立したナラティブモデルで始まった。この誤って方向付けられた争いは，ココナッツグローブ火災による暴力死の初期の研究者たち（アドラーとリンデマン）によって引き継がれたが，第二次世界大戦後の集団殺戮の生存者たちの研究では，暴力死に特化した影響が，注目された。文献は，暴力死についての心理を理解する基礎をなすものとして，集団殺戮が，意味（フランクル），感情（クリスタル），認知（リフトン）を打ちのめしてしまうような影響をもたらしたことを明らかにしている。すなわち，希望を抱くことができる意味の感覚，自分を落ち着かせる力，暴力死の後の死のイメージを統制する力がないので，生存者は，その

死の出来事に適応できないのである。暴力死の影響についてのわれわれの精神力動的理解は，この3人の著者に基づいたものとなっている。

DSMモデルは，患者を精神力動の側面から理解するよりも，その診断に重点を当てたものなので，暴力死を含め，多くのライフイベントの重要性を弱めてきてしまった。そのような流動性のないスキーマにおいては，暴力死についての固有の影響や治療の特殊性に関して，精神力動的に理解していくことに，焦点を当ててはいないのである。DSMは，外的ストレッサーに対する個々人にとっての処理に注意を払わず，ストレスに対する測定可能な反応の客観的な目録を要求するものである。DSMのプロトコールによって行われている徴候や症状の測定は，心的外傷，悲嘆，抑うつについての彼らの反応を，客観的に記録することで，暴力死の遺族の研究における妥当性と信頼性を高めてきたのである。

殺人は，暴力死の中で最も遺族の心的苦痛を伴う形態のようである。自殺は，その死を説明するのが複雑で，その遺族は孤立させられてしまうものであり，事故死は，故人に過失がなく，加害者に少なすぎる罰なり報復しかない場合，より強い怒りを招くものである。

近年，死に対する共通した反応として，心的外傷と喪失の両方を含んだ自然死の遺族に関する概念的焦点の融合が，なされ始めている。死に対する焦点は多角的になっているものの，研究者たちは，暴力死の心理的反応が，自然死のものと異なることを，考慮してきていない。しかし，多くの個人の経験談からは，暴力死がより強くて持続的な心的外傷性悲嘆を伴っていることが示されている。研究者たちが，いかなる死に対しても，喪失及び心的外傷の反応が見られることを受け入れるにつれて，それぞれの死の違いを記述する課題は，より包括的なものとなるであろう。

最後に，研究者たちは，彼らのモデルにおいて，その精神力動を組み込んでいく必要がある。自分のことを殺された人をケアする存在とみなしていることが，適応できない背景にある。ケアするという関係性がないならば，暴力死は，われわれ自身を修復させる必要がある物語ではなく，単なるニュースでしかないのである。

第9章

臨床実践の未来像

　暴力死は，人間の意図ないし不注意を含んでおり，地域社会に広く影響を与えるものなので，公共に原因と結果があって，避けうる死である，と考えるべきではないだろうか。この広い文脈で捉えると，暴力死の原因は，その死に直接含まれた個人の問題を超えて，その地域社会全体を含むまでに広げられることになる。暴力死が公衆衛生の前提や結果に伴う出来事であると理解することは，個々の惨状を超えた視点での解釈を可能にさせる。暴力死の光景は，その起源や影響とは別に，ニュースやエンターテインメント産業に利用され，あるいは，政治家や社会的機関によって厳格に捜査され刑罰が与えられる。こうした文脈で捉えると，暴力死の個々の行動や意図は，その物語の中のごく一部でしかないのである。

　最近の大都市地域における疫学研究によると（Breslau, 1998），愛する者の予期できなかった突然の死は，地域社会のいかなる出来事（暴行やレイプを含む）よりもPTSDの原因として重要であり，PTSD事例の3分の1近くになる。

　遺族に長期にわたって健康上の影響を与え，暴力死の捜査，裁判，刑罰のために莫大なエネルギーと地域の社会資源を使っているのに，なぜ，公衆衛生は，（1）暴力死が起きる前に予防すること（**一次予防**），（2）愛する者の暴力死によって何もできない状態になるリスクが高い地域住民に対して，早期の処遇を行うため，そのような人を特定すること（**二次予防**），（3）暴力死の影響を受けた地域住民に対して，リハビリと教育を提供すること（**三次予防**），に対する主導権がないのであろうか。

　予防についてのこの公衆衛生モデルは，伝染性の病気ないし毒素についての

潜在的,直接的,そして長期的な影響を管理する枠組みを提供するものである。例えば,腸チフスに関しては,飲み水用の井戸と汚水浄化槽を用いた下水設備とを分けることで防止でき(一次予防),腸チフスが流行した際には,同じ水源の水を使っている家族たちを検査し,感染しているならば抗生物質を与えることができ(二次予防),その再発を防ぐために,感染源とその影響について地域社会を教育することができる(三次予防)。この予防モデルを暴力死やその影響に対して責任を負う要因やその影響に対して適用することは,暴力死がバクテリアや科学的毒素だからなのではなく,大きな相互に関連した物語の一部として暴力死を見ることで,それがなぜ始まったのか,いつどうやって介入できるのか,をより理解できることにつながるため,効果があるのである。

一次予防:銃,車,物質乱用,貧困

　少なくとも50％を超える暴力死が,物質乱用,銃器,自動車の3要因と組み合わさっている。薬物や酒によって酩酊状態になっていることが,自動車事故死と殺人の半分以上に関係している。銃器は,殺人と自殺の半分以上を引き起こしている。車,銃,物質乱用は,暴力死に影響を及ぼすリスク要因であり,特に15～34歳の男性では,ほとんどすべての死が,これらと関係している。米国には,子どもたちを物質乱用,自動車事故,暴力のリスクから防ごうとの社会的圧力や教育資源がかなりあるにもかかわらず,他の先進国とは比較にならないほど,これらの要因が未だに,高い比率の暴力死に含まれている(Department of Health and Human Services, 1997)。

　米国は,欠点があり矛盾した以下の規則に,従い続けてしまっている。

1. 米国憲法修正第18条及び酒についての規則と同様,「麻薬との戦い」を宣言したわれわれの国家政策が,麻薬の流通や使用を統制するのに効果的でなかったことは,明らかである。絶対的に麻薬の流通が禁止されているにもかかわらず,麻薬の使用は増えており,われわれの国が,何十億ドルもその禁止のために費やして,薬物の売人を投獄することは,一般市民ないし社会を守るのに,ほとんど良い影響をもたらしてこなかっ

た。
2. 銃所有者に関する米国憲法修正第2条の侵害に対する公的抗議は，鏡の反転映像のようなものである。すなわち，「戦争」ないし他者と暴力で対決することの可能性から自分を守る個人の権利の方が，銃による死の上昇率や無認可のピストルで殺される危険性よりも優先されるので，すべての大人は，ほとんど例外なくあらゆる種類の銃を購入できる憲法上の権利を有するのである。
3. 飲酒運転の人に対する法律，施行，統制は，安全と保護の公的権利に拮抗するところの米国憲法修正第4条—プライバシーと自由裁量の権利—と同様のジレンマに陥っている。多くの他の国々に比べて米国では，酒に酔っていないことについての法的定義の制限が少なく，酩酊状態での運転の結果に対する懲罰も少ない。

　他者に対する責任よりも個人の選択を優先することについての厳格なまでの信念とは，独立についてのわれわれの文化に対する敬意を，おそらく反映しているのであろう。酒，薬物，車，銃器は，独立，特に勇敢な独立性なり男らしさ，の象徴である。薬物，車，銃器へのアクセスが規制の対象となるという提案には，多くの米国人が激怒する。われわれの国では，社会的圧制に抵抗するわれわれの「権利」に基づいており，われわれは開拓者のように，銃（信頼できる回転式連発挙銃の代わりに，現在は隠し持った武器）で自分と家族を守る義務を有しており，また，旅行（信用のおけた馬の代わりに，現在は車），さらには，「良い時間」（安い酒の代わりに，現在は薬物や混合酒）に対して，規制されることなく接近できるという神話が続いている。過去から引き継がれたこれらの象徴的なものを規制する努力はいかなるものも，人の名誉ないし自由に対して，直接的に異議を唱えるものとみなされるのである。

　酔わせるもの，凶暴な武器，スピードの出し過ぎは，長い間，暴力死のリスク要因であり続け，今後もそうであろう。境界線を作ったり法律を施行したりすることで，それらを抹消させることはできない。これらの組み合わせにこだわる一定数の人々，特に若者，がいつも存在しているのであろう。彼らの使用や乱用を規制することは，常に，社会的な難題であり続けるであろう。物質乱

用，車，銃による致死的な組み合わせを撲滅することで，暴力死の一次予防を確実にさせうる絶対的な政策なり法律なりは，ないのである。

メディアとエンターテインメント産業が，暴力死の促進に，直接的ではないにせよ一役を買っていることも，間違いない。この産業は，暴力を力強く美化された行為として提示することで，莫大な利益を生み出しているが，これがかなり暴力を促進している。彼らは，この不幸な促進に対する責任を負わずに済むよう，その正当性について，米国憲法修正第1条の権利を掲げている。人々は，提供されたものに対して，参加することも逃げることもできる権利を持っているのであって，すなわち，メディアは人々が欲っしているものに単に反応しているだけである，と彼らは主張する。われわれ市民はそれを見ることを止められないので，それは正しいように思われる。暴力死や傷害事件は，ローカルニュースのほぼ50％を占め，テレビのアニメやドラマは，暴力的なテーマを強調し続けている。メディアとエンターテインメント産業は，暴力死の惨状が，われわれの文化において覗き見的な魅力を有していることを認識しており，その好機を利用する彼らの起業家としての義務を，履行しているに過ぎないのである。

今から何世代も後になって，個人の自律性に対する要求が，公益よりもはるかに優先されるということがなくなる頃，すなわち，われわれが自分の個人的な権利と同様，われわれの子どもにも関心を払うようになる頃には，規則と介入について，もっとバランスのとれた社会的方略が存在するようになるかもしれない。将来の方略は，「麻薬との戦い」「ノーと言おう」「銃が殺すのではない─人が殺すのである」「三振で場外（終身刑）」といった軍や運動競技のメタファーに，基づいてはいないかもしれない。単純なメタファーに基づいた現在の方略は，近視眼的で表面的である。他者を殺す者は，物質乱用，衝動的で破壊的な行動，児童期に虐待やネグレクトを経験したなどの長い歴史を，たいてい持っている。一次予防に対する好機を長期にわたって無視した結果，累積された個人的及び社会的リスク要因についての広範囲にわたる歴史が，しばしば存在しているのである。将来，われわれは，しばしば暴力や物質乱用の原因が始まっている高リスクの家庭に対して，介入するようになるかもしれない。しかしそれまでは，根拠があるからではなく，大衆受けすることを理由として，

回避と懲罰といった政策で，社会資源を無駄遣いし続けてしまうのであろう。

　規制をもっと施行していく必要がある。子ども，ティーンエイジャー，高リスクの大人に対しては，彼らの潜在的暴力が，公衆衛生に影響を及ぼすことになるので，薬物，銃，車，暴力的なメディアに対するアクセスを規制する必要がある。しかし，この規制には，それらから直接・間接に利益を得ている政治家や企業が，協力的でないのである。おそらくタバコ産業がその規制をさせまいとして強力にロビー活動したのと同様，産業規制をしたり，彼らの金銭面での成功による公衆衛生の結果に対して賠償を支払わせたりすれば，一連の集団訴訟が起きることになろう。

　公衆衛生問題として暴力死に取り組むこととは，その防止の目標に，地域社会が介入することを容認するものである。暴力的な行動を，社会的逸脱行為であると同時に社会的な派生物とみなすことで，地域社会は，それを阻止すると同時にケアすることで，介入できるのである。それが，われわれの社会が自殺という暴力死について，考える方法である。もし，米国で誰かが自殺を試みれば，それぞれの州は，その人を入院させ治療を受けさせる法的措置で対応する。その暴力死の試みは，入院と注意，そのいずれかではなく双方を必要とする病気と結び付いた異常な行為とみなされるのである。自殺願望を有する者は，自分でその潜在性を調整できるよう助けられるまで，ないしは助けられなければ，彼らの暴力の潜在性から分離させられたり保護されたりする必要があるのである。

　このことは，暴力死があたかも病気であるかのように，犯罪による暴力死の社会的要因を隔離したり統制したりできる，あるいは，殺人行為を根絶できる，と示唆しているわけではない。暴力死の社会的・心理的原因は，多くの場合，一次予防されたり二次的に治療されたりするには，あまりに根深いものである。

　犯罪となる暴力についての最大のリスク要因は，児童期の虐待とネグレクトの歴史であり（Currie, 1998），これは，薬物，酒，銃，車がもたらす直接的影響以上の要因である。われわれの地域社会の力で，子どもが生まれる前から，そして生後5年間，暴力の社会的そして心理的決定因から，幼い子どもを犠牲にしないよう予防していかなければならない。5歳以降の予防的介入は，有意

に効果的でなくなる (Rivara & Farrington, 1995)。われわれの国が，本当に暴力を予防しようと取り組むのであるならば，被虐待児に対する実質的なケアから始めることになろう。

　子どもの虐待やネグレクトに対する包括的かつ長期的な予防の社会プログラムは，無視されてきた一部の人々—不利な立場に置かれている母親と彼らの幼子—に対して，多くの社会的そして財政的関与を必要とするものであり，何年もかかることであろう。麻薬を規制したり犯罪者を投獄したりするために使われている何十億ドルのうちの一部を，暴力や物質乱用に関して高リスクの家庭に対する処遇や社会的支援のための予防プログラムに転換させてよい時期は，既に到来している。物質依存に対する強制的治療，ピストルや銃器に対する厳しい規制，飲酒運転に対して自動車を押収したり運転免許を無効にしたりすることは，おそらく暴力死の可能性を少なくするであろうが，それらの規制は，貧困，虐待，遺棄によって追い込まれた幼い子どもの「魂の死」を直接止めることはできない。長期にわたった虐待とネグレクトによって，自分の将来に対する目的や確信についての感覚や，彼ら自身の生や他者の生に対する尊厳についての感覚は，失われてしまうのである。酩酊状態による暴力行為や殺人を予防していくには，あまりに遅くなってしまうが，われわれの社会が，愛情を持って脆弱な子どもを育てたり保護したりすることを，米国憲法修正第1条，第2条，第4条の大人の権利よりも優先させる最も基本的な権利として考えるようになるまでは，これらの若い子ども達の人生を無駄にし続けることになろう (Gilligan, 1997)。

二次予防：対象者の特定と介入

　これまでの章で，暴力死の遺族の心理的影響や，長引く不適応の徴候や症状について検討してきた。二次予防の最初の目標は，暴力死を経験してしまった人のうち，機能不全の反応を進展させていく高リスクの人を特定することである。臨床報告や実証研究においては，何年間も続く高水準の外傷性悲嘆を進展させるリスクが，暴力死で子どもを亡くした母親で最も高く，虐待やネグレクトの成育歴を有し精神科の治療歴がある若い母親の場合，さらに高リスクにな

るとされている。また，暴力死で親を亡くした子どもも，母親同様，故人と生まれて最初に形成された愛着の絆を分かち合っているため，同様のリスクを有しているという，納得させられる実証的エビデンスもある（Eth & Pynoos, 1994）。愛着が暴力死によって断たれると，親や子どもは，与え手と受け手といった強い情緒的結び付きゆえ，心的外傷を負うことになり，それが，一層彼らを脆弱にさせるのである。誰もが強い心的外傷苦痛の状態になるが，あまりに機能不全となって支援を求めるのは，一部の家族成員に限られており，おそらく母親と子どもが，最も影響を受けることになるのであろう。

非常に心的苦痛を伴い機能不全である家族成員が特定できたならば，その二次予防は，彼（女）の死についての再現のイメージを相殺するために，その死者が生きているイメージを修復的に語り直して，リジリアンスを強化することで始まる。

抑うつ，不安，物質乱用の併存障害に対する初期の体系的なスクリーニングは，同時に生じている臨床的障害を管理するのに特化した薬物治療なりセラピーなりの必要性を，臨床医に警告してくれることになる。臨床医は，特化した生物学的検査と標的の定まった薬剤を心待ちにしているが，それまでは，薬物治療を組み合わせて，サポートのためにより特化した介入方法を開発し続けることであろう。心的外傷に対する生物学的な調整不良を改善させていくことができるようになるまでには，莫大な課題が残されたままとなっている。

二次予防についてのプロトコール案は，（心的外傷や別離による）心的苦痛に対する機能不全の反応や併存精神障害（不安，抑うつ，物質乱用）をアセスメントして，地域社会における高リスクの人（非常に愛着を伴った家族成員—特に母親や子ども）を特定し，健康を取り戻すために薬物治療か短期のセラピーかによる特化した介入を提供するという**臨床方略**である。通常，暴力死の捜査や裁判の間，遺族に対する集団ないし個人療法による短期介入が，持続する心的外傷や別離苦悩に対する介入よりも，先行する。二次予防についてのこの方略は，暴力死の場面でその故人に関わったすべての人に提供されるサポートやデブリーフィングといった一般的な反応とは，異なっている。的を絞った短期間の介入を提供するに当たっては，リスク，心的苦痛，障害に対する特定の基準がある。

暴力死の影響についての地域社会の人々に対する組織的な二次予防のもう一つの取り組みは，その種の基幹施設である**センター**を設けて，臨床サービスを組織化していくことである。主要都市には，そのようなサービスを正当化するのに十分な数の暴力死が，存在している。個々の臨床家は，センターがない状態で，包括的なケアを提供するのが難しいことに，気付いている。臨床家は，その暴力死に関わった多くの機関や人々と連絡をとる必要があり，専門的な修復的技法での支援を必要とするのである。センターのサービスがあれば，経験豊富な初期診療を行った臨床医と一緒に，アセスメント，リファー，修復に向けてのより効率的なネットワークを作っていくことができる。このように地域サービスを編成することは，地域の諸機関（警察，検察官，被害者支援サービス，検死官事務所，セラピスト，サポートグループ）どうしでリファーしたり情報を流す際の公共の場を提供することにもなり，その結果，二次予防がより良く調整できるようになる。

　地域密着型のサービスでは，その地域にいる高リスクな人に対して，継続的に注意を払うことが可能になる。遺族の心的苦痛の反応が遅れて出ることは，珍しいことではない。彼らは最初の1～2年間は，他の家族のケアをするという現実的問題や，加害者についての捜査や裁判のゆくえにとりつかれてしまうのであって，それらが一段落した後，以前拒否した二次予防をやっと受け入れることができるようになるのである。1～2年以上もアセスメントを拒否する人を追跡することは，非現実的あるいは必要ないであろうが，遅くなってからでもサービスを必要としてくる人が切り捨てられることなく，援助を受けられるということは素晴らしい。遺族は，裁判という見世物的なものが終わってしまうと，メディア，警察，裁判所，友人たちが，彼らから去っていくことを経験しているので，自分が引き続いてケアを利用できると知って，安堵感を覚えることになろう。

三次予防：サポートグループ，被害者補償，加害者の改善更生

　三次予防は，暴力死に関連した危機が収まった状態になった後に，行われるものである。長期的な援助が必要な地域社会の人を社会復帰させることができ，

地域社会は，彼らが生き延びたことを検証し，その危機の再発を予防する方法を学ぶことができるのである。

1970年代になって**互助グループ**運動が始まるまで，米国には，暴力死の後の長期的なサポート，教育，エンパワーメントの機能を与える社会的機関が，存在しなかった。そこで，共通の悲劇に見舞われて集まった遺族のグループは，暴力死の余波を乗り切るために集団で関わり，暴力死がどのように自分たちを変えたかを共感的にいたわりあう場を提供するようになった。

互助グループは，混乱した家族に対するオンブズマン―今日では「被害者サービス」と呼ばれている機能で，後に大半の刑事司法機関への設置が義務化されたもの―として役に立った最初のものである。彼らは，また，暴力死を防ぐであろうと法律を厳しくしたり，厳しい判決を立法化したり，加害者の捜査，裁判，判決の言い渡しなどにおいて遺族がより積極的な役割を担うことが可能になるよう，集団で議員たちに圧力をかけることで，有力な社会の擁護者にもなっていった。

互助グループ運動が効果的であったのは，直接的で制限のない援助を約束するものだったからである。互助グループのメンバーは，専門家に相談するのではなく，似た死を経験した人を助けたり，そうした人に助けられたりする必要があることを，何となく認識しており，それを，収益を得る動機からやっているのではなかった。彼らは，暴力死の影響について話し合う必要があるのであって，それは，彼らの子ども時代や結婚がもたらした問題点，あるいは臨床医が扱うことを訓練されてきたその他の「問題」ではなかったのである。実際，遺族たちは，心理療法とは無関係に，自発的に，彼らが経験した悲劇に対して，他のメンバーからすばやく直感的な理解が得られる公開討論を行った。

互助グループが，死別を経験した遺族の三次予防に対して，価値あるサービスを提供してきたことは疑いがない（Marmar, 1988）が，それらが，周りの臨床機関やサービス機関の援助と連携してこなかったことは，不運なことである。おそらく，その種の基幹施設であるセンターでの臨床サービスは，困難なケースについて，より横断的なリファーを勧めることができたであろうし，また，自発的で互助のグループミーティングで適用される短期間の修復的方略についての訓練を勧めることもできたであろう。センターが暴力死に対するサー

ビスを提供し，そこで遺族がスクリーニングされたり医療の必要性についての検討が行われたりするならば，互助プログラムにおける彼らの参加も，それらの代替物としてではなく，追加のサービスとして，サポートグループに対する役立つ社会資源になっていたであろう。

　互助グループと臨床や地域社会のサポートの社会資源がもっと協力的な関係を築いていくこととは，予防可能性や教育可能性を秘めた意欲的な取り組みである。しかし，この友好関係は，臨床家たちが，暴力死に関連した明確で簡潔なスクリーニングと，介入のための短期間の関連のある方略を提供しなければ，始めることができない。これらの方略は，効果があるもので，かつ，臨床家でない人も利用できるくらい単純である必要があり，臨床的サポートに対する徴候なり機会なりが定義され，利用可能であり，しかも無償である必要がある。

　サポートグループと，身体虐待や性的虐待の被害者を代表した連合組織の強いロビー活動の努力によって，国会は，1984年に司法省に**犯罪被害者対策室**を設置するための基金を承認した。この対策室は，大人にも子どもにも，経済的な賠償とサービスを提供することを義務化した。基金は，税金ではなく連邦の凶悪犯から集められた罰金によっている。この基金（年間，約2億5千万ドル）は，暴力死によって生じた，葬祭費，貧困状態に陥った遺族に対する経済的サポート，及びその犯罪に関連して必要となった医療や精神障害の治療費として，50州すべてに分配されている（各州は，それぞれが選んだ機関を通じて支払いを行っている）。これらの基金の大部分は，身体的，性的に虐待された女性や子どものために拠出されているが，犯罪による死で不適応状態に陥った遺族も，その適格者である。残念なことではあるが，被害者補償は，犯罪によって殺された罪のない被害者の身近な遺族にしか，支払われていない。自身が犯罪に走ってその結果殺されるに至った者の身近な遺族も，被害者遺族と同じ位に打ちのめされ，また，罪がないかもしれないが，この被害者補償の恣意的判断では，そうした遺族の感情的な影響は，扱わないことにしている。

　州によって，給付金や補償範囲には，歴然とした差異がある。アセスメントとサポートの具体的なガイドラインがないため，州の機関は，それを恣意的に決めている。例えば，犯罪による死の後の遺族に認められた治療回数は，コネチカット州では6回だが，ワシントン州ではより厳密な再検討を行うまで少な

くとも30回が認められている。ワシントン州は，犯罪被害に特化した治療ガイドラインを作るために，州全体から集めた臨床家と被害者補償官による委員会を設立して，最近12回から30回にセッション数を増やした。その委員会は，犯罪被害者の治療に関する処遇文献やワシントン州の被害者補償に対する経費パターンを概観して，客観的な臨床と金銭面での情報を元に，給付金の範囲と処遇方略について，提案することができた。これらのガイドラインは，州議会で承認され，あらゆる免許を有する公衆衛生機関と実務家に対して，最新の文献を含んだマニュアルと臨床的レビューが，送付された。

州ごとに，犯罪のパターンが異なっていたり，特有の臨床上の必要性や供給源があったりするので，それぞれの地域に根ざして開発されたガイドラインの方が，明らかに利点がある。また，地域ごとに集められたグループで，ガイドラインや給付金を開発させていくまさにその過程は，臨床家を，外から与えられた規制に対して受け身的に追従させるのではなく，そのガイドラインを作り上げたパートナーとして，積極的に関与させることに通じるのである。司法省は，信頼できる臨床方略を喜んで取り入れようとする臨床家が適切に犯罪被害者をサポートできるよう，その質を確実に保つために，そのような委員会を各州で定期的に開催するようおそらくは主張すべきなのであろう。一般的なガイドラインやその施行についての開発も，望まれる。

最後に，どんな予防的介入からも完全に見捨てられてしまっているのは，暴力死を犯した人である。米国における殺人に対する厳罰や死刑の可能性を考えても（仮釈放のない終身刑に服している，ないし，死刑囚は，殺人犯の27％である；Currie, 1998, p.45），その大半がいずれは，釈放される。絶滅させられたり処理されたりする病気なり毒素なりとは異なり，暴力死を犯しても仮釈放となった人は，生き続けて，再びわれわれとともに暮らすようになるのである。裁量の余地のない判決と刑罰で「犯罪を厳しく取り締まる」時代において，殺人犯が，釈放前に再び殺人を起こす危険性について予測されるだけで，重警備刑務所内で改善更生に向けての体系的なプログラムに参加していないことは，驚くことではない。われわれの社会には，彼らを釈放する前に，彼らに自分の殺人衝動を理解させ規制させることを助ける義務が，なぜないのだろうか？地域社会は，殺人犯の釈放が改善更生についてのある基本的な努力に伴うもの

であると，安心させられる必要がある。暴力死を引き起こした後に釈放される者は誰もが，長期にわたって禁酒すること，読むことを学ぶこと，職業的技能を習得すること，怒りをコントロールすること，被害者遺族に損害賠償を行うこと—明確な条件とその持続の結果を伴った釈放であって，それが中断された場合には，刑務所に戻るという，殺人犯と地域社会との間の肯定的な契約の要素—を約束させられるべきである。裁判所や刑務所は，釈放前に，必要不可欠な改善更生，遺族とのコミュニケーション，地域社会で犯罪者が受け入れられるようにするための保護観察計画を，提供する必要がある。死刑執行や終身刑は，一次予防（暴力死の原因の根絶ないし孤立化）と同等であるが，受刑者を改善更生させることも，この一次予防—地域社会に戻す前に，病原菌や毒素による致死を弱めること—を拡張したものである。

いずれ地域社会に戻ってくることになる殺人犯に対して，刑務所では，単に彼らを危害を加えないようにさせるだけでなく，社会にとって生産性のある人間にさせるよう，準備させていくべきである。彼らはしばしば，親としての役割を伴って地域社会に戻ってくるが，彼らを改善更生させることとは，彼ら自身が受けたのと同様のネグレクトや虐待を，彼らの子どもに受けさせないよう守ることに，つながるかもしれない。

地域密着型のサービス，訓練，臨床医自身の修復

殺人，自殺，事故による暴力死は，その遺族の直後，中間期，回復期の支援に，専門化された地域の社会資源をあてがうことを正当化するのに十分な頻度があり特化したものである。いかなる原因による暴力死（殺人，自殺，事故）も，二次予防の共通の方略によって，サポートされることができる。センターのある地域サービスでは，暴力死による遺族に対して，あるいは，学校での銃の乱射，テロリストによる爆破，航空機事故などのような広範囲にわたった暴力死による生存者や遺族に対して，すなわち，いずれの種類の暴力死に対しても，同様のスクリーニングや介入を提供するであろうし，一連のサービスを提供する関連のある社会的そして臨床的機関の調整をすることができるであろう。暴力死によって傷つけられてしまった多くの人は，公衆衛生サービスを受

ける余裕がないので，専門化された地域の社会資源には，その地域の人が無料でサービスを受けられるよう，財政的支援が必要であろう。

　大規模な死傷者が出たいくつかの地域災害においては，包括的な支援活動が行われてきた。1995年のオクラホマでの連邦政府ビル爆破事件と，1999年のデンバーでのコロンバイン高校銃乱射事件では，地域で活発にサポートがなされ，外的機関からの基金と協議会が，これらのサービスをサポートしたが，そのサポートの開始やその構造をまずもって決めたのは，その地元の人々であった。もし二次そして三次の予防を組織化するに当たって，臨床家が役割を果たす暴力死に対する既存のサポートプログラムがあったならば，おそらくこれらのサポートサービスは，より効率的に実施されたことであろう。このようなサービスは，遺族がその時に必要としているものに対して，制限なく反応できる場となり続けたであろう。

　そのようなセンターのサービスの目的を果たすためには，サービス提供者の採用，訓練，サポートが必要になろう。フルタイムの職員は，少人数の管理職職員とアセスメント，コンサルテーション，特別のグループを提供するための数人の臨床家に限られるであろうが，中間期のケアや長期にわたるリハビリに利用できるその地域の臨床家にリファーできる網羅的なネットワークが存在することになろう。

　センターのサービスは，定期的なワークショップ，講義，現在進行中のケースの相談を，地域臨床に提供することにもなろう。この種の訓練の機会は，臨床の力を強化するのみならず，専門的なリジリアンスを生み出す源泉としても，機能するであろう。地元の臨床事例のカンファレンスは，一人で治療に当たっており，遺族の反復的な再現で頭がいっぱいにさせられてしまった臨床家に対して，治療的展望を取り戻させることにもなろう。再現の語り直しに，過度に没頭することは，語り手にとっても聴き手にとっても，リジリアンスを弱めてしまうことになる。臨床家は，自分の適応を再び取り戻し，実践に戻った際，平静さを保ったり自他の境界を失わないようにする技能を発達させていく必要がある。

　臨床家の多くは，自分に対するケアをほとんどしていない。彼らが患者に尋ねていた以下のような質問を自分にする必要があると聞いて，彼らは驚くので

ある。

「昼休み時間までも働くべきですか？　休みを取る必要はありませんか？」
「この心的外傷から心を休息させるために，どんなことをしていますか？」
「あなたの心の器が心的外傷でいっぱいになっている時，どうやって初診の患者を断りますか？」
「彼（女）の話を聴くのにあなたが耐えられない場合，どのように他の人にその話についての助けを求めることができますか？」
「誰があなたのケアをしてくれていますか？」

　臨床家の多くは，他者の面倒をみる傾向を強く持っており，その結果，自分の欲求をないがしろにしがちなので，臨床家のバーンアウトは，まったく驚くことではない。ストレスを抱えた臨床家をサポートすることも，三次予防の課題である。臨床家は，地域社会で彼らの面倒をみる役割に戻る前に，彼らの経験を自分のことのように感じて受けた心的外傷から，癒される必要がある。殺人犯の改善更生は，彼らの犯罪性ゆえに無視されるのだが，心的外傷を負った臨床家の「改善更生」は，彼らの利他的精神から無視されてしまっている。いずれの場合も，正当な理由のない固定観念が，彼らに必要なものを回避させてしまっているのである。
　専門家の専門性に敬意が表されるこの時代に，暴力死や心的外傷を負った死に対する「認定された」専門家になるための標準化された訓練やテストを考えることに抵抗するのは，難しい。しかし，処遇に特別の効果が見られることやその処遇の方略が妥当であると示す，しっかりとしたデータベースができるまでは，その専門化を遅らせるのが，賢明であろう。現時点で，われわれの臨床経験と理論をゆるぎないものとして正当化するのは，時期尚早である。新しい洞察なりアプローチなりに対して，開放的であるままの方がよい。専門化することには，臨床家や研究者の地位や考え方を狭めてしまうリスクがある。

例示による要約：ココナッツグローブ火災の再来

　暴力死についての今日の専門家の取り組みを淡々と説明していくかわりに，

それらが，これまでに紹介してきた地域での大災害において，いかに実行されるのかを考えてみることにしよう。491名の死者を出したココナッツグローブ火災が繰り返されたならば，どうであろうか。もし，われわれが包括的なサービスを作ることができたとして，愛する者を失った遺族たちに，われわれはどんな異なることをするであろうか？

今日でも，同じ出来事で多くの人が突然の死に見舞われたとすれば，主たる大都市圏のサービス機関は，戦場と化すであろう。心的外傷センターや緊急治療室は，サイレン音や猛スピードの車で，ごった返すであろう。回復の見込みがあるかどうかの選別がなされ，遺体の列ができるであろう。急性の肺の熱による負傷で多くの者が亡くなるであろうが，進歩した人命サポートや専門化した火傷と集中治療室での治療によって，以前に比べれば，確かに多くの者が生き残るであろう。

今日それが起きたならば，それぞれの病院は，精神科のサービスを提供し，大きな心的外傷センターには，生存者の急性期の心理的ニーズを扱うことに備えた精神科のスタッフがいるかもしれない。生存者たちには，精神医学的なアセスメントを受ける機会があるだろうが，他機関へのリファーを要求したり，あるいは明らかな精神異常が見られたりしなければ，それほど多くの人が診断されたりはしないであろう。追跡研究を行う準備なり財源なりがある地元の臨床の研究者——アドラーやリンデマンの現代版——がいなければ，生存者のそれぞれが帰宅を許される前に，面接がなされるかどうかは，疑わしい。多くの生存者は帰宅を許され，そして，忘れさられることであろう。

1942年当時に比べれば，地域社会は，その惨事の再発に関して，注意を払うであろう。その惨事の後，数週間にわたって，メディアは，ナイトクラブの煙の立ち込めた焼け跡についてのテレビ映像と再現の物語を繰り返す生存者へのインタビューにとりつかれるであろう。全国的なメディアは，いかにその悲劇が生じたか，いかにそれが回避しえたか，についての詳細を描写した1時間ものの特集を組むであろう。そして，それには，悲嘆の段階を引用したり，泣くなどの悲しさや怒りを表現することが大切であると説いたりする悲嘆の専門家との予想可能なインタビューが，含まれることであろう。また，弁護士が，その火事の生存者やその遺族の周りに群がり，安全規則を無視したナイトクラ

ブのオーナーから経済的補償を得る好機について，彼らに主張するであろう。

　暴力死の後の地域密着型のサポートの臨床サービスは，火事の見物人やそこから逃げ延びた人々以外の人にも，影響を及ぼすであろう。入院した生存者それぞれは，確認のためにアセスメントとスクリーニングを提供されるであろうが，その恐ろしい火災で491人が亡くなった際には，単に入院した生存者が情緒的支援を必要とするのではない。遺族も，火傷を負い窒息死した彼らの愛する者の最期についての物語を語り直す必要があるのである。何百人もの遺族が，愛して守ってきた人についての悪夢のような劇的な出来事，すなわち，閉じ込められ，窒息させられ，焼かれて死んでいったという劇的な出来事に対して，再構築していく必要があろう。

　検死官事務所の協力によって，センターでの臨床サービスは，その火事の生存者及び491名の死者の遺族すべてに，サポート，相談，介入を提供するために，連絡を取ることができるであろう。それぞれの家族には，電話をした後に，見舞いの言葉とともに無料で支援が受けられることを短く案内した手紙が送られるであろう。メディアは，支援サービスが利用可能であることを報道し，そのスタッフのメンバーは，再現のイメージについての共通の反応や修復的語り直しの重要性を明らかにするために，メディアのインタビューを用いることができるであろう。うまくいけば，その惨事についてのテレビ報道が，多くの遺族にとっていかに心的外傷になるのかを知って，死に関連するイメージを繰り返し報道することが自粛されるようになるかもしれない（Cote & Simpson, 2000）。

　火事からの直接の生存者と犠牲者の遺族は，二千人以上になるであろう。しかし，そのうちの少数，おそらく15〜20％程度の人（3，4百人）が，援助を求めてくるであろう。機能障害の反応を起こすことに対して，母親と子どもが高リスクであることが明らかにされているので，彼らをサポート対象者とみなすであろう。心的外傷と別離について遅延反応がある人は，その火事から2年目ないし3年目に，援助を求めてくる傾向があろう。地域の諸機関や周りの臨床家との既存の関係を通じて，それぞれの高リスクな生存者や遺族に対して，調整されたサポートが手配できるであろう。

生存者の修復的語り直し

　最後に，忘れられないのは，大勢の死者を出した恐ろしい夜の再現の物語と，修復的語り直しを含めた治療の中で，いかにそれらが語り直されるのかについてであろう。生存者が再現の中に持ち込んできた恐ろしい記憶を，われわれはいかに取り扱うであろうか。われわれは，アドラーとリンデマンの事例報告（8章 pp.156-161）で，その火事で妻を亡くした2人の青年によって語り直された物語を知った。彼らの再現の物語が，いかにして，アドラーによっては実質的に無視され，リンデマンによっては過度に出てきたのかをレビューしてみると，修復的語り直しについての，より一層個別化された適応に向けての方略というものが，浮き彫りになる。

　アドラーは，妊娠中の妻を火事で亡くした20歳の男性が，追跡調査のため来訪した際，生々しい再現のフラッシュバック，悪夢，回避の振る舞いを伴った激しい心的外傷苦痛と抑うつとが混じった反応をしていると気付いたものの，治療しなかった。その青年は明らかに，妻の死の再現イメージを制御できず，その火事を思い出させるいかなる状況（映画館やサイレン）に耐えることもできていなかった。彼は明らかに患っており，すなわち，職場で十分に働くことができなかったし，徴兵委員会から軍人として不適格であると宣告されており，積極的な介入が必要であった。現在ならば，彼の治療では，併存精神障害に対するもっと厳密なスクリーニングを行っていたことであろう。彼の臨床記述と持続的な機能不全からは，おそらく慢性のPTSDと大うつ病の基準を満たしていたと考えられるが，その双方は，薬物療法に加えて，心的外傷となったその火事についての記憶に漸次曝露して語り直させ，リジリアンスを回復させ心的苦痛を減らしていくセラピーを組み合わせることで，良くなっていくであろう。彼の許可を得た上で，亡くなった妻の遺族にも接触して，彼の修復のためにサポートしてくれるよう協力を求めるのみならず，彼女の死に対する彼ら自身の適応に対する援助も，提供することであろう。

　リンデマンは，32歳の男性に，彼の退院後3カ月目に初めて会った。彼の短い描写からは，この青年が，妻を救えなかったことに対して深刻な妄想的な

罪悪感を抱いていたと，確信できる。彼は，固着した誤った信念にとりつかれており，すなわち，彼が彼女の死に主たる責任を有しているのみならず，彼の将来は「破滅する運命」にあり，彼の失敗の償いをするために死ぬべきであると感じていたようにうかがえる。妄想的な罪悪感とまったく望みがないといった感覚は，自殺に対する特に強いリスク要因であり，彼を入院させたのは，適切であった。しかし，うつ病，すなわち深刻な併存精神障害の患者に，感情，特に怒りを表出することを勧める短期精神療法は，適切でない。精神病を患っている最中，人は打ちのめされるような感情を適切に定義したり処理したりできないのである。セラピーでは，彼の妻の死についての再現の物語や彼女を助けることに失敗した彼自身の無力についての怒りに浸ることを促す代わりに，セラピーでは，修復的語り直しの場合を含めて，彼がもっとリジリアンスがある状態になるまで，そのような語り直しを積極的に避けるであろう。修復的語り直しは，彼の精神病の状態を明らかにした投影法検査の後で行うであろうし，最初は，強いサポートと安心感を提供することに，焦点が置かれるであろう。

現在では，うつ病の生物学的治療が優先されているので，抗うつ剤と組み合わした抗精神病薬の投薬を行うことであろう。適切な薬物療法にもかかわらず，2〜3週間経っても彼の妄想的な罪悪感と絶望感が悪化して，自殺の危険性が高まり，食べたり飲んだり眠れなくなったりする場合には，電気ショック療法が考えられるかもしれない。電気ショック療法は行き過ぎた介入であると思う読者がいるかもしれないが，この若者の悲しい事例のように，ひどいうつ病は，死に至らしめる潜在性を有する障害である。電気ショック療法は，うつ病に最も効果的で即時的な治療形態であり，彼にもおそらく，効果があったであろう。これは，彼の妻の死についての彼の記憶を再編していく重要性を否定しているわけではない。修復的語り直しは，必須であるが，精神病が良くなるまでは，先延ばしするということなのである。

この青年の精神病を積極的に扱い，彼の妻を救出し損なった再現の物語の混沌とした繰り返しから，彼の心を安定化させる方法は，彼の自殺や，彼が亡くなったことで彼の遺族がさらなる暴力死を経験することを，おそらく予防できたであろう。彼の遺族は，その火事で義理の娘を亡くしたのみならず，我が息子をも亡くしたのである。リンデマンは，彼らの息子が自殺したと知らされた

際，いかにその母や父へのサポートを，提供したであろうか？　それは，彼の遺族同様，リンデマンにとっても，痛みを伴う瞬間であったに違いない。

　私は，この亡くなった2人の青年やその妻の遺族に何が起きたであろうと，しばしば考えてきた。おそらく多くの者は，彼ら自身のリジリアンスや，彼らの家族，地域社会，教会との結束性によって，自分を修復させることができたのであろう。親たち，特にその火事で死んだ若い女性たちの母親は，真っ暗な中，いかに娘が押しつぶされ焼かれながら窒息して死んでいったかを思い起こす度に，継続的な心的外傷苦痛を伴ったのではないかと，私は推測している。彼らは自分を咎めることなく，いかにその死を再現できたであろう？　遺族のそれぞれは，その夜，彼らの子どもをそこに行かせないように自分たちがどうすべきであったかと，あれこれ思いを巡らしたであろう。誰が，何カ月あるいは何年も続く彼らの苦痛の語り直しを聴き，真っ暗で熱くて窒息するところから修復的な方向に彼らを導いたのであろう？　おそらく，彼らは際限なくその火事のことにとらわれてしまって，意味や目的の感覚を伴った生活に戻ることはできなかったであろう。われわれは，どれほど多くの悩んでいる遺族に手を差し伸べ，修復してきたのであろう？

終わりらしからぬ終わり

　本書の冒頭で，ある結論を出すというよりも明確化すると言及したが，暴力死について，以下のことを示してきた。

1. 修復的語り直しに対する**リジリアンスの必要性**と，一旦語り直しが始まった後の**障害物**（回避，とりつかれ，併存）の特定
2. 暴力死に特有の影響についての理解を明確化する**暫定的概念**（死のナラティブのパラドックス，必ず伴う3V—暴力，違反，意志—，心的外傷と別離という多次元で構成された心的苦痛，心的外傷を伴った記憶についての神経生物学）
3. 治療的な語り直しのための**ガイドライン案**（リジリアンスやリスクについてのスクリーニング，3P—鎮静化，分離，展望—を通じてのリジリ

アンスの強化，修復的グループと個別介入，併存障害に対する薬物療法についての示唆）
4．それぞれの人の独自のナラティブの変化を経験するため，何人かの遺族の**修復的語り直しについての紹介**
5．**特化した介入**（短期のグループと個別の語り直し）についての記述と，それらが大人にも子どもにも効果がある，との実証研究の提示

　初期の研究者の文献に焦点を当てたレビューを通じて，これらの指導的役割を果たしている臨床上明確化されたものが，どのように始まったのかについても，考えてきた。そして最後に，これらの明確化されたものが，将来，地域社会全体で，どのように変更されたり適用されたりするのかについて，想像した。
　ここで明確化してきたそのそれぞれは，暴力死の後，人の苦痛を取り巻く曖昧さの帳にいくらかの光を当て，あるいは短期的にはその光を貫通させるかもしれない。しかし，最終的な答えなり解決方法なりを主張することは，できていない。本書の確固として絶対的なテーマとは，読者—臨床家，遺族，一般の読者—に対して，われわれは助けることはできるが，取り除くことはできないことを，うまく受け入れてもらえるようにしていくことだったのである。
　私の妻の自殺を語り直すこと，あるいは私の患者の語り直しを修復させる私の試み，そしてさらには私が遭遇してはこなかったココナッツグローブ火災の生存者の物語も，動的で終わりのない再建の始まりなのである。暴力死の語り直しは，決して終わらないのである。語り直しは，語り手に，改変は可能であるが，終わりのない超現実的なドラマの中での役割を強いるのである。暴力死の物語の中では，死すら終わりをもたらさない。死は，その人の人生を崩壊させるかもしれないが，その人の死—すなわち彼ないし彼女が生きていた最期の瞬間—についての語り直しを止めることは，できないのである。私がジュリーの暴力死の物語を自分で語り直したり，バレリー，チャールズ，ロバート，パット，ラルフ，マギー，ココナッツグローブ火災の生存者の語り直しに参加したりすることを何度繰り返しても，その愛する者が最期に経験したことについての想像上の物語を終わりにすることはできない。彼（女）の死とは，われわ

れが愛して守っていた人が，われわれが存在しているにもかかわらずわれわれと一緒にではなく，すなわち，助けを求めることもなく独りで死んでいったというわれわれにとって受け入れられないものであり，それゆえ，語り直される想像上の耐えがたい物語として，続くのである。何度語り直そうとも，われわれの愛する人の死についての寂しいドラマは，彼らの死がケアするわれわれの存在の物語と結び付かないため，和解できないままとなるのである。

愛する者の暴力死の語り直しの辛い体験が，パラドックスであると認識することは，われわれを新たに方向付けることになる。その物語の内容を変えられないならば，その語り直しの中で，われわれ自身を変える必要がある。これは所有者の権利―暴力死についてのこの物語は，われわれのものである―で始まるものであり，われわれは自分のために，いくらかの声なり場所なりを見つけ出す必要がある。暴力死の語り直しを始める前に，われわれには，安全を再構築するのに十分なリジリアンスと，暴力死の物語の想像上の再現の中で生きる時空が，必要となる。一旦，われわれがその語り直しの中で存在するようになると，その劇的な出来事の中で起きたことに対して，自分を変える好機があることになる。われわれは，それを「生じなかったこと」にすることはできないが，自分がさよならを言うのではなく，むしろ，助けたり，報復したり，慰めたり，叱ったり，抱いたり，なだめたり，安心させたり，そしてついには断念することすらも，想像することができるのである。

われわれは子どもの頃，物語を語り直すことで，この種の生産的な想像上の自己変革に慣れ親しんでいたが，この不思議な想像上の語り直しの基本的な力は，残っている。われわれはいずれも，子どもであろうと大人であろうと，自分を生きているのであって，生き生きとしたわれわれの役割と再びつなげる想像上の語り直しを通じて，再現，後悔，報復，過保護についての心に食い込んでしまったとりつかれの物語から，われわれ自身のイメージを安定化できるのである。

想像的で修復的な語り直しは，終わりに向かうのではなく，むしろ始まりに向かうのであり，すなわち，死の混沌から離れて，生の一貫性へと向かうのである。それは，抑圧された怒りや悲しみを表現する好機であるかもしれないが，一時的な感情を超えて，われわれを取り巻くあるいはわれわれの中にある生き

ることの約束の源と結び付くことを，目的としているのである。修復とは，われわれが生きていることに対して閉ざすことではなく，むしろ開放的になり確信することに，目的がある。その再度の結び付きは，望みと目的を伴い，われわれ自身の人生の物語における積極的な参加者として，われわれを変化させるのである。

　われわれは，自分の人生の物語の作り手であり，それを演じるが，それは，暴力死の物語—われわれの生のナラティブの中で，無理なくつなぎ合わせることができない潜在意識の中にあるテーマなり声—によって，変えられてしまう。暴力死の物語は，招かざる密航者のように，われわれの中で生き続ける。それは，不調和をもたらす。ジュリーについての私の思い出がどれほど生の時空につながっていようとも，最終的に，私と彼女の死とが結び付くことはない。彼女の死の記憶で，もはや私の意識は起きているときも寝ているときも，いっぱいになってしまうことはないものの，それが再びかきたてられると，彼女の生のねじれた影，すなわち不適切な役割を与えられて酔っぱらってしまった影で暗く覆われてしまったような瞬間が，訪れる。その影には，自責の念と過保護についての私のとりつかれの痕跡も，潜んでいる。私は，彼女を助けられなかったこと（私ができたであろうことが何かあったに**違いない**）に対して，未だに自分自身を許すことができないし，子どもたちに対していつまでも過保護（彼らが今や大人であり，彼ら自身で身を守れるにもかかわらず，私は彼らを安全に守ら**ねばならない**）であろう。

言葉という人工的に作られたもの

　本書を終えるに当たって，私は，多くの言葉を用いるよりもむしろ，開放的になることと再結合についてのメタファーを思い起こすこととしたい。言葉とは，人間の経験を分類できるものに分離するものであり，経験を小片に切り裂くものであって，多すぎる言葉は，あまりに深く切り裂くことにつながってしまう。最初に暴力死を語り直す時，起きたことを言語化していくわれわれの能力は，耐えられないことからの経験上の分離をもたらす。それは，経験を名付けたり分析したりするため，すなわち，分離可能な違いを生み出すために，人

工的に作られたものである。しかし，修復的語り直しとは，自分を変化させるプロセスなので，統合された感覚に戻るために言葉を超えた創造的なメタファーや統合的なイメージが必要になってくる。

客体化する言葉とは，主観的に結び付いた力を弱めるものである。言葉が経験を統合することを目的としている時ですら，言葉は，その経験を歪ませる（Bohm, 1996）。詩や劇の脚本は，想像上のイメージや劇的な出来事を生み出そうとするものであり，言葉を越えて，その底流に存在しているものとわれわれとを再び結び付けようとする。セラピストもそうである。偉大な詩，力強い演劇，セラピストの効果的なセッションとは，意識のこの変容の中で分かち合うものである（Spence, 1982）。詩人や脚本家やセラピストの言葉は，死についての光景を物語るかもしれないが，彼らの語りの中には，読者，観客，患者を変えるイメージが含まれているのである（Hillman, 1983）。暴力死の芸術的な語り直しは，その語りの視点を，目撃者から参加者，そして最終的には語り直しによって変化した生存者に変える一方，芸術的でない詩や劇や効果的でないセラピーは，死の光景を超えて想像上で変化するイメージを含むことに，失敗している。

現代のわれわれの文化においては，書かれた文字や数字が，われわれの意思疎通のためのシステムの基礎を成している。メディアやコンピューターを利用することで，意思疎通の範囲は広まり，そのスピードも速くなってきているが，それらは，会話する相手方の全体像を，われわれから奪い取ってしまっている。意思疎通のための技術は，ある水準においては驚くほど効率的になっているかもしれないが，それ以外を遠ざける結果にもなっている。あまりに言葉が多いこととは，そのそれぞれの言葉から，さらには，統一体としてのわれわれ自身から，われわれを分裂させてしまうのである。書き言葉は，多層的・同時的な経験についての情報を，断絶させてしまう。つまり，もし書き言葉がなければ，経験についてのより本来的な統合がありえたであろう。口頭でもって世界を理解するのであれば，俗世界と神聖なものと精神界とは，別々でない一塊のものであったろう。

もし，私が文字を使用する以前の文化の中で存在していたならば，ジュリーの暴力死についての私の経験はずいぶんと違っていたであろうと，私は想像し

ている。文字が使われる以前のベインブリッジで生活していたとして，私はどのように彼女の自殺に適応していったであろうか。

　われわれの島は，イギリス海軍の指揮官にちなんでベインブリッジと名付けられることはなかったかもしれない。岸の一部は「白い岩」や「サーモンの卵」で覆われている。名付けることは，ある視覚的な特徴や繰り返される活動と機能的に統合されていたことであろう。われわれは，祖先を敬う海辺に住む部族—大地，空，海を今もこれからも統治してきて，絶えずわれわれを見守ってきた隠された霊的力を持つ神聖な種族—の一員であったであろう。われわれの親族や種族とのつながりは，われわれのヒマラヤ杉でできた長い共同住宅の前を流れる水のように澄んで深いものであったろう。その文化は，自分で自分のケアをするよりも互いにケアし合うものであり，また，個人の成功よりも一族の繁栄に価値を置いたであろう。われわれは互いに頼り合い，われわれが集めたり捕らえたりした食物を提供してくれる自然に頼り，自分たちが食べるよりも前に，引き続き食糧を確保できるようにと，神聖な霊に，生贄を捧げたであろう。

　書かれた言葉がないので，誕生，死，家族間や一族間の契約のような主たる行事は，互いを尊敬するスピーチや贈り物を分かち合うことを含んだポトラッチと呼ばれる儀式を通じて，互いに執り行われたことであろう。儀式を催した家族は，その家族の力を分配することの象徴として，贈り物や食べ物を提供したであろう。儀式には，踊りや神話にある慣例の演技も含まれていたであろう。主催者は，儀式用の衣装をまとい，神の仲介物（渡り鳥，鯨，鷲，熊）のお面をつけて現れたことであろう。そのお面と踊りを通じて，観客と踊り手は，呼び起こされた霊力の中で，自分を変えていったことであろう。

　文書記録がないので，死ないし暴力的な臨終がジュリーや私にいかに影響を与えたであろうかについて，正確に知ることはできない。ただし，死は，伝染病（特に出産後や幼児期），不慮の溺死，頻繁な戦争のために，非常にありふれたことであったろう。おそらく，喪の儀式を始めるために家族や一族が，すぐにわれわれのところに集まってきたことであろう。死の原因がなんであれ，すなわち自然死であろうと不自然死であろうと，家族は，最初から最後まで関わったであろうし，暴力的な臨終の物語を語り直すに当たっても，主たる役割

を果たしたことであろう。

　自殺は，あらゆる社会でいつも起きているので，当時も起きていたに違いない。おそらく，生きることとは非常に多くのことを必要とし，幼児が死ぬことはごく普通のことであったので，われわれの子どもの死も，ジュリーを打ちのめすほどではなかったかもしれない。また，彼女が落胆のあまり生き抜くことができずに自殺した際，霊的な説明—彼女は，その子どものどこか近くで混乱してしまっている彼女の霊を救うために，彼女自身の生を捧げた—があったであろう。そして，混乱してしまった彼女の霊と一緒に，踊ったり会話したりする盛大な集まりと大規模な儀式が，催されたことであろう。

　何日もないしは何週間も，私は彼女の臨終についての再現の空想と夢を見ていたであろう。もし私が眠れなかったり仕事をまともにできなかったりすれば，私の家族と私は，シャーマン，すなわち，部族のメンバーと霊を再び結び付けることを専門とする信仰療法師に，相談する必要があると，決心したであろう。シャーマンは，ジュリーの死が自然死でなかったので，彼女の霊が傷ついていると診断したであろうと，私は憶測する。伝承の歴史には，暴力的に死んだ人の不幸な亡霊—その霊は，その死の心的外傷が修復されるまで休むことができない—に関したものが多くある。シャーマンは，彼ら自身のお面（しばしば，蛸，翡翠（かわせみ），川獺（かわうそ），すなわち，死んだ霊と下界で意思疎通を図る動物のお面）を彫り，時には，彼らの病んだ霊と直接意思疎通する死者のお面を彫っていた。彼女の顔のお面をつけて，神聖な物と一緒に私の周りを踊ることで，そのシャーマンと私は，ジュリーの混乱してしまった霊を元に戻し，その結果，彼女も，私から私自身を奪おうとするのを止めたであろう。シャーマンとお面の儀式の力を通じて，私は，いなくなってしまった彼女と想像上で再会して，彼女が再び強くて良くなることを私は望んでいると言って，彼女を安心させたことであろう。

　もちろん，怒りの霊を，この種の儀式化された踊りで元に戻させることとは，非常に西洋化されて学問が普及している国を含めた世界の多くで，今日でも続いている。家族の暴力死の後，われわれには，イメージを変化させることと癒しの儀式が，必要なのである。もしわれわれの今日の文化が，心を元気づける神聖なあるいは霊的伝承との結び付きがないがゆえにそれを提供できないので

あるならば，持続的な死のイメージに適応できない遺族は，他の供給源から，それを求めることであろう。幽霊や霊魂の存在を信じている者はほとんどいないものの，われわれすべては，暴力死からわれわれを修復させる最も効果的な方法の一つが，われわれ自身の幽霊の物語――その臨終についての私的な語り直し――と向き合うことで始まることを知っている。シャーマンと彼のお面と私達の癒しの儀式は，ジュリーの臨終のイメージについての私の私的な投影に結び付けられることになるであろうし，その物語を語り直す過程で，自分を修復できるとシャーマンに安心させられることは，その起きてしまったことから私が自律的であるとの意識を強めることに，つながろう。

　そのような過程において，超自然的なものは何も存在しないであろう。私は，われわれの儀式が彼女の霊ないし彼女の臨終を変えるとは信じない。しかし，その語り直しにわれわれが互いに参加することは，彼女の臨終についての私のとりつかれの記憶に対して，私を変化させたり再編成させたり，生き続ける力に再び結び付けられたりすることに，つながるであろう。

一体化する水のイメージ

　すべての文化には，多層の水準の経験を一貫性があるものにする，力強い前言語的な象徴が存在している。それらは，自然（繰り返される天空の動き，季節の変化，潮の干満），養育（家族，種族，国家中での愛や協力関係），霊（永遠の輪廻ないし死を超えた永遠の生）のイメージに，関連しているかもしれない。

　自然は，私の好きな統一的イメージであり，水は，私にとって，最もほっとさせ安定させるものであってきた。これは，その物質の特徴（味，におい，音，感触）やその本質的機能（飲む，洗う，溶かす，浸す）に，それほど由来しているわけではない。私は，その表面を浮いているという瞑想の中で，私自身のすべてと自然とが結び付いていると，最も感じるのである。

　その表面が引っ張られたり泡立てられたりするならば，私との結び付きは，より強くなる。言葉ほど私の心をさっさと払いのけてしまうものはなく，それは，特に川が狭まり私を前に後ろにと押し流す急流の表面でカヤックがレースをする際の旋回の速さよりも，速いものである。川の力や流れを私自身の中で

一旦つかんだならば，私は，黒っぽい岩から離れた水面にいることに，心も身体も集中させる。急流が終わって平らなところを見つけるまで，考える時間などはない。オールのグリップを握る必要がなくなったと感じる時，私の手は，喜びで震える。

われわれの多くにとって，強い自然の力を避けたりそれに抵抗したりするのではなく，それに溶け込むよう選択することは，非常に稀である。われわれの文化は，自然や悲嘆のような自然界に存在している力の中に，われわれ自身を無言のまま参加させたり維持させたりするのではなく，それに抵抗するようわれわれを準備させてきたのである。

本書を通じて，私は，超越していくための第一段階として，参加や結び付きの経験を通じてリジリアンスを強化することに，言及してきた。私にとって，水と再び結び付くこととは，無言で合流することであり，その経験の中には，言葉で言い表せない超越的な何かがある。人によっては，神聖な信念や霊的信念と結び付いた，広くゆきわたった安定性の感覚の中に，超越を経験するのかもしれない。しかし，自然も，直接的かつ感じ取れる経験をもたらすのである。自然は，信念によって要求された意識とは対照的に，開かれたありのままの知覚で，私を結び付ける。私は，自然が私に何を示してくれるのかを決して知らない。自然についてのその時々の私の経験は，言葉を伴わない新しさで満ちている。

波乗りの仕方を学んでいた時，浮かんで流れることの大切さを学び直したことは，私にとって，神の出現のようであった。潮の高まりがエネルギーを使い果たすまで，気持ちを落ち着かせて背中を浮かせることで，私はその表面に浮いていることができたのであり，その後，岸に向かって泳ぎ始めることができたのである。力強い波の表面で浮いて流れることの前言語的なイメージは，彼ら自身の再現のイメージの中で力なく押し流されてしまう人を，助けるであろう。この打ちのめされるような物語の中に，安全な場所——最初は表面であって，自分を支えることができないような深い所ではない——があると認識することは，超越と自己統制の感覚をもたらすのである。

水と結び付いて一体化したイメージは，来世の神聖なあるいは霊的に統一されたイメージとは，異なっている。死後の生活のイメージは，遺族や語り手を

臨終の物語から解放するだけでなく，語り直しを避けることをも，強化する。来世についてのイメージには，本来備わっている秩序と単純さがある。結局，もしその故人がその物語から解放されるのであるならば，それを語り直す必要性は少なくなる。その故人がどこかで安全であるならば，なぜ，暴力死の物語を再構成したり再建したりするのであろうか。この神聖ないし霊的な変化によって，複雑化が避けられ片付けられるはずであるが，遺族の多くは，神聖なあるいは霊的な語り直しで変えられたと感じることができない。彼らの愛する者は，暴力死の物語から変換され解放されるが，彼らはとりつかれたままであり，自分を許せず，あるいは自分が報復したり残された者を保護したりすることから，離れられないのである。

修復的語り直しは，暴力死の物語の表面を浮かんで流れる統一的なイメージに基づいているが，それは，間接的な結び付きを保っている。それは，語り手とその物語の間の修復的な境界を示唆している。浮かんで流れることで，語り手は，暴力的な物語の中で引き続き存在することができるし，その語り直しを通じて，自分が変化することもできるのである。その変容の物語は，非常に私的なものであり，いつも新しさに満ちている。暴力的な臨終の物語からかなり離れて，儀式化されて変形した筋書きとなっている神聖なあるいは霊的な物語を非常に形式化して語り直すのと異なり，修復的語り直しでは，その臨終の筋書の中で，語り手の役割を直接扱うのである。儀式は，外的な秩序を押しつけ，おもしろみのないものである。これに対して，修復的語り直しは，内的な再整理を生み出し，新しいものである。

修復的語り直しは，水の統一的なイメージに基づいており，臨床家を，操舵手，航海士，錨として，含むものである。この統一についての拡張されたイメージの中で，臨床家は，言及しようとしていることを知り，安全な港に向けて語り直しを導いていく責任を負っている。臨床家は，岸からかなり離れた小舟のように，一緒に語り直しを進めていくのであるが，風や波の力を使いながら，いかに流れていくか，そして岸に向かいながらも浅瀬や岩をいかに避けて通るのかを知っている。しかし，修復的語り直しは，それぞれに固有の進路をたどる。語り手が道に迷ったり打ちのめされてしまいそうになったりした時，臨床家は合目的な進路へと導くことはできるものの，それを決定することはでき

ない。これが，権威を有してそのことすべてに第一の責任を有しているとみなされる内科医，シャーマン，聖職者，巫女の通常の役割と，非常に違うところである。修復的語り直しの基本的前提は，主に語り手が語ることを統制しているということであって，すなわち，その物語が語り手のために変わっていくのではないのである。

エピローグ
舟を漕ぎながら

　年を取るにつれて，私の中に，水との修復的なつながりが溶け込んできたようである。私はもはや，波乗りやカヌーで，急流の海に突進しようとはしない。老人は，穏やかな水を探すのである。
　私は，未だに同じ島に住んでおり，毎朝，日の出とともに，オールでドックから舟を漕ぎ出している。漕いでいる時，バランスをとりながら身体を動かすことに非常に集中するので，私は，海に入った時の滑り込む感覚や水かきの音をほとんど意識しない。水の深さに備えて私が行っていることとは，岸の近くにいるようにしていることと，転覆した場合のためにライフ・ベストを着ていることだけである。私はなめらかに動くことだけに集中しており，自分の動きを止めることなどほとんど考えていない。
　休むために止まっている時，私は一層知覚が鋭くなり熟考的になる。ある朝，海の上をオールで漕ぐことが，私のアイデンティティについての統合的なイメージとして，思い浮かんだ。孤独な漕ぎ手のように，私のアイデンティティとは，あまりに広くて連続している何かの表面における動的なバランスであり，明確には定義できない。深く混沌とした力で構成されている私の心は，「私」が誰かという表面的な現象を知ることができるだけであり，私は，自然の深く神秘的な力の中でバランスをとっている。これらの力との私の結び付きは，私の感覚の境界によって，制限されている。それらの瞬間的な力や方向性は間接的には分かるものの，結局のところ，いつどこからそれらが私を渦に巻き込むのかを知ることはできない。私は，未来を知ることができない。漕いでいく中で直面してきた漕ぎ手のように，私の心は，時間を連続的なものとして理解で

きず，単にその瞬間ないし過去のものとして理解しているのである。

　ジュリーの自殺は，私を押し流して打ちのめしてしまうような巨大で真っ黒な波—深くて混沌としたもの—のようなものであった。すぐさま，私は私の舟から，そして私のアイデンティティから，振り落とされてしまった。私自身の修復は，私が安全であるとの確信を持ち，その舟に戻ろうと決心した時に，始まった。波の中にいたままであったならば，疲労して絶望してしまったであろう。しかし，私は，舟を準備して，水面を漕ぎ，自分で岸に戻る方法を見つけることができたのである。

　水と漕ぐイメージが，ジュリーの臨終の時空に私を統合するであろうことは，いくらかアイロニーであるかもしれない。水中に身を沈めて自殺するという彼女の決断が，いかに水の表面に自分を浮かばせるイメージに変換されるのか？水は，死—ジュリーの死や私自身の死—から，私を分離したりはしない。私は，自分の限界の中での死を留保されているが，つながってはいるのである。水は，私の生と死の経験を統合しており，私はその不可避性を認識しているので，心は穏やかである。私は，私に起こるであろう死と結び付いているので，生きることに，より開放的であり敏感に反応するのであり，潮や天候にまかせて，毎朝漕ぎ続けているのである。

　一つとして同じ舟旅はない。今朝，私は，2羽の鶯を見た。

付　録

暴力死に対するサポート：スクリーニングと介入

　愛する人の暴力死によって非常に苦痛を感じている人を助けるには，個別サポートと臨床的な構造の組み合わせが，必要となる。初期のセッションでは，安心させることと明確に対処方法を説明することに主眼があり，臨床的なアセスメントは，患者が，安全が戻ってきたと感じ，暴力死から情緒的な距離をもてると感じるようになるまでは，始めることができない。そうなった段階でやっと，人は起こったことに対する彼らの反応を評価したり変化させたりすることを考え始めることが可能になるのである。

　暴力死に対するサポートは，個々に応じたサポートなりガイダンスなりで始まるが，修復的な臨床モデルや構造を含んでいる。そのモデルは，苦痛における暴力死の直接的効果に焦点が当てられ，時間制限のある集団介入を提供するものである。しかし，介入前に，自分を落ち着かせたり統合したりする能力を再構築すること，そして，別の治療を必要とするかもしれない併存障害についてのスクリーニングを行うことが，不可避である。

アセスメントとスクリーニング

　われわれは，治療計画を作るに当たって，臨床医と患者を導く臨床的なスクリーニングのテストバッテリーを開発してきた。特に有用なのは，(1) ベック抑うつ質問票 (Beck Depression Inventory, BDI)，(2) 外傷性悲嘆目録 (Inventory of Traumatic Grief, ITG)，(3) 死のイメージ尺度 (Death Imagery Scale, DIS)，(4) 改訂出来事インパクト尺度 (Impact of Events

Scale-Revised, IES-R), （5）薬物／アルコール・スクリーニングテスト (Drug/Alcohol Screening Test, DAST), の五つである。これらの尺度は, 死における暴力死の影響に焦点を当てており, この領域の他の臨床医や研究者によっても広く使われている単純な自己報告式の尺度であるので, 選ばれたものである。

スコアリングと臨床的示唆

1. BDIは21項目で構成されており, 信頼性のある臨床的な抑うつを測定するものである。0～9点が正常域である。18点以上は, 精神科医の診察や向精神薬の投薬の必要性を示唆するものである。
2. ITGは, 心的外傷苦痛と別離苦痛の相乗効果に焦点を当てているものである。われわれの経験によれば, 別離苦痛は, まず心的外傷苦痛を緩和しないと, 解決しない。ITGは, 心的外傷苦痛を定義づける思考や情緒の範囲から構成された核となる19の症状を同定するものである。心的外傷悲嘆がある場合, 修復的語り直しグループ, 犯罪被害者遺族サポートグループ, 個別のサポートないし治療が有益であろう。
3. DISは, その筆頭著者によって開発されたものであるが, このDISは, 警察やメディアの報告に関連し, さらにそれに個々人の投影的空想で色づけされた再現, 再会, 救助, 復讐についての想像上の体験の程度を示すものである。再会, 救助, 復讐のイメージは, 一般的であり（死後6カ月以内においては, 遺族の40％で, 毎日あるいは毎週の割合で出現する）, 一方, 再現のイメージは, 治療を求める人々において, 有意に強烈で頻度も高い（治療を求める人の80％で, 毎日あるいは毎週の割合で出現する）。したがって, もし毎日ないし毎週の頻度で再現のイメージが報告されるならば, われわれは, 修復的語り直しグループないし個別のサポートを勧めている。
4. IES-Rは, 心的外傷苦痛の程度ないし頻度を測定するものである。この尺度は, 別個にあるいは一緒に現れる侵入, 回避, 過覚醒の3下位尺度で構成されており, PTSD, すなわち愛する者の暴力死の後によく現れる症候群の可能性を示唆するものである。

5．DASTは，その患者が置かれている状況を踏まえながら解釈されるべき有用なツールである。3点以上の場合は，個別に話し合いを持つ必要がある。その時点での物質乱用の問題には，その患者が修復的語り直しグループないし犯罪被害者遺族サポートグループに参加するよりも前に，焦点を当てる必要がある。

スクリーニング過程

われわれは，スクリーニングのテストバッテリーを，テストというよりは，双方向的な経験として用いている。平均的な読解力のある人は，およそ45分以内でそれを終わらせることができる。

集団ないし個別介入が終了した後，われわれはそれぞれの患者に会って，そのテストを再び行い，比較可能な得点を再検討し，さらなるサポートが必要かどうかについて，アセスメントをしている。

介　　入

暴力死の後のサポートには，二つの別個のサポートグループ——一つは，暴力死についての捜査や裁判の間の情報や擁護を必要とする友人や遺族のための犯罪被害者遺族サポートグループ（Criminal Death Support Group：CDS），もう一つは，その死についての彼らの心的苦痛を伴うナラティブを語り直したり再処理したりする必要がある友人や遺族のための修復的語り直しグループ（Restorative Retelling Group：RR）——がある。両グループはいずれも，最高10名の固定したメンバーで構成されるもので，毎週2時間の10セッションで構成されている。CDSグループは，主として殺人事件の後の刑事司法に適応していくためのメンバーで構成されており，一方，RRグループは，殺人，自殺，事故といったさまざまな種類の暴力死の心的外傷についてのナラティブに適応するための多種のメンバーで構成されている。

犯罪被害者遺族サポートグループ

目的：暴力死で誰かを失い，刑事司法制度に関わることになった遺族や友人

を対象としている。地域社会の誰かが殺された場合，捜査に対して徹底した社会的精査と尋問がなされるため，死に関連した犯罪は，他の犯罪とは異なるものになる。犯罪による死は，その地域社会の刑事司法機関によって解明され，裁判にかけられ，罰せられなければならず，その過程において，遺族は特別な役割がない。この統制感の喪失は，遺族にとって，非常にストレスとなり，この必然的な統制感の喪失が，その死によって既に無力感を味わい被害を受けたと感じていることに輪を掛けて，心的外傷を負わせることになると思われる。そこで，このグループが，警察，メディア，裁判所によって当惑させられる人々に対して，擁護，サポート，情報についての強力な供給源となる。捜査や裁判の最中の擁護とは，何よりもまず，被害者の人的支援であるかもしれず，グループのメンバーは，そのグループが行われている最中，あるいはその後に，お互いを擁護する活動に参加するかもしれない。

計画表（10週間，2時間セッション）
セッション1：導入
　　第1セッションは，リーダーが，グループの決まりや守秘義務について説明することで始まる。メンバーは各自，そのグループに参加することになった死について，手短にメンバーに話すよう促される。
　　各グループミーティング（セッション1〜10）は，弛緩法と誘導されたイメージについてのエクササイズで，終了となる。
セッション2：悲嘆とは何か？
　　心的外傷苦痛と別離苦痛を組み合わしたモデルが提示され，グループメンバーは，これらの心的苦痛反応に対処する彼らの方法を提示するよう求められる。リーダーは，リジリアンスの能力について明確にして，その強化のために集団や個別のエクササイズを提示する。
セッション3：悲嘆を示す異なった方法
　　男性は，自分が悲嘆しないよう，より回避的になるかもしれず，一方，女性は，より抑うつ的になったり，罪悪感を持つようになったり，遺族に対して過保護になったりするかもしれない。しかし，こうしたことに反対するよりも，むしろそれらを受け入れるべきである。暴力死によって，報

復や自己非難への思いにとりつかれることもあり，その報復とは，警察や裁判所によって，満足させられることもあれば，させられないこともあろう。

セッション4：セルフ・ケア

グループメンバーそれぞれは，自分の欲求に対して，最終的に気を配る責任を持っている。食事，運動，落ち着き，気分転換について，改善させるよう勧められ，併存のリスク要因が明確にされる。

セッション5：刑事司法制度

法律用語の解説が始まり，刑事司法の処理過程で生じる不満に対する準備を互いにする。このセッションには，警察ないし検察からの代表者が招かれる。

セッション6：悲嘆に関する刑事司法制度の影響

刑事司法制度は，その死を解明し罰する必要があるが，グループメンバーの悲嘆は，その愛する人を称えて記憶にとどめておくことをも必要とする。刑事司法制度においては，その死を超えた彼らのニーズに答えることができないし答えないであろうこと，その愛する人に関する記憶に注意を払ったり敬意を表したりはしないであろうことを，メンバーは警告される。メディア，警察，裁判所に関して，情緒的距離や健全な懐疑を維持する方略を取るよう，勧められる。

セッション7：追悼

このセッションで，メンバーそれぞれは，故人を生き生きとした存在にさせる写真，詩，ビデオテープ，形見の品などを通じて，その愛する人の記憶を，グループに紹介する。これは，グループメンバーが愛する故人の生やその価値を祝福する機会である。

セッション8：家族と友人

グループメンバーは，彼らの洞察なり進歩なりに加わってくれる家族や地域社会のサポート的なメンバーを，このセッションに招待する。このセッションは，グループの終了を間近に控え，家族や地域社会の中で，メンバーが引き続いてサポートしてもらえるよう，強化するものである。

セッション9：信仰と精神性への質問の探索

　　死の記憶を超越した生は，現在進行中の活動に関わることや，価値なり意味なりへの信念を要求するものである。時に，このセッションには，聖職者が参加する。

セッション10：閉会

　　愛する故人それぞれの追憶についての正規のグループエクササイズが，完成する。グループ及びメンバーそれぞれにとっての最後の追悼エクササイズで，グループが終わる。

修復的語り直しグループ

目的：暴力死から6カ月経過しても，その暴力死のイメージ（再現）や自分のイメージ（とりつかれ）に適応できない遺族や友人を対象としたものである。その暴力死のイメージについて直接グループで取り扱うよりも前に，そのグループが主に焦点を当てることとは，心的外傷苦痛と別離苦痛を緩和し，リジリアンスを強化することである。

計画表（10週間，2時間セッション）

セッション1：導入

　　グループメンバーが自分の語り直しを始める前に，リーダーは，グループの決まりや守秘義務について説明し，さらに，修復的語り直しのモデルを明確にさせる。

　　各グループミーティング（セッション1～10）は，弛緩法と誘導されたイメージについてのエクササイズで，終了となる。

セッション2：サポートの供給源

　　リジリアンスについての定義がなされ，リジリアンスの供給源（個人，家族，職場，地域社会）が明確にされる。メンバーそれぞれの，死についての概念（精神性の信念を含むかもしれない）が調べられる。価値のある活動や意味のある信念と再び結び付いた活動を通じて，再び生きていくことに積極的になるよう，勧められる。

セッション3：回復ではなく，打ち勝つこと
　メンバーは，愛する者の暴力死の後，それまでとまったく同じような生活を送れると期待することはできない。われわれの目標は，回復するよりも，打ち勝つことであり，それは，われわれを永遠に変えるであろう出来事とともに，あるいは，それを通じて，生きる方法を探すことなのである。メンバーは，これらの変化について話すよう，勧められる。

セッション4：併存─心的苦痛と障害の定義
　精神障害と心的苦痛との違い（再現ととりつかれ）が，示される。続いて，修復的語り直しと，それがいかに心的苦痛やとりつかれた思考を緩和するかについて，説明される。追悼は修復的語り直しの基礎となるので，セッション5の準備について，概説される。

セッション5：追悼のプレゼンテーション（4〜5人）
　メンバーはそれぞれ，15〜20分かけて，画像，文書，歌，形見の品を用いて，愛する故人の人生を追悼し，故人の生前，メンバーがその人をケアする役割を担っていたことについて，再確認する。

セッション6：追悼のプレゼンテーション（4〜5人）
　追悼の続き。
　死のイメージについてのプレゼンテーションの準備。メンバーは，その暴力死についての想像上の劇的な出来事を，クレヨンやカラーペンで描く準備をする。このエクササイズについて，あまりに怖がるメンバーがいる場合には，グループ以外の場で行わせること，あるいはグループエクササイズとして行うこともある。

セッション7：死のイメージについてのプレゼンテーション（4〜5人）
　メンバーはそれぞれ，15〜20分かけて，愛する人の死についてのイメージを提示して，修復的語り直しをする。リーダーや他のグループメンバーの導きによって，彼らは，その死の物語の中での追悼のプレゼンテーションから，彼らのケアする役割を想像上で再現することになる。

セッション8：死のイメージについてのプレゼンテーション（4〜5人）
　死のイメージについてのプレゼンテーションの続き。

セッション 9：家族と友人
　グループの終了を間近に控え，メンバーはそれぞれ，変化を強固なものとしたりグループ終了後のサポートを強化したりするサポート的な家族や地域社会の人を，紹介する。

セッション 10：お別れの儀式
　愛する故人それぞれの追憶についての正規のグループエクササイズが，完成する。そのグループ及びメンバーそれぞれにとっての最後の追悼エクササイズで，グループが終わる。

犯罪被害者遺族サポートグループと修復的語り直しグループの構造と組織

それぞれのセッションは，2 人のリーダーが進行役を務め，話題提供者を依頼したりする。

それぞれのセッションでは，明確化するためや追加の資料や参考文献のために，配布資料が配られる。

メンバーは，それぞれのセッションに対して評価を行う。

メンバーは，2 セッション以上欠席できない。

一旦グループが終わった後も，再度，新たなグループに参加することができる。

セッションへの参加費はない（われわれのプロジェクトは，犯罪被害者基金でまかなわれている）。

犯罪被害者遺族サポートグループ及び修復的語り直しグループについての詳細及びガイドラインは，マニュアルに記載されており，問い合わせ先は，以下のとおりである。

Separation & Loss Service
Virginia Mason Medical Center
925 Seneca Street
P.O. Box 1930
Seattle, WA 98111
Phone：(206) 223-6398

文　献

Adler, A.(1943). Neuropsychiatric complications in victims of Boston's Cocoanut Grove Disaster. *Journal of the American Medical Association*, 123, 1098-1101.
Alvarez, A. (1990). *The savage God: A study of suicide*. New York: W. W. Norton.
Amick-McMullan, A., Kilpatrick, D., Veronen, L., & Smith, A. (1989). Family survivors of homicide victims: Theoretical perspectives and exploratory study, *Journal of Traumatic Stress*, 2(1), 21-35.
Bohm, D. (1996). *On dialogue* (pp. 61-68). New York: Routledge.（金井真弓訳：ダイアローグ—対立から共生へ、議論から対話へ．英治出版，2007.）
Bonanno G., & Kaltman, S. (1999). Toward an integrative perspective on bereavement. *Psychological Bulletin*, 125(6), 760-776.
Burgess, A. (1975). Family reaction to homicide. *American Journal of Orthopsychiatry*, 45(3), 391-398.
Breslau, N. (1998). Trauma and post traumatic stress disorder in the community. *Archives of General Psychiatry*, 55, 626-632.
Callahan, R. J., & Callahan J. (1997). Thought field therapy: Aiding the bereavement process. In C. R. Figley, B. F. Bride, & N. Mazza (Eds.), *Death and trauma* (pp. 249-267). Philadelphia: Brunner/Mazel.
Chance, S. (1992). *Stronger than death*. New York: W. W. Norton.
Cote, W., & Simpson, R. (2000). *Covering violence: A guide to ethical reporting about victims and trauma*. New York: Columbia University Press.
Currie, E. (1998). *Crime and punishment in America* (pp. 80-109). New York: Henry Holt.
Damasio, A. (1999) *The Feeling of What Happens* (pp. 61-71). New York: Harcourt.（田中三彦訳：無意識の脳　自己意識の脳—身体と情動と感情の神秘．講談社，2003.）
Department of Health and Human Services. (1997). *Health United States 1996-97 and Injury Chartbook* (pp. 20-30). National Center for Health Statistics, DHHS publication No. (PHS) 97-1232.
Eth, S., & Pynoos, R. (1985). *Post traumatic stress disorder in children*. Washington, DC: American Psychiatric Press.
Eth, S. & Pynoos, R. (1994). Children who witness the homicide of a parent. *Psychiatry*, 57, 287-305.
Figley, C. (1999). *Traumatology of grieving*. Philadelphia: Brunner/Mazel.
Foa, E., & Meadows, E. (1997). Psychosocial treatments for post traumatic stress disorder: A critical review. In *Annual Review of Psychology*, 48, 449-80.
Foa, E., & Rothbaum, B. (1998) *Treating the trauma of rape*. New York: Guilford Press.
Foa, E., Keane, T., & Friedman, M. (2000). Guidelines for treatment of PTSD. *Journal of Traumatic Stress*, 13(4), 539-588.

Frank, A. (1995). *The wounded storyteller: Body, illness, and ethics*. Chicago: The University of Chicago Press. （鈴木智之訳：傷ついた物語の語り手―身体・病い・倫理．ゆみる出版，2002.）
Frank, J. D., & Frank J. B. (1991) *Persuasion and healing* (pp. 40-44). Baltimore: The Johns Hopkins University Press.
Frankl, V. (1959). *From death camp to existentialism*. Boston: Beacon Press. （霜山徳爾訳：夜と霧―ドイツ強制収容所の体験記録．みすず書房，1956.）
Frankl, V. (1962). *Man's search for meaning: An introduction to logotherapy*. Boston: Beacon Press.
Freud, S. (1957). Mourning and melancholia. *Standard edition of the complete psychological works of Sigmund Freud*, Vol. 14. London: Hogarth Press.
Gilligan, J. (1997). *Violence* (pp. 191-208). New York: Random House.
Green, B., Grace, M., & Lindy, J. (1990). Buffalo Creek survivors in the second decade. *Journal of Applied Social Psychology*, 20, 1033-1050.
Harvey, J. H. (2000). *Give sorrow words* (pp. 18-38). Philadelphia: Brunner/Mazel. （安藤清志訳：悲しみに言葉を―喪失とトラウマの心理学．誠信書房，2002.）
Herman, J. (1992) *Trauma and recovery*. New York: Basic. （中井久夫訳：心的外傷と回復．みすず書房，1996.）
Hillman, J. (1983) *Healing fiction* (pp. 78-81). Woodstock, CT: Spring Publications.
Horowitz, M. J. (1976). *Stress response syndromes*. New York: Jason Aronson.
Horowitz, M. J., Siegel, B., Holen, A., Bonnano, G. A., Milbrath, C., & Stinson, C. H. (1997). Diagnostic Criteria for Complicated Grief Disorder. *American Journal of Psychiatry*, 154, 904-910.
Jacobs, S. (1993). *Pathologic grief maladaptation to loss*. Washington, DC: American Psychiatric Press.
Jacobs, S. (1999). *Traumatic grief: Diagnosis, treatment, and prevention*. Philadelphia: Brunner/Mazel.
Krystal, H. (1968). *Massive psychic trauma*. New York: International Universities Press.
Krystal, H. (1978). Self representation and the capacity for self care. *Annual of Psychoanalysis*, 6, 209-246.
Kulka, R., Schlenger, W., Fairbank, J., Hough, R., Jordon, B., Marmar, C., & Weiss, D. (1990) *Trauma and the Vietnam war generation: Report of findings from the National Vietnam Veterans Readjustment Study*. New York: Brunner/Mazel.
Lakoff, G., & Johnson, M. (1980). *Metaphors we live by*. Chicago: University of Chicago Press. （渡部昇一ほか訳：レトリックと人生．大修館書店，1986.）
Langer, L. (1991) *Holocaust testimonies: The ruins of memory*. New Haven, CT: Yale University Press.
Lifton, R. J. (1968). *Death in life*. New York: Random House. （湯浅信之ほか訳：死の内の生命―ヒロシマの生存者．朝日新聞社，1971.）
Lifton, R. J. (1976). *The life of the self*. New York: Simon and Schuster. （渡辺牧ほか訳：現代（いま），死にふれて生きる―精神分析から自己形成パラダイムへ．有信堂高文社，1989.）
Lindemann, E. (1944). Symptomatology and management of acute grief. *American Journal of Psychiatry*, 101, 141-148.
Lord, J. (1987). *No time for goodbyes*. Ventura, CA: Pathfinder Publishing.
Malt, U. (1994). Traumatic effects of accidents. In R. Ursano, B. McCaughey, & C. Fullerton

(Eds.), *Individual and community responses to trauma and disaster* (pp. 103-35). Cambridge, England: Cambridge University Press.

Marmar, C. (1988). A controlled trial of brief psychotherapy and mutual help group treatment of Conjugal bereavement. *American Journal of Psychiatry*, 145, 203-209.

McFarlane, A., Clayer, J., & Bookless C. (1997). Psychiatric morbidity following a natural disaster: An Australian bushfire. *Social Psychiatry Psychiatr Epidemiol*, 32, 261-268.

Meichenbaum, D. (1994). *A clinical handbook: Practical therapist manual for assessing and treating adults with PTSD*. Ontario, Canada: Institute Press.

Murphy, S. (1998). Broad spectrum group treatment for parents bereaved by the violent deaths of 12- to 28-year-old children: A randomized controlled trial. *Death Studies*, 22(3), 209-235.

Murphy, S. (1999). PTSD among bereaved parents following the violent deaths of their 12-to 28-year old children: A longitudinal prospective analysis. *Journal of Traumatic Stress*, 12(2) 273-291.

Neimeyer, R. A., & Levitt, H. M. (2000). What's narrative got to do with it? Construction and coherence in accounts of loss. In J. H. Harvey & Eric D. Miller (Eds.), *Loss and Trauma* (pp. 401-412). Philadelphia: Brunner/Mazel.

Ness, D., & Pfeffer, C. (1990). Sequelae of bereavement resulting from suicide. *American Journal of Psychiatry*, 147(3) 279-285.

New, M., & Berliner, L. (2000). Mental health service utilization by victims of crime. *Journal of Traumatic Stress*, 13(4), 693-707.

Parkes, C. (1993). Psychiatric problems following bereavement by murder or manslaughter. *British Journal of Psychiatry*, 162, 49-54.

Pennebaker, J. (1990). *Opening up: The healing power of confiding in others*. New York: William Morrow.

Pitman, R. K., Orr S. P., & Altman, B. (1996). Emotional processing during Eye Movement Desensitization and Reprocessing therapy of Vietnam veterans with chronic post traumatic stress disorder. *Comprehensive Psychiatry*, 37, 419-429.

Prigerson, H., & Jacobs, S. (2001). Diagnostic criteria for traumatic grief: Conceptual issues, critical appraisal, and an empirical test. In M. S. Stroebe (Ed.), *Handbook of Bereavement: Consequences, Coping and Care*. Washington, DC: American Psychological Association Press.

Prigerson, H. G., Maciejewski, P. K., Newsom, J., & Reynolds, C. F. (1995). The Inventory of Complicated Grief: A scale to measure maladaptive symptoms of loss. *Psychiatry Research*, 59, 65-79.

Pynoos, R. S. (1987). Life threat and post traumatic stress in school-age children. *Archives of General Psychiatry*, 44, 1057-63.

Pynoos, R. S., & Nader, K. (1988). Psychological first aid and treatment approach for children exposed to community violence: Research implications. *Journal of Traumatic Stress*, 1(4), 445-473.

Pynoos, R. S., & Nader, K. (1990). Children's exposure to violence and traumatic death. *Annals of Psychiatry*, 20(6), 334-344.

Rando, T. (1993). *Treatment of complicated mourning*. Champaign, IL: Research Press.

Raphael, B., & Minkov, C. (1999). Abnormal grief. *Current Opinion in Psychiatry*, 12, 99-102.

Redmond, L. (1989). *Surviving: When someone you love was murdered*. Clearwater, FL:

Psychological Consultation and Education Services.
Rinear, E. (1988). Psychosocial aspects of parental response patterns to the death of a child by homicide. *Journal of Traumatic Stress*, 1, 305-322.
Rivara, F. P., & Farrington, D. P. (1995). Prevention of violence. *Archives of Pediatric and Adolescent Medicine*, 149, 421-429.
Rose, G. J. (1987). *Trauma and mastery in life and art* (pp. 182-200). New Haven, CT & London: Yale University Press.
Rosenblatt, P. (2000). *Parent grief: Narratives of loss and relationship*. Philadelphia: Brunner/Mazel.
Rynearson, E. (1981). Suicide internalized: An existential sequestrum. *American Journal of Psychiatry*, 138, 84-87.
Rynearson, E. (1984). Bereavement after homicide: A descriptive study. *American Journal of Psychiatry*, 141(11) 1452-54.
Rynearson, E. (1994). Psychotherapy of bereavement after homicide. *Journal of Psychotherapy Practice and Research*, 341-347.
Rynearson, E. (1995). Bereavement after homicide: A Comparison of treatment seekers and refusers. *British Journal of Psychiatry*, 166, 507-510.
Rynearson, E. (1996). Psychotherapy of bereavement after homicide: Be offensive. *In Session: Psychotherapy in Practice*, 2, 47-57.
Rynearson, E., & Geoffrey, R. (1999). Bereavement after homicide: Its assessment and treatment. In C. R. Figley (Ed.), *Traumatology of Grieving* (pp. 109-128). Philadelphia: Brunner/Mazel.
Rynearson, E., & McCreery, J. (1993). Bereavement after homicide: A synergism of trauma and loss. *American Journal of Psychiatry*, 150(2), 258-261.
Rynearson, E., & Sinnema, C. (1999). Supportive group therapy for bereavement after homicide. In D. Blake & B. Young (Eds.), *Group treatment for post traumatic stress disorder* (pp. 137-147). Philadelphia: Brunner/Mazel.
Shuchter, S., & Zisook, S. (1996). *Biologically informed psychotherapy for depression*. New York: Guilford.
Shear, K. (2001). *Brief psychotherapy of traumatic grief*. Manuscript submitted for publication.
Solomon, R. M., & Shapiro, F. (1997). Eye Movement Desensitization and Reprocessing: A therapeutic tool for trauma and grief. In C. R. Figley, B. Bride, B., & N. Mazza (Eds.), *Death and trauma* (pp. 231-247). Philadelphia: Brunner/Mazel.
Spence, D. P. (1982). *Narrative truth and historical truth*. New York: W. W. Norton.
Spungen, D. (1998). *Homicide: The hidden victims*. Thousand Oaks, CA: Sage.
Van der Kolk, B., McFarlane, A.C., Weisaeth, L.(1996). *Traumatic stress: The effects of overwhelming experiences on mind, body and society*. New York: Guilford. （西澤哲訳：トラウマティック・ストレス―PTSDおよびトラウマ反応の臨床と研究のすべて．誠信書房，2001.）
Van der Kolk, B. (1989). Pierre Janet and the breakdown of adaptation in psychological trauma. *American Journal of Psychiatry*, 146, 1530-1540.
Zisook, S., & Shuchter, S. (1996). Psychotherapy of the depressions in spousal bereave-ment. *In Session: Psychotherapy in Practice*, 2, 31-45.

訳者あとがき

　本書は，Edward K. Rynearson, Retelling Violent Death, Brunner-Routledge, 2001の全訳である。タイトルに示されているViolent Death, すなわち暴力死とは，殺人などの犯罪被害による死，事故死，自殺などの不自然死のことであり，本書は，そのような暴力死の遺族への支援をテーマにしたものである。著者は，暴力死とはその死が人間の行為によってもたらされるものであり，病気などの自然死がもたらすものとは，きわめて異なるとして，暴力死の遺族に焦点を当てている。一方，いずれの形式の暴力死であっても，それによって大切な人を亡くした遺族の反応は，異なるところよりも類似しているところの方が多いとの見解から，一括して取り上げるに至っている。

　著者のライナソンは,1961年にハーバード大学で人類学を専攻した後,1966年にウエスタンリザーブ大学で医学博士を取得した精神科医であり,1980年からワシントン大学の精神科臨床教授を務めるとともに，シアトルを拠点として暴力死に関わる臨床に精力的に携わっており，暴力死死別協会(Violent Death Bereavement Society)のディレクターである。暴力死の遺族を治療する臨床家やサービス・プロバイダーに対する研修にも力を入れ,世界的に活躍しており，わが国にも，2006年に開催されたPTSD国際シンポジウム「犯罪被害・人為被害とPTSD」のシンポジストとして来日している。

　本書では，彼が暴力死の遺族と30年の長きにわたって行ってきた臨床実践及び研究である修復的語り直しの方略が提示され，それが軸になっている。破壊的な暴力死を経験した遺族は，それを経験する以前の状態に戻ることはできないものの，自身を変えていくことで，修復的な適応を試みること，すなわち，乗り越えたり，打ち勝ったりすることはできるとしている。暴力死を経験した当初は，リジリアンスを立て直し，心的苦痛を和らげることが大切であるが，

それに引き続いて，その死ではなく，故人が生きていたころの記憶やその死の出来事を越えた経験と再び結びつけて暴力死の物語を組み立て直す修復的語り直しを通して，死や故人との関係を新たなものにすることができる，と記している。そして，それが最終的には，自身が生きることの中に新しく与えられた意味なり責任なりを見つけられるようになることにつながる，と主張している。臨床の仕事とは，その過程の中で，遺族の語り直しを修復的な方向に導くよう，その暴力死についての個別の語り直しの作業に，舵取り役として参加することであると位置づけている。すなわち，ここで提示されている支援は，ナラティブの手法を用いたものとなっている。

この修復的語り直しとは，個々それぞれであり，一筋縄ではいかず，紆余曲折するものである，と言及している。臨床家は，修復的な方向に運んでくれる力なり方向性なりは知っているものの，どう展開していくのかは予測できるものではなく，そこに修復的語り直しの不思議さなり即興性なりがある，としている。そこには，暴力死の遺族の悼みに真摯に向き合う彼の臨床家としての姿勢がうかがえる。

本書の基調は，決して軽やかで明るいものではないが，暴力死の遺族に対する愛情に満ちた優しい眼差しが注がれており，そこに安堵感を覚えることができる。本書プロローグ等で示されているとおり，彼自身，夫人を自殺で亡くしており，それが，暴力死の遺族に対する深い洞察にもつながっているのであろう。本書を書くという作業も，遺族である自分自身を前進させるものでもあるとしており，悲しみや悼みを携えながらも，しっかりとした足取りで人生を全うしようとする彼の生き様がうかがえる。本書は，一言一言が丁寧に紡ぎ出されたかのようであり，そこに，彼の臨床家かつ遺族としての人生が凝縮されているように思われる。そして，それが，本書を説得力のある迫力を伴うものとさせているのであろう。

わが国では，PTSDを扱った著書は少なくないが，遺族の心理的ケアに焦点を絞って扱ったものは稀有である。暴力死の一つである犯罪被害については，欧米に比べてかなりの遅れをとってではあるが，1990年代以降犯罪被害者への支援活動が発達するようになり，その文脈の中で，その遺族のケアのありようについても検討されるようになってきている。本書は，遺族の心境等につい

ての描写も多く，治療の方略に限定せず，遺族について広く理解するに当たって格好の書であり，その支援を考えるにあたって，非常に参考になるものと思われる。

　本書の訳出に当たっては，2006年度の大学院の授業で，佐藤梢氏，畑本久美子氏，二艘木亮次氏，広瀬健太郎氏が作成したレジメをもとに本書を輪読したことに端を発している。より多くの臨床家なり暴力死の遺族なりに本書を紹介したいとの私の思いを，彼らの読後感が後押ししてくれたのであって，この場を借りて彼らに謝意を表したい。また，最後になってしまったが，本書の刊行にあたっては，金剛出版代表取締役の立石正信氏が快く引き受けて下さるとともに貴重な助言を下さり，また，斉藤真理氏にも多大なご尽力を注いでいただいた。深謝する次第である。

事項索引

あ行

愛着　115, 124-127, 173-174, 182
アセスメント　99, 101, 114, 119, 140, 149, 182-183, 207, 209
アドラーの事例　156
安全　107, 111, 145, 196
怒り　76
意志　48
一次的な空想　57
一次予防　176-177
一貫性　43, 105, 162
　　―についての暫定的モデル　105
　　―のある語り直し　17, 21
　　―のない語り直しから一貫性のある語り直しへ　45
　　―のなさ　46
違反　48
意味　89, 105, 131, 144
イメージ・エクササイズ　121
飲酒運転反対の母の会　135, 169, 172
浮かんで流れる　37-38, 43, 61, 88, 202-203
エンターテインメント産業　179
王に対する犯罪　49
親　51
　　―や保護者に対するガイダンス　100

か行

外傷性悲嘆目録（Inventory of Traumatic Grief, ITG）118, 174, 207

介入　99, 181, 207, 209
　　―についてのガイダンス　148
回避　37, 43, 53, 55-58, 62, 64, 66, 70, 95, 109, 124, 129-130, 153, 157, 161, 166, 169, 171, 173-174, 192, 194, 208, 210
　　―の語り直し　67
　　適応的な―　71
　　不適応的な―　67
解離　152-153, 164
加害者の改善更生　183
過覚醒　208
家族
　　―アセスメント　116
　　―療法　117
語り手自身が登場　66
語り直し
　　―における自分自身の変化　31
　　―の目的　34
過保護　46, 55, 57, 84, 86-87, 94, 149, 196-197, 210
眼球運動による脱感作処理・再構成化法（EMDR）123
記憶　58, 124
　　意味的―　59-60, 110, 124
　　エピソード（的）―　59, 110, 124
　　前言語的―　124
　　手続き（的）―　59, 110, 124
危機
　　―の解決　114

索　引　223

　　—療法　159
機能不全に陥った家庭　51
虐待　50, 56, 62, 67, 173, 179-181
急性　167, 170-172
強制収容所　163-164
恐怖　52, 66, 74, 87, 161, 169, 171
訓練　187
計画表　109, 138-139, 141, 144, 210, 212
　　時間制限のある—　143
言語　132
健忘　130
後悔　196
公的
　　—な話　27
　　—物語　14
行動　133
　　—化　43, 92, 95
　　—的エクササイズ　121
ココナッツグローブ火災　154-155, 159-160, 189-190
互助グループ　184
故人との関係　94
　　—の回避　129
子どもを殺された親の会　135, 169
コロンバイン高校銃乱射事件　188

さ行

罪悪感　153, 193, 210
再会　53, 93, 113, 125, 144, 208
　　非言語的で修復的な—　112
　　—なり復活という空想　46
災害　173
最近の研究　168
再現　12, 24, 27, 46, 53, 55, 57, 72, 74-75, 86-87, 93-95, 101, 108, 112, 114, 125, 149, 182, 192, 196, 208, 212-213
再曝露　122, 131, 142-143, 145, 161, 173
殺人
　　—で家族を亡くした遺族　169
　　—による心的外傷症候群　169
　　—被害者遺族サポートプロジェクト　146
サポートグループ　74, 98, 135, 137-140, 143, 149, 169, 183
サルペトリエール　152
三次予防　176-177, 183-184
3 P　111, 120, 194
3 V　48-49, 51, 194
シェルショック　161
時間制限
　　—のあるサポートグループ　141
　　—のある集団療法　106
次元モデル　54
思考場療法（TFT）　123
自己
　　—申告尺度　117
　　—超越　122
事故で家族を亡くした遺族　172
自殺
　　—遺族の会　135, 169
　　—で家族を亡くした遺族　170
資質　62
自責の念　11, 46, 50, 55, 57, 72, 74, 76, 78-81, 84, 86, 94-95, 149, 197
自然死　9, 46-47, 53-54, 174-175
　　—についての私の空想　26
持続するストレス　62
私的物語　12
児童虐待　115, 120
自動車事故　177
死のイメージ尺度（Death Imagery Scale, DIS）　207
司法省　185-186
社会資源　144
銃　177
集団殺戮　162, 174
収入　115

修復的メッセージ 34
修復的語り直し 7, 15, 55, 60, 65, 74, 77, 88, 101, 144, 192, 195, 203
　——グループ 136, 141, 208-209, 212, 214
　——に特化した介入 135
　——のための個別介入 143
　——のための集団介入 136
　——のモデル 106
　——の例 64
　——を始めるには十分なリジリアンス 62
　——を早期に強化 114
　子どものための—— 91
初期の修復 111
神経生物学的
　——基盤 58
　——反応 124
心的外傷 101, 152, 154, 159-161, 163, 165, 168, 174-175
　——苦痛 52-54, 81, 114, 144, 167, 192, 208, 210, 212
　——治療 145
　——に対するセラピー 123
　——を伴う死別 173
心的苦痛 66, 72, 74, 79, 87-88, 96-98, 100-101, 120, 170
　——の一貫性のなさ 52
侵入 39, 43, 55, 58, 62, 108, 130, 157, 166, 171, 173-174, 208
信頼関係 107, 111, 145
心理療法 60
スクリーニング 99, 117, 138, 141, 144, 182, 194, 207, 209
スティグマ 171
性化行動 95
精神科の診察 118
精神性 144
　——への信念 42
精神の麻痺 165-166

精神力動 152-153, 169, 173, 175
　——論 166
　　生き延びた者に共通する—— 166
生の記憶 88
性別 94, 114
セカンドオピニオン 102
切望 53
セルフ・ケアの力 165
前言語的な経験 110
先行文献 151
戦争 161
センター 183, 187
喪失 167, 175
想像することでの適応 92

た行

第一次世界大戦 161
大うつ病 60, 115, 167, 192
　——性障害 79
大虐殺 161
第二次世界大戦 161-162
他からの声 64
段階モデル 54
探索 53
地域密着型のサービス 183, 187
超越性 43
治療の範囲と目標 120
治療の目標 120
治療歴 115, 118
鎮静化 111, 121
出来事インパクト尺度 173
　改訂——(Impact of Events Scale-Revised, IES-R) 207
DSM 166-168, 175
デブリーフィング 96
展望 111, 122
取り消し 125
とりつかれ 25, 27, 39, 45, 54-55, 57-58, 64,

66, 74, 81, 94-95, 101, 104, 108, 125, 169, 193-194, 196-197, 211-213
　　過保護への― 127
　　再会への― 125
　　自責の念への― 126
　　―た関係性 125
　　―の語り直し 75
　　報復への― 128

な行

ナラティブ 7-8
二次的な空想 57
二次予防 176-177, 181, 183
認知的エクササイズ 121
ネグレクト 50, 56, 62, 115, 120, 179-181
年齢 94, 114

は行

曝露 153, 192
犯罪被害者遺族サポートグループ 136, 141, 208-209, 214
犯罪被害者対策室 146, 185
ピアグループ 138
PTSD 167, 176, 192
被害者補償 183
非人格化 163, 166
悲嘆 11, 51, 73, 84, 101, 107, 125, 143, 157, 159, 167, 170, 173-175, 210-211
否認 56, 129, 164
病的な悲嘆 153, 159
広島 163
　　―の原爆 162, 165
不安 60, 94, 117
　　―障害 115, 128
不自然死に対するサポートプロジェクト 140
再び結び付ける 32, 144
物質乱用 56, 60, 94-95, 115, 117, 130, 162, 165, 167, 177-178, 181
不適応的な反応 94
フラッシュバック 59, 68, 76, 113, 169, 171, 192
分割 121
分離 111
　　―の感覚 108, 110
併存 60, 115, 120, 140, 162, 167, 182, 192-194, 207, 211, 213
　　―障害 94
ベック抑うつ質問票（Beck Depression Inventory, BDI） 207
別離 124, 161
　　―苦痛 52-54, 81, 96, 101, 114, 144-145, 168, 208, 210, 212
ベトナム
　　―戦争 8, 58
　　―兵士 165
報復 46, 50, 55, 57, 81-84, 94-95, 149, 196, 210-211
暴力 48
　　―死 7
　　―死に必然的に付随する3V 48
ボストン市立病院 155-156
ホロコースト 131, 162-164

ま行

マサチューセッツ総合病院 155-156
麻痺 164, 166
慢性 167, 170, 172
無意識 160, 173-174
　　―の葛藤 153-154
無感覚 53-54, 56
結び付き 50
メディア 179, 191
目には目を，歯には歯を 49

や行

薬物　67, 177-178
　―乱用　70
　―療法　60
薬物／アルコール・スクリーニングテスト（Drug/Alcohol Screening Test, DAST）208-209
有効性についての実証的エビデンス　99, 146
養育　62
抑うつ　73, 94, 117, 175, 192, 208

ら行

リジリアンス　17, 36-38, 41, 55-58, 61-64, 66, 69, 74, 90, 109-112, 114-115, 117-118, 122-123, 139-141, 143-145, 148-149, 182, 188, 192-194, 196, 210, 212
　聴き手としての―　100
　基盤となるものとしての―　43
　他者に対する―　43
　―のある語り直し　36
　―のある語り直しに役立つ社会資源　39
　―の一貫性　61
　―の供給源　109, 212
　―の強化　109
　―の個人差　61
　―の喪失　36
　―の伴った非言語的行動　40
　―を強化するための方略：3Ｐ　110
　前言語的な―　122
　第一に―　108
リスク　194
　―要因　94, 114-115, 177-178
リラクゼーション　121
臨床医自身の修復　187
臨床的介入　103
リンデマンの事例　158
連邦政府ビル爆破事件　188

わ行

ワシントン州女性矯正センター　67
ワシントン大学　147

人名索引

アブラハム（Abraham）154
アドラー（Adler Alexandra）155-161, 166, 174, 190, 192
アドラー（Adler Alfred）154, 160
Altman　123
アルヴァレズ（Alvarez）170-171
Amick-McMullen　170
Berliner　114
バージェス（Burgess）169
Bohm　198
Bonanno　120
Bookless　173
ボールディング（Boulding）165
Bowlby　173
Breslau　176
Callahan, J　123
Callahan, R.J.　123
カッシラー（Cassirer）165
チャンス（Chance）171
シャルコー（Charcot）152
Clayer　173
Cote　191
Currie　180, 186
Damasio　58
Department of Health and Human Services　177
ドイッチュ（Deutsh）154
Eth　99, 182
エリクソン（Erikson）165

Farrington　181
Figley　173
Foa　123, 173
Frank, A　47
フランク（Frank, J）107
フランクル（Frankl）161, 163-164, 166, 174
Friedman　173
フロイト（Freud）152-155, 159-161, 165, 174
Geoffrey　114
Gilligan　181
Grace　173
Green　173
Harvey　47
Herman　173
Hillman　198
ホロヴィッツ（Horowitz）173-174
ジャコブ（Jacobs）60, 118, 173-174
ジャネ（Janet）152-155, 161, 174
Johnson　132
ユング（Jung）154
Kaltman　120
Keane　173
クリスタル（Krystal）161, 163-166, 174
Kulka　162
Lakoff　132
ランガー（Langer）131, 165
Levitt　47
リフトン（Lifton）161, 163, 165-166, 174

リンデマン (Lindemann) 155-156, 159-161, 166, 174, 190, 192-193
Lindy　173
ロード (Lord) 172
Malt　172
Marmar　184
McCreary　141
McFarlane　173
Meadows　123
Meichenbaum　173
Minkov　109
Murphy　147, 170
Nader　99
Neimeyer　47
Ness　171
New　114
Orr　123
Parkes　170, 173
Pennebaker　38
Pfeffer　171
Pitman　123
プリガーソン (Prigerson) 118, 174
Pynoos　99, 182
Rando　173
ランク (Rank) 154
Raphael　109, 173
Redmond　170
Rinear　170
Rivara　181
Rose　110
Rosenblatt　51
Rothbaum　173
Rynearson　108, 114, 121, 131, 139, 141, 170
Shapiro　123
シーア (Shear) 174
Shuchter　118, 173
Simpson　191
Sinnema　139

Solomon　123
Spence　198
Spungen　170
Van der Kolk　153, 173
Weisaeth　173
Zisook　118, 173

訳者略歴

藤野京子（ふじの・きょうこ）

1984年　早稲田大学第一文学部卒業。
1986年　同大学大学院文学研究科修士課程修了。
1986年　国家公務員Ⅰ種（心理職）として法務省矯正局に入局。
1992年　米国テキサス州立サムヒューストン大学刑事司法学部修士課程修了。
東京，八王子等の少年鑑別所鑑別技官，法務総合研究所室長研究官等を歴任。
現在，早稲田大学文学学術院准教授。臨床心理士。

著訳書
『犯罪理論』（共訳）矯正協会　1997年
『薬物はやめられる!?　薬物離脱のためのワークブック』（編著）矯正協会　2007年
『臨床教育人間学2　リフレクション』（分担執筆）東信堂　2007年
『エビデンスに基づく犯罪予防』（分担翻訳）社会安全研究財団　2008年

犯罪・災害被害遺族への心理的援助
暴力死についての修復的語り直し

2008年9月20日　印刷
2008年9月30日　発行

著　者　　E・K・ライナソン
訳　者　　藤　野　京　子
発行者　　立　石　正　信
発行所　　株式会社　金　剛　出　版
印刷・平河工業社　　製本・誠製本
〒112-0005　東京都文京区水道1-5-16
電話03-3815-6661　振替00120-6-34848

ISBN978-4-7724-1048-9　C3011　　Printed in Japan　©2008

発達障害と少年非行
藤川洋子著　事件を多角的に見ることによって不可解さの要因を解明し、非行少年の適切な処遇につなげたいとした著者渾身の論文集。　　　　　　3,360円

弁証法的行動療法
M・リネハン、A・ミラー、J・レイサス著／髙橋祥友訳　思春期自傷行為や自殺行動にとくに効果のある心理療法についての最新の解説書。　　　　6,825円

ナラティヴと心理療法
森岡正芳編　臨床心理におけるナラティヴをユング派的な物語論から思想的最前線にある構成主義まで多岐にわたり考察した論者を集めた最高の一冊。　2,940円

自傷と自殺
K・ホートン、他著／松本俊彦、河西千秋監訳　学校での調査から得られた実証的知見にもとづき若年者に対する自傷・自殺予防活動のあり方を論じる。　3,780円

新訂増補 青少年のための自殺予防マニュアル
髙橋祥友編著／新井肇、菊地まり、阪中順子著　学校における相談体制、教師のバーンアウト対策にも言及し、現場で働く人々のニーズに応える。　3,360円

事実の治癒力
神谷信行著　非行・少年犯罪、いじめ、不登校など多くのケースを引用し、法律家の眼から現代の心の問題を読み解く。司法・心理に関わる臨床家必読。2,940円

司法臨床の方法
廣井亮一著　家庭裁判所調査官の実践を基に、法と臨床の狭間に置かれる実践家に必要とされる方法規準を、多くの事例を交えながら考察する。　　2,940円

家族のための心理援助
中釜洋子著　家族・夫婦療法—特に家族合同面接を中心に、その理論と技法を多くの面接場面を例示しながら解説。家族療法を学べる最適の一冊。　　2,940円

ナラティヴ・プラクティスとエキゾチックな人生
M・ホワイト著　小森康永監訳　「外在化する会話」、「失敗会話マップ」といったナラティヴ・セラピーの実践がわかりやすく解説された最新論文集。3,780円

ナラティヴ実践再訪
小森康永訳　小児から緩和ケアにいたる著者の実践をなぞるように読みすすめることで、ナラティヴ・セラピーへのより深い理解が得られる。　　2,730円

自傷行為治療ガイド
B・W・ウォルシュ著　松本俊彦他訳　豊富な実証的知見・臨床経験を基に、治療法をプラクティカルに解説した自傷行為治療の最良の治療ガイド。　3,990円

虐待サバイバーとアディクション
K・エバンズ、J・M・サリバン著　斎藤学監訳　白根伊登恵訳　多様な心理療法とAAアプローチを組み合わせ展開される統合的実用的治療プログラム。　3,780円

犯罪心理臨床
生島浩・村松励編　臨床現場の主要な問題・アプローチを網羅し、臨床の知見が凝集した、専門家のための実践的ガイドブック。　　　　　　　　3,780円

少年非行の矯正と治療
石川義博著　40年以上にわたって治療実践に携わってきた著者の集大成。詳細なケーススタディを徹底的に検討、現場で役立つ臨床的知見を提示する。　3,780円

臨床心理学
最新の情報と臨床に直結した論文が満載
B5判160頁／年6回（隔月奇数月）発行／定価1,680円／年間購読料10,080円（送料小社負担）

精神療法
わが国唯一の総合的精神療法研究誌
B5判140頁／年6回（隔月偶数月）発行／定価1,890円／年間購読料11,340円（送料小社負担）

価格は消費税込み（5％）です